高等学校新经济系列教材
合肥工业大学图书出版专项基金资助项目

# 新经济概论

吴华清　等 编著

U0883707

合肥工業大學出版社

**图书在版编目(CIP)数据**

新经济概论/吴华清等编著．—合肥：合肥工业大学出版社，2020.6
ISBN 978-7-5650-4797-8

Ⅰ.①新… Ⅱ.①吴… Ⅲ.①新经济—概论 Ⅳ.①F062.5

中国版本图书馆CIP数据核字(2020)第099169号

**新经济概论**

吴华清 等 编著　　　　责任编辑 陆向军 殷延端

| | | | |
|---|---|---|---|
| 出 版 | 合肥工业大学出版社 | 版 次 | 2020年6月第1版 |
| 地 址 | 合肥市屯溪路193号 | 印 次 | 2020年8月第1次印刷 |
| 邮 编 | 230009 | 开 本 | 787毫米×1092毫米 1/16 |
| 电 话 | 综合编辑部：0551-62903028 | 印 张 | 11 |
| | 市场营销部：0551-62903198 | 字 数 | 266千字 |
| 网 址 | www.hfutpress.com.cn | 印 刷 | 安徽联众印刷有限公司 |
| E-mail | hfutpress@163.com | 发 行 | 全国新华书店 |

ISBN 978-7-5650-4797-8　　　　定价：35.00元

如果有影响阅读的印装质量问题，请与出版社市场营销部联系调换。

# 序　言

人类历史上每一次经济浪潮都起源于新技术革命。从以蒸汽机发明为起点的动力革命引致的第一次工业革命，到电力使用导致机器大生产的第二次工业革命，到以电子信息技术使用大幅提升生产自动化水平的第三次工业革命，再到当前及不久的将来的智能制造，每一次新技术革命都深刻地改变与影响着产业的组织形态、人们的消费方式以及社会的治理模式。如果说前三次工业革命更多地是聚焦于生产的组织，那么以“互联网、大数据、人工智能”为代表的新一轮信息技术革命，则在全产业链与全球价值链上展开重塑，催生了以“新技术、新业态、新模式”为特征的新经济。

与 20 世纪 90 年代出现的知识经济主要作用于发达国家相比，本轮新经济的崛起则对全球经济发展产生新的冲击，尤其是为新兴市场国家的经济改革与复兴带来新的机遇与挑战。2019 年 6 月，习近平总书记在二十国集团领导人峰会上强调，“世界经济已经进入新旧动能转换期。我们要找准切入点，大力推进结构性改革，通过发展数字经济、促进互联互通、完善社会保障措施等，建设适应未来发展趋势的产业结构、政策框架、管理体系，提升经济运行效率和韧性，努力实现高质量发展。我们要抓住新技术、新产业、新业态不断涌现的历史机遇，营造有利市场环境，尊重、保护、鼓励创新”。可以预见，新经济必将推动中国经济体系与社会体系新一轮、全方位的重塑。

面对这一新形势，为了满足高等院校和相关科研机构的教学与研究需要，帮助新一轮信息技术革命在中国生根发芽、茁壮成长，我们特别编著了这套新经济系列教材。

《新经济概论》是新经济系列教材的总论，由合肥工业大学吴华清教授、刘晴教授、周志翔副教授、娜仁副教授等编著。其中吴华清拟定了全书框架与章节安排，并负责全书最终统稿，周志翔编写了第一至第三章，娜仁编写了第四章、第七章和第八章，吴文生编写了第五章，朱晨编写了第六章，刘晴编写了第九章和第十章。参加全书编写的还有桂晶晶、胡甜甜、李雨晴、廖雅桐、朱秀刚等。该书旨在为读者梳理新经济的历史脉络，呈现新经济的发展概况，探索新经济的理论逻辑，进而激发读者对新经济的兴趣，增强读者对新经济的认知，推动读者对新经济的传播。本书主要特色如下：

第一，本书是国内第一本关于新一轮信息技术引发的新经济相关教材。目前市场上的新经济教材，主要是针对20世纪90年代出现的信息技术所引发的、以美国等发达国家为代表的“知识经济”和“网络经济”，而本书则主要论述近10年来高速发展的、以“互联网、大数据、人工智能”为核心的新一轮信息技术所引发的、以“新技术、新业态、新模式”为特征的新经济。本书在内容上不仅吸收了国内外学者的最新相关研究成果，还借鉴了新经济行业领域取得的成功案例，帮助读者拓展思路，把握新经济前沿动态。

第二，教材采用模块化结构，分为背景篇、现实篇和前景篇，三篇内容均是新经济的重要知识点及延伸，既是有机整体，也可独立为块，能满足读者多样化的需求。其中，背景篇包含前三章内容，主要介绍新经济的产生背景和发展历程，明确新经济的内涵和发展意义，阐述新经济的宏观和微观特征，描述中国和世界其他代表性国家新经济的发展进程；现实篇包括五章内容，重点介绍了新经济下的数字技术与资源、金融科技、数字贸易、共享经济以及智慧公共服务等五个方面的发展；前景篇包括两章内容，一章从微观、中观、宏观三个视角探讨新经济可能对经济学理论造成的冲击，另一章则重点揭示新经济给中国带来的机遇与挑战。

第三，编著视角更侧重经济学角度的系统梳理与总结。已出版的新经济相关丛书，更多的是从商业或商学角度，探讨互联网时代的商业思维、商业逻辑、商业模式、商业形态与商业秩序。本书则是从新经济现象入手，更注重从经济学研究角度分析新经济形态导致的传统经济理论的冲击与反思，从这个意义上讲，本书更注重学术性与系统性。

由于时间限制及作者水平有限，书中难免出现错误和遗漏的地方，望广大读者批评指正。

**《新经济概论》编著者**

2019年12月

# 目　录

## 背景篇

## 现 实 篇

## 前　景　篇

# 背 景 篇

# 第1章　新经济概述

20世纪90年代，美国经历了长达十年的经济增长周期，表现出低失业率、低通货膨胀率、低财政赤字、高增长率的经济增长现象，超越了传统经济学理论的解释范畴，被称为“新经济”现象。进入21世纪以来，随着互联网、信息技术、新能源、智能制造等新兴领域的发展，以数字技术为背景的“新经济”已经成为全球各大经济体的主要驱动力量。随着“新经济”研究热度的不断增加，“新经济”逐渐从一个特殊的经济现象衍变成为一套复杂的经济体系。

## 1.1　新经济的内涵

人类经济的发展总是伴随不同经济形式的演进与融合，从农业经济到工业经济再到当今的新经济。任何一种经济形式都是随着新技术的发明而出现，再以新技术的广泛应用推动规模化发展，进而以新产业驱动的市场资源配置新机制的形成而趋于稳定。一旦实现了新产业市场的供求平衡，该经济形式将进入衰退期，也将迎来更新的或者融合的经济形式。古老的农业经济是因耕作与养殖技术升级而不断发展，近代兴起的工业经济受各种工业技术革命推动，而20世纪90年代以来的新经济则因信息技术与数字技术的出现与应用而产生和发展。而且，农业经济在工业技术冲击下，不断与工业经济相融合，产生农业机械化与产业化；而工业经济则在信息技术作用下，表现出向数字化与智能化融合发展的明显趋势。

由于信息技术与数字技术的广泛应用导致各种信息大量产生，信息本身成为推动新经济发展的重要资源。随着对信息资源认识的不断深入，人们对新经济的理解也经历了信息经济、知识经济与数字经济等不同阶段。

### 1.1.1　信息经济

1973年，美国哈佛大学教授丹尼尔·贝尔在《后工业社会的来临》一书中大胆预测了信息经济的到来[1]。贝尔认为发达国家已经从前工业社会发展到工业社会，最终到达后工业社会阶段，而信息和知识则是后工业社会的主要结构特征。1977年美国学者马克·波拉特在《信息经济：定义与测量》中，对信息经济进行深入的研究和计量，向人们展示了信息产业与信息经济的客观存在[2]。波拉特将信息经济定义为既有经济含义又能计量的信息、信息资源、信息劳动、信息活动等一系列与信息相关的实践活动，并用具体的经济分析与数值计算，说明自20世纪60年代中后期至70年代，美国等发达国家已先后由工业化经济过渡到信息化经济，其主要标志是经济活动有一半以上已与信息活动有关。1983年美国企业家约翰·霍肯指出，已经出现并在发展中的那个经济就是“信息经济”，其特征是产品和劳务中“物质”的比重下降，“信息”的比重增加，因而产品和劳务所消耗的物质减少，同时实现产品质量提高和成本降低。可见，随着信息技术的广泛应用，信息活动占经济活动的比重越来越大，而信息产业产值占国民生产总值的比重也越来越高，表现出与传统制造业明显不同的经济形态。总之，信息经济就是以现代信息技术为基础、以信息产业为主导，通过生产知识密集型的信息产品和信息服务来实现经济增长的一种新的经济形态。

### 1.1.2　知识经济

随着信息技术的发展、信息产品与服务的激增，如何将信息转化为知识成为信息时代最大的挑战。1993—1994 年的美国信息研究所年度报告《知识经济》中指出，21 世纪的经济是知识经济，是一个信息不断转化为知识的经济。1962 年，美国普林斯顿大学教授马克卢普在经典论著《美国的知识生产与分配》中首次提出了“知识产业”，包括教育、科学研究与开发、传媒、信息设施、信息服务等五个方面。可见，信息产业只是知识产业的一个方面[3]。美国经济学家保罗·罗默在 1986 年提出的新经济增长理论中，知识被当作是一种重要的资源，与劳动力资源、自然资源成为人类社会经济发展的重要因素，并逐渐形成了一个与农业经济、工业经济相提并论的框架体系。1995 年经济合作与发展组织（OECD）的年度报告《以知识为基础的经济》中，知识经济已经被定义为“直接依赖于知识和信息的生产、分配及使用”的经济活动[4]。可见，知识经济已经不单是信息的生产与服务，还包括知识创新与技术创新，它是以智力资源为依托，以新知识与新技术为基础，以高技术产品生产与服务为主的经济形态。

### 1.1.3　数字经济

20 世纪 90 年代以来，随着数字技术的创新，尤其是互联网与移动互联网技术的出现，数据的来源更广阔，数据传输速度更快捷。在此基础上，围绕“大数据”产生的机器学习、人工智能、云计算和区块链等数字储存、传输与处理技术，进一步强化了大数据的价值。如同农业时代的土地、资源、劳动力，工业时代的技术、资本一样，数据将成为经济的重要生产要素。1996 年，加拿大商业策略大师唐·泰普斯科特出版了名为《数字经济》的著作，详细论述了互联网对经济社会的影响，被认为是最早提出数字经济概念的人[5]。此后，《数字化生存》[6]和《信息时代：经济、社会与文化》[7]等著作相继问世，数字经济的理念迅速流行起来，而数据驱动经济增长的模式也逐渐被各个国家、地区所接受。

不难看出，数字经济指的是以数字技术为核心、重构经济发展与政府治理模式的一种新型经济形态。其一方面通过数字技术的产业化，以数字技术创新为核心驱动力，将数字化的知识和信息当作一种关键的生产要素发展新兴产业；另一方面，通过融合数字技术和实体经济，实现传统产业的数字化，以提高传统产业的智能化水平。

### 1.1.4　新经济

与信息经济、知识经济与数字经济相比，新经济的概念显然要广泛得多。最早的关于新经济的定义来自迈克尔·曼德尔 1996 年在美国《商业周刊》上发表的一篇关于新经济周期的专文，他将新经济定义为在经济全球化背景下，信息技术革命以及由信息技术革命带动的、以高新科技产业为龙头的经济现象，并认为新经济是建立在信息技术基础之上，追求的是差异化、个性化、网络化和速度化[8]。曼德尔对于新经济的定义和判断解释了20世纪90年代在美国发生的一系列新的经济现象，并随着时间的推移获得了越来越多的讨论和认同。2000年，时任中国国家信息中心常务副主任的刘鹤将新经济定义为“和网络、信息技术、通信技术、商务工程、生物技术相关的一种新的经济现象”。复旦大学的华民教授则将新经济定义为“一种以信息技术为基础、由知识要素驱动、以网络经济为核心内容的经济。或者简单来说：新经济＝知识经济＋网络经济”[9]。不难发现，国内外的学者对于新经济的理解都充分考虑了前述信息经济、知识经济与数字经济所包含的新经济现象。

2015年，李克强总理在《政府工作报告》上首次提到“四新经济”的概念，并将其定义为“新技术、新产业、新业态、新模式”的新经济形态，是在新一代信息技术革命、新工业革命以及制造业与服务业融合发展的背景下，以现代信息技术广泛嵌入和深化应用为基础，以市场需求为根本导向，以技术创新、应用创新、模式创新为内核并相互融合的新型经济形态。这一定义不仅是对新经济的具体细化分解，而且是对于新经济的本质内涵做了充分的解释。新经济不是简单地通过发展新技术和应用新知识实现经济发展的现象，而是将新技术和新知识应用于制造业与服务业等实体行业，且以满足市场的实际需求为导向的一种经济现象。具体而言，新经济具有不同的内涵和侧重点。其中新技术主要是指可实际推广、替代传统应用和形成市场力量的新技术，而不是简单的产品技术或实验室技术；新产业主要是指以新科学发现为基础、以新市场需求为依托、引发产业体系重大变革的产业；新业态主要是指伴随信息技术升级应用等，从现有领域中衍生叠加出的新环节、新活动；新模式主要指以市场需求为中心，打破原先垂直分布的产业链及价值链，实现传统产业要素重新高效组合。

## 1.2 新经济的源起

### 1.2.1 信息技术与数字经济的发展

1. 科技推动世界中心的全球变换

以色列历史学家尤瓦尔·赫拉利在其著作《人类简史》中指出，人类在诞生伊始并没有表现出与其他动物的本质区别，人类文明的出现源于对于知识和科技这些抽象概念的理解与传播[10]。可以说科技一直是推动人类社会经济诞生和发展的支柱。古代中国之所以能在很长一段时间内成为世界中心，离不开指南针、造纸术、火药和印刷术这些伟大的技术发明。16世纪造船和航海技术的迅速发展，为欧洲国家的海外贸易与殖民地统治奠定了技术基础，使得世界的中心逐渐转移到欧洲。自18世纪中后期，第一次工业革命在欧洲的全面爆发进一步巩固了欧洲的世界中心地位。到19世纪末20世纪初，随着第二次工业革命的推进，美国逐渐成为世界制造中心，尤其是90年代开始信息技术（IT，Information Technology）爆发式的发展，为美国经

为啥说创新是中国经济发展的第一动力？

济发展打开了一道新的大门，以信息经济与数字经济驱动的新经济开始崭露头角，开创了全新的经济发展空间，全球技术发展进程如图 1-1 所示。

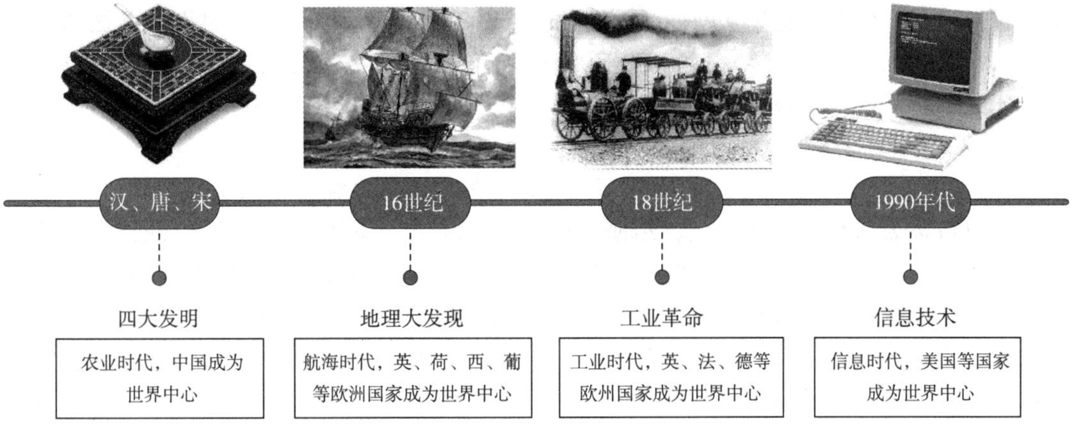


图 1-1　全球技术发展进程

2. 信息技术驱动的美国新经济

20 世纪 90 年代初，美国总统克林顿提出了“信息高速公路”的设想，并制订了“全国信息基础设施（National Information Infrastructure）”方案，通过光纤和电线将政府机构、科研单位、企业、图书馆、学校、商店以及家家户户的电脑连接起来，利用电脑、传真机、电视机等终端设备迅速、便捷地处理信息，从而在最大限度上实现信息的共用和价值的发挥，为经济增长创造有利条件。这一方案的实施极大地推动了美国信息技术的发展和普及，也从多个方面推动了经济的发展。

首先，信息高速公路的建设直接推动了美国通信基础设施产业的迅猛发展，以朗讯、摩托罗拉和世通为代表的通信基础设施建设公司纷纷成长为全球知名的跨国公司。其次，在通信基础设施基本建成的背景下，各个机构和大公司纷纷开始建立自己的信息中心，尤其是 1994 年 Mosaic 浏览器及万维网（WWW，World Wide Web）的出现，拥有一个公开网站几乎成为所有企业和机构的必需品，消费者对于互联网终端的需求量也迅速攀升，以微软和 IBM 为代表的软硬件设备提供商在短短十年内迅速成长为时代的标志。由于管理信息系统的发展，企业资源计划（ERP，Enterprise Resource Planning）在工业制造领域得以广泛的应用，重新定义供应商、制造商和分销商相互之间的业务关系，重新构建企业的业务和信息流程及组织结构，使企业在市场竞争中有更大的能动性。ERP 的思想后来被推广到企业间供应链管理，围绕核心制造企业从配套零件、制成中间产品到最终产品，最后由销售网络把产品送到消费者手中，从而将供应商、制造商、分销商直到最终用户连成一个整体的功能网链结构。ERP 和供应链管理的发展为美国的工业制造业带来了空前的发展，以福特和通用为代表的美国制造业一跃成为全球最伟大的企业和品牌。除此之外，信息技术的发展和互联网的普及催生了一种名叫“DOT COM”的新商业模式的出现。不同于传统经济主体，在“DOT COM”商业模式下，企业不再以盈利为第一目标，其往往通过长期的经营亏损来迅速获得市场份额，大量的资源和资金被投入到信息系统的建设以及企业规模的扩张，企业则是通过市值的扩张源源不断地从金融市场获得资金支持。信息技术的发展推动了信息以及相关产业的迅猛发展，为美国经济发展带来了强劲的动力，创造了20世纪90年代美国长达十年的经济增长周期，呈现出“三低一高”（低失业率、低通货膨胀率、低财政赤字和高经济增长率）的经济发展[11]，超出了美国历史上任何一次增长周期。实务界和学者逐渐认识到，传统的经济学理论很难对此现象进行解释，于是“新经济”“新范例”“新模式”等字眼开始逐渐出现在新闻媒体和学术期刊上。

3. 从新经济1.0到新经济2.0

从1990—2000年的十年间，作为新经济标志的纳斯达克综合指数上涨了10倍，这一时期可以被称为新经济1.0时代。然而无论是“新经济”还是“旧经济”，经济发展的最重要的驱动力始终是科技进步。但是新经济1.0时代，推动新经济发展的数字技术基础并不牢固，新经济爆发式的发展过分依赖于商业模式的创新，当一个既不盈利又缺乏可行性的商业模式将所有的物质资源燃烧耗尽时，这个泡沫的破裂就变成了必然。美国互联网泡沫的破灭标志着新经济1.0时代的终结，新经济的发展浪潮陷入低谷，全世界都在等待新的技术突破的出现。

**【案例1－1】**

## 2000年互联网泡沫

1998年美国司法部正式开始对微软的垄断行为进行调查，2000年联邦法官托马斯·杰克逊称，根据搜集到的证据证明微软公司的确存在垄断行为，随后该案件以微软的妥协和赔偿而告终。微软的反垄断案件调查结果重创了纳斯达克众多科技公司股价，最终刺破了美国互联网泡沫，纳斯达克指数由5 048.6点在一年多时间内跌至1 119.4点，如图1－2所示。

2000年互联网泡沫案例

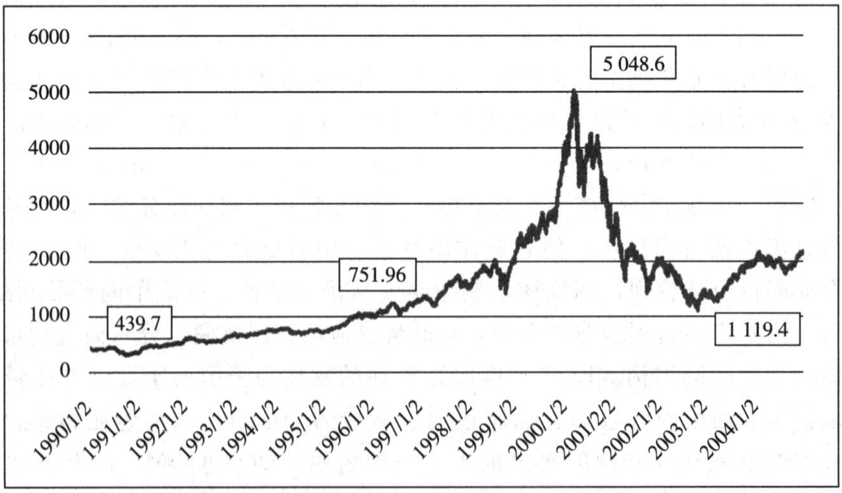


图1－2　互联网泡沫前后纳斯达克指数

进入 21 世纪，尤其是近 10 年来信息技术爆炸式的发展再次为新经济带来了新的发展机遇。以移动互联网、大数据、人工智能、区块链和云计算为代表的新的数字技术为数字经济的发展提供强有力的技术支撑，推动数字经济迈向以互联网平台为重要载体的新经济 2.0 时代。在新经济 2.0 时代，经济发展的核心是数字技术化（DT，Digital Technology），数据不仅成为驱动商业模式创新和发展的核心力量，其自身更是成为一种关键的生产要素。数字技术给传统的商业模式、组织模式、就业模式带来了革命性变化，催生了数字贸易、金融科技、智能组织等一系列新经济现象，成为推动全球经济增长的新引擎。数字经济以更加蓬勃的发展速度再次引起了整个世界的关注，正式拉开了新经济 2.0 时代的序幕。

以数字技术为核心的新经济 2.0 被认为是在 2008 年金融危机后挽救全球经济的关键推动力。2016 年 Apple、Alphabet、Facebook、Microsoft 和 Amazon 成为全球市值最高的五家公司，其中最年轻的 Facebook 成立不过 15 年，而历史最悠久的 Microsoft 也不过 40 多年，这些互联网公司轻松打败了那些具有上百年历史的跨国工业公司，标志着新经济逐渐走向了全球经济发展舞台的中心。

**【案例 1－2】**

## 全球市值最高的 10 家企业

普华永道会计师事务所 8 月 14 日发布《2019 全球市值百大企业排名》分析报告，报告显示截至 2019 年 8 月，全球市值排名前 10 的企业依序为微软、苹果、亚马逊、谷歌、伯克希尔-哈撒韦、脸书、阿里巴巴、腾讯、强生、埃克森美孚等（图 1－3）。

其中美国微软公司挤下苹果，成为 2019 年全球市值最高企业，终止苹果过去 7 年来的龙头地位。市值最大的前 10 家公司中，总部在美国的公司有 8 家，总部在中国的公司有 2 家；科技类公司有 7 家，传统行业公司有 3 家；其中历史最悠久的是创立于 1882 年的埃克森美孚公司，最年轻的是创立于 2004 年的脸书。7 家科技类公司的平均年龄只有 26.7 岁，而其中亚马逊、谷歌、脸书、阿里巴巴和腾讯都是诞生 20 年左右的“年轻”公司。

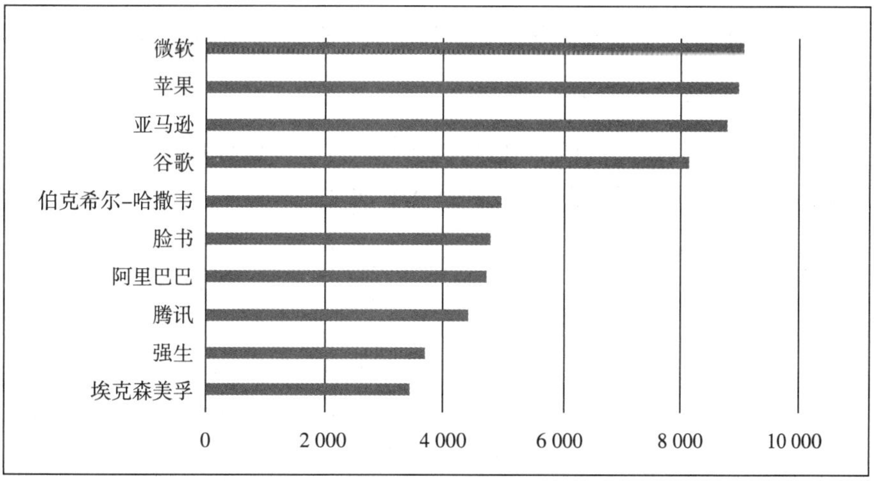


图 1－3　2019 年全球市值最高的 10 家公司（截至 2019 年 8 月，单位：亿美元）

数据来源：普华永道，《2019 全球市值百大企业排名》。

新经济2.0与新经济1.0相比表现出明显不同的经济特征。在微观上，新经济2.0的发展背景是信息科技的全面发展与信息基础设施的全面普及。首先，与新经济1.0时代自建数据中心为主的模式不同，新经济2.0时代移动互联网、云计算技术和智能终端等信息基础设施的建成使得信息传输从“信息高速公路”转向了万物互联，数据的来源获得极大的丰富，数据的价值能够在大数据、人工智能等技术的应用下得到充分发挥，数据逐渐成为核心生产要素。其次，数字技术的发展和应用拓展了经济发展的边界，使得“企业”的概念越来越模糊，取而代之的是以“平台”为基础的“商业生态系统”“平台经济体”等新型组织形式，形成了规模庞大的柔性经济组织，任何场景平台都能为经济发展服务，互联网平台从一种工具变成了经济体。再次，在云计算、移动互联网和区块链背景下，“互联网泡沫”成为一种合理的存在，超级分工与大规模协作变成可能之后，数字技术的普惠性得到了前所未有的发展。在此基础上，科技公司边际成本几乎为零的优势被无限放大，同时任何组织都能够以较低的成本应用最先进的数字技术和工具，新技术、新业态和新产业正以前所未有的速度发展。在新经济2.0时代，传统的经济秩序将被逐个打破，发展以新技术、新产业、新业态、新模式为代表的新经济成为必然的趋势。

市值最高的10家公司
相关延伸阅读资料

在宏观上，新经济2.0围绕数字技术表现出了一些更加新颖的经济特征。首先，随着以云计算、大数据、人工智能、物联网、区块链为代表的技术群落崛起，在经济社会领域的渗透日益深入，经济发展的技术延展性不断增强，商业、产业、企业活动的边界不断拓展。其次，经济创新发展的核心由供给方转向了需求方。传统工业时代形成了包括科技研发模式、标准化流水线、批零体系、物质资源消耗等在内的发展范式。但在数字技术的驱动下，消费者成为推动创新的核心力量，产业模式的变革围绕消费者需求的变化而展开。最后，虚拟社区的普及使得无论是在世界的哪个角落，在线化都已经成为经济社会发展的普遍现象，而社会、企业和个人之间的关系变得更加复杂和分散，逐渐由中心化和单向互动的关系变成了去中心化和交互式的信息流动，分散式的协同治理机制逐渐成为共识。

4. 中国新经济的兴起

中国新经济起源于20世纪90年代信息技术与信息产业的发展。随着信息基础设施的建设和数字技术的发展，中国也完成了新经济1.0向2.0时代的演变，并逐渐形成以数字技术为核心动力的增长模式。2016年中国《政府工作报告》中首次提到了新经济的概念。根据中国通信研究院发布的报告，2016年中国数字经济总量达到22.6万亿元，同比名义增长率超过18.9%，数字经济占GDP总量的30.3%（图1-4），对中国GDP的贡献率达到69.9%[12]。数字产业方面，2018年网络零售突破9万亿元，占中国社会零售总额的23.6%。通过大数据和人工智能技术挖掘消费者真实需求成为发展智能制造和智能产品的核心诉求，而基于移动互联网的智慧物流和普惠金融也已成为服务新业态。在数字生活领域，网络订餐、网络游戏、网络约车、共享单车等新业态和新商业模式日益活跃。在社会领域基于大数据、人工智能、信用体系的管理和决策系统成为管理者创新和变革管理模式的重要选择[12]。2017 年全国数字经济规模进一步扩大到 27.2 万亿元，占 GDP 总量的 32.9%，数字经济显然已经成为推动我国经济转型升级的关键。

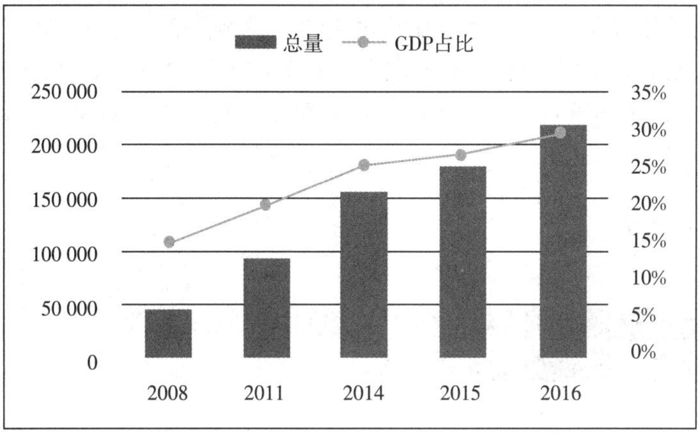


图 1-4　中国数字经济规模变化情况

数据来源：中国信息通信研究院，《数字经济白皮书（2018）》。

### 1.2.2　传统经济增长模式的危机

新经济的发展不仅源于数字技术的发展与应用，也是应对传统经济所遭遇的能源、环境与增长速度危机的必然选择。一方面，传统经济增长尽管创造了巨额的财富，带给人类生活上的便利，但不具有可持续性，资源过度消耗致使全球气候变暖与环境深度恶化；另一方面，世界产业结构已产生了深刻变化，传统第一/第二产业的比重与贡献明显下降，世界经济发展亟待寻找新的发展动能。在此背景下，新经济呼之欲出。

现代工业文明建立在化石能源基础之上。国际能源机构和世界银行数据显示，全球 GDP 总量从 1990 年的 22 万亿美元上升至 2018 年的 85 万亿美元，同时 1990 年以来全球单位 GDP 能耗一直保持上升趋势，单位美元能耗从 1990 年的 5.6 千克上升到 2014 年的 7.9 千克。资源的过度消耗带来了全球气候变暖危机，如喜马拉雅山冰川消融、夏威夷群岛整体淹没、北冰洋消融等极端事件频发。与此同时，资源日益枯竭也使得传统经济模式难以为继。根据国际上通行的矿产资源枯竭年限评估方法估计（按目前的探明储量和开采速度），目前全球化石类能源的可开采年限大约是石油 50 年、天然气 80 年、煤炭 220 年。世界银行也发布了一系列全球资源研究报告，尤其是 2017 年发布的 *Water Resources Management Overview* 主题研究中指出，按照目前的经济发展以及人口增长趋势，2030 年全球水资源缺口达到 40%，并在 2050 年影响全球 25%的 GDP[13]。种种迹象表明，由于资源短缺和持续恶化的环境问题，传统的经济增长模式已经无法继续支撑体量庞大的全球经济发展，各国政府不得不重新审视当前经济增长模式，寻找新的经济增长点、通过科技创新突破经济增长瓶颈、发掘新的生产要素，找到可持续的经济发展路径。

随着全球经济总量的不断扩张，传统生产要素的边际效用持续降低，全球经济面临增速放缓、产业结构发生剧烈变化的现状。近几十年来，全球经济发展的波动性和周期性明显，金融危机、国际贸易摩擦以及政治等因素很容易对全球经济增长造成深远的影响。过去10年间传统产业对于世界经济增长的贡献不足，曾经主导全球经济发展的第一二产业对于全球经济发展的贡献持续下降。世界银行和经济合作组织数据显示，1996—2016年全球农业和工业增加值在GDP中所占比重由40%下降到不到30%；1999—2018年第一产业、第二产业从业人数比例下降到50%左右，在高收入国家这一比例进一步下降至25%左右（图1-5）。总体而言，传统经济增长模式对于经济增长的贡献度不断下降，世界经济亟须寻找新的增长动能。

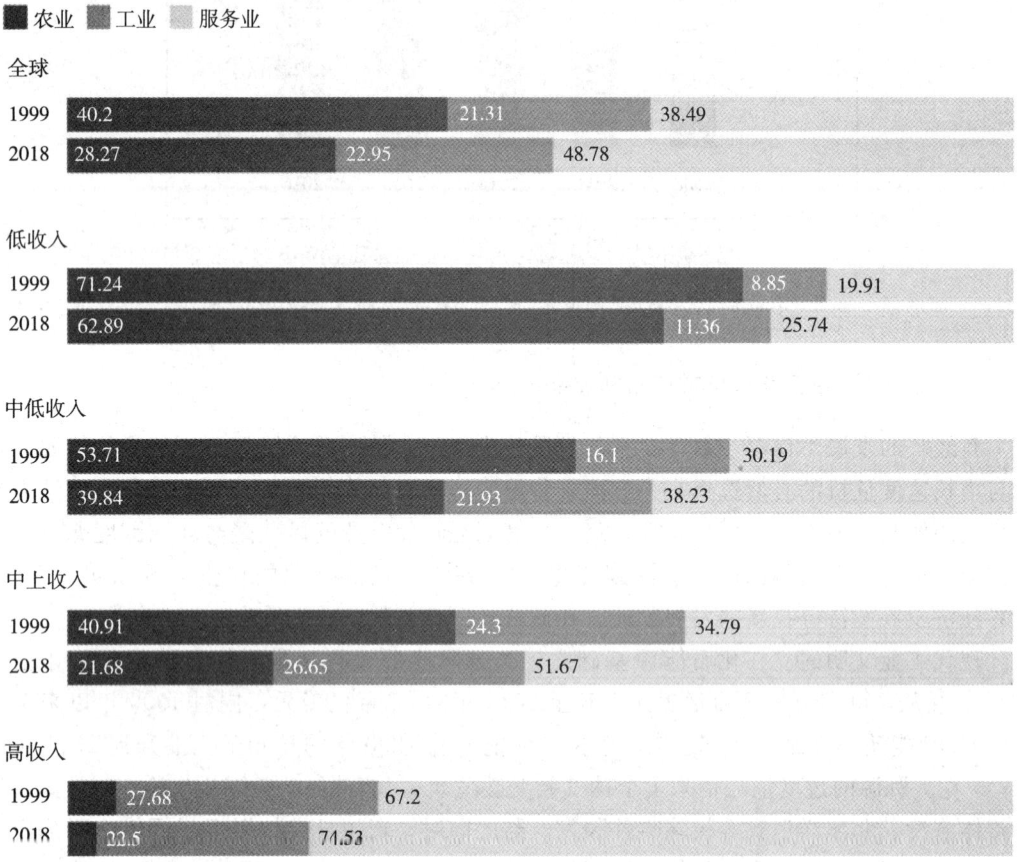


图1-5　全球第一二三产业就业人口结构

数据来源：世界银行数据。

21世纪以来，信息技术正在形成新的全球化趋势，这打破了传统的高能耗、高污染的以第一二产业为主导的传统发展模式，全球经济变得更加倾向于高知识密度的第三产业。根据第五届世界互联网大会上发布的《世界互联网发展报告2018》，2017年全球数字经济规模达到12.9万亿美元。数字经济为代表的新经济在全球经济增长中的贡献度不断提高，在部分经济活跃的国家，数字经济对于GDP的贡献度甚至超过50%[14]。在传统的经济发展模式面临严峻的危机和挑战的前提下，以数字经济为代表的新经济正在成为全球经济增长的新方向和新动能。

## 1.3 新经济的影响与冲击

尽管新经济的产生具有必然性，但新经济如同传统经济一样具有两面性。一方面新经济是创造与引领经济增长的内在潜力，另一方面新经济也兼具经济泡沫化的负外部性。具体在宏观、中观与微观三个方面都有着不同的影响。这就决定了新经济也具有周期性，需要全球共同应对。

### 1.3.1 新经济的发展影响：以美国为例

新经济概念源自20世纪90年代美国超周期的经济发展现象。1990—2000年，美国经济出现了超越历史上任何一个时期的超长经济增长周期，并表现出了低通货膨胀率、低失业率、低财政赤字和高增长率的“三低一高”的经济增长现象，违背了传统经济理论中关于经济周期以及增长和通胀之间关系的界定。这一现象引起了实务界和学界的广泛关注，进而引发了关于新经济的广泛讨论。一开始，新经济这个名词仅仅用来描述传统经济理论无法解释的经济现象，无论是经济学家还是政府和媒体都没有能够完全界定新经济的内涵和定义，甚至有媒体认为其只是经济发展的一个“新范例”和“新模式”，还有学者简单地将新经济等同于电子商务，甚至还有部分人怀疑美国的新经济是否真的存在。

随着美国经济的持续发展以及对于新经济研究的不断深入，新经济被越来越多的专家和学者所认识。美国商业周刊于1996年和1997年分别刊发《新经济的胜利》和《新经济：其真实含义是什么》两篇文章，认为新经济并不意味着经济周期的消除和通货膨胀的死亡，其内涵是经济全球化和信息技术革命两大新趋势。美国商务部自1998年开始每年发表题为《数字经济》的报告，讨论的内容就是信息技术及新经济问题。2000年4月克林顿召开的“白宫新经济会议”已经公开使用与讨论新经济一词。2000年6月，美国参议院在国会山举行关于新经济的“吹风会”，邀请一些经济学家就新经济问题作专题报告。除美国以外，欧洲、日本及许多发展中国家也参与了关于新经济的讨论，一些学者也关注到美国的新经济现象，举办“新经济问题研讨会”或发表关于新经济的研究报告。例如，OECD在2000年6月召开“新经济研讨会”，会后发表了题为《新经济：创新与信息技术对增长的变化作用》的专题报告[15]。联合国经济社会理事会在《2000年世界经济概览》中第一次使用并解释了新经济这一概念。随着新经济研究的不断深入，美国新经济的影响与特征逐渐得以认识。

1. 经济周期变化

从宏观层面上来看，美国新经济现象的诞生和发展改变了传统的经济周期。第二次世界大战以后，美国经济发展一直存在明显的周期性，先后经历了9个发展周期，平均每次扩张的周期只有55个月，而每次经济收缩周期所造成的破坏力都相当惊人，例如1973—1977年的美国经济危机造成了超过“大萧条”时期的历史最高失业率。而新经济现象的出现改变了传统的美国经济周期，使得经济发展出现周期更长、经济发展阶段减少的新特点，尤其是使得美国经济增长周期大幅提升而衰退周期缩短，且经济周期的波动性显著减弱，经济衰退周期的破坏力也大幅降低。自1991年开始，美国经济出现了连续长达10年的扩张周期，而整个90年代衰退周期仅有10多个月，衰退期间的GDP降幅只有1.5%，商业周期的波动性和破坏性都大幅降低。

2. 产业体系变化

从中观上来看，美国新经济的影响主要表现在其改变了既有的产业体系。20 世纪 80 年代美国爆发了信息革命并催生了新的科技浪潮，伴随着微电子、电脑软硬件、信息传输、多媒体和数据库等技术的发展和成熟，以信息技术为核心的高新技术产业得到迅猛发展。信息技术驱动的高新技术逐渐渗透深入美国完备的工业化体系，对美国经济的发展造成了全面深刻的影响。一方面，信息技术已经融入所有产业中，其改变的不仅仅是信息的传播方式和传播速度，无论是农业、制造业还是服务业，生产模式以及要素组合方式都发生了根本的变化，企业的商务行为和管理出现了明显的数字化以及虚拟化的趋势，企业的创新速度得到飞速的提升，整个美国商业活动的节奏变得更快，跨国经济组织和国际贸易得到长足的发展。另一方面，信息技术产业本身快速发展，在宏观经济中扮演着越来越重要的角色。以美国为例，在 1995—1999 年其信息技术生产部门对 GDP 增长的贡献率超过 30%，信息技术及相关产业的发展已经成为经济增长的主要动力。与此相适应，美国的就业结构也发生了显著的变化，第三产业就业，尤其是和信息技术相关的产业就业，逐渐成为美国就业市场的首要位置。

3. 企业管理变化

从微观层面来看，美国新经济发展对企业的经营管理带来了巨大的变化。信息技术的发展与应用大幅提高了企业的运行和生产效率，帮助企业突破其规模的边界，造就了一大批著名的跨国公司。信息技术能够通过改变企业内部管理的机制提高企业管理的有效性，通过在线化、虚拟化的交易平台降低商品在流通过程中的成本，通过提供更加灵活的商业及创新模式增强中小企业和初创企业的竞争力。信息技术的发展推动了企业经营空间的迅速扩张，大大降低了全球化经营的门槛，使得越来越多的中小企业可以借助互联网技术涉足全球市场，金融以及服务行业逐渐取代传统的制造业成为美国在全球化经营中的主要输出产品。信息技术的发展也重构了企业的管理结构，使得其向更加灵活的“放权—分权”的方向发展，从垂直管理系统向横向管理系统转化，对于人才的重视程度大大提升，强调更多地发挥人才的主动性和创造性。生产组织的管理方式也发生显著变化，随着 ERP 技术的应用和发展，企业生产的组织形式从大规模生产制向灵活生产制转变，并实现了无库存生产，生产效益中的规模经济得以充分体现和发展，市场也由价格竞争转向全面的质量竞争和技术创新竞争。

4. 资本与收入分配的变化

从个人层面来看，美国新经济对社会资本结构与收入分配带来了巨大的影响。尽管新经济发展使得美国获得了空前的繁荣，居民收入分配的份额大幅提升，各个阶层的收入均有增加，但两极分化和贫富差距却迅速扩大。在这一时期，知识的价值得到充分认识，那些掌握知识的人才往往能够获得比普通工人高得多的报酬，各个阶层的收入差距达到了前所未有的水平。例如 1999 年美国大公司的高管收入是普通工人的 419 倍，而那些互联网公司的创业者更是能够通过股票上市实现一夜暴富。信息技术掌握程度的异同则导致了严重的“数字鸿沟”，不同于以往任何一项专业技能，无法掌握信息技术的低收入阶层在收入水平和职业前景等方面存在巨大的竞争劣势。同时，随着企业经营规模扩张的需求以及企业经营灵活性的提升，企业对于资本的需求空前旺盛，金融行业变得更加发达和灵活，股份制企业取代了个人所有制的企业组织形式，使得越来越多的普通民众能够成为企业的股东，企业股份的社会化大大提高。而这一现象的普及将不同收入阶层的差异进一步延伸至社会资本结构，同时进一步改变了美国民众收入分配的结构。

### 1.3.2　新经济的冲击：世界的观点

随着时间的推移，对于新经济是否存在的争议逐渐消失，但世界范围内新经济的不平衡发展又引起了新一轮的争论。

1. 新经济对全球经济的影响

经济全球化加速是新经济发展的一个典型特征。经济全球化并不是一个新概念，但 20 世纪 90 年代以来经济全球化的趋势越来越明显，国际贸易变得更加活跃，1990—2000 年世界贸易出口额年均增长 5.5%（图 1-6），约为世界 GDP 年均增长额的 2 倍。同时，生产的全球化引起了全球性的分工和产业结构调整，出现了生产在全世界范围内大转移的现象，在世界范围内形成了全新的生产网络。伴随着全球范围内产业的转移，资本在世界范围内的流动更加频繁，国际直接投资保持着高速增长的势头。1990—1999 年，国际直接投资年增长率高达 17%，相当于世界 GDP 增长率的 6 倍以上。这一现象对全球经济造成了深远的影响，尽管制造业的转移为中国等发展中国家提供了发展的机会，但美国等国家发达的服务业和金融行业又促使全球范围内创造的财富和资本又流回这些国家，这加剧世界范围内经济发展不均衡。很多学者据此质疑新经济对于世界经济增长的影响，认为新经济是导致日本等国家的经济衰落、欠发达国家经济的恶化以及亚洲地区经济危机的主要原因，甚至有一些学者认为新经济的发展放大了科学技术和金融垄断的威力，推动了第二次世界大战后“新殖民主义”的发展。但更多的学者认为，新经济带来的经济全球化在很大程度上刺激了全球经济的增长，全球化的分工协作在全球范围内提高了生产效率，有助于发展中国家利用其人口资源优势。

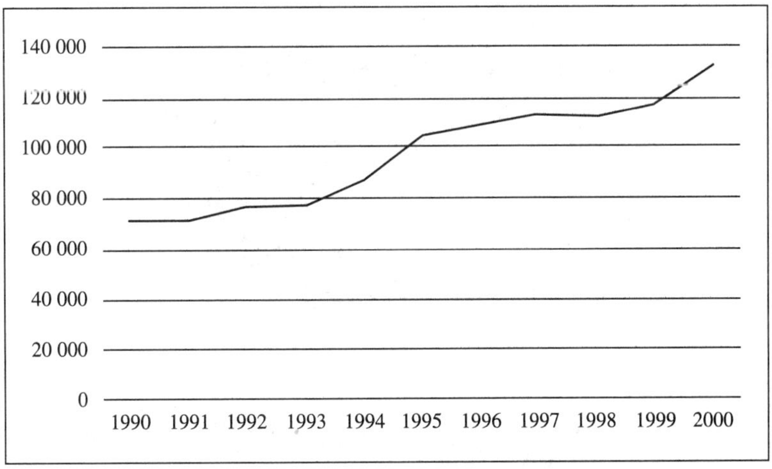


图 1-6　1990—2000 年世界进出口贸易总额（单位：亿美元）

数据来源：国家统计局。

2. 网络经济的繁荣与泡沫

新经济带来的最大的争议来自其形成的经济泡沫，其典型代表是1995—2002年美国轰轰烈烈的互联网泡沫的形成和破裂。1995年8月9日，成立不到一年半的网景公司（Netscape）在纳斯达克上市，这家经营互联网浏览器的公司在上市当天创造了IPO首日涨幅的纪录，其股票发行价格为27美元一股，上市首日股价一度涨到了75美元，最后收盘价为58.25美元，自此引领了美国互联网经济泡沫的浪潮。随着雅虎、亚马逊、Priceline等网络巨头纷纷上市，美国互联网泡沫进入高潮，各种类型的投资者疯狂涌入投资互联网企业（图1-7）。在互联网女皇Mary Meeker所倡导的“烧钱换增长”概念下，互联网企业的业绩亏损开始变成一种常态，投资者不再关注企业经营业绩指标，而是用访问量（PV）、销售额（GMV）和日活跃用户量（DAU）等指标来衡量一个企业的发展状况，这又进一步鼓励了互联网企业通过更多的融资来扩大规模和市场占有率。标志美国互联网经济的纳斯达克指数从1995年的1 000点，在短短5年时间内上涨至2000年的5 000点，网络经济的泡沫达到前所未有的高度。然而，2000年随着微软在垄断案中的败诉，整个投资市场的狂热情绪被终止，科技巨头可能由于监管而面临分拆与陨落的消息迅速引起了市场恐慌，猛然戳破了已经膨胀到极限的互联网泡沫。纳斯达克指数在两年内跌回1 100点，亚马逊等互联网巨头的股票价格下跌超过90%，大批互联网企业倒闭，无数投资者血本无归。随着美国互联网泡沫的破灭，一些围绕着互联网新经济的批评声开始出现，除美国外的一些专家如日本三菱综合研究所顾问牧野升，甚至将互联网新经济看作是美国设置的“圈套”和“阴谋”，认为美国通过垄断技术大肆发展的新经济，除了让资本家赚取更多利润以外没有带来任何现实价值。但是更多的专家学者对互联网新经济的贡献

图1-7　描绘美国互联网泡沫时期的漫画

图片来源：http：//www.chinacef.cn/index.php/index./index/article/article _ id/3027

保持肯定的态度，肯定互联网经济在规模效益方面带来的突破，认为其具有潜力无上限的特点，将在经济发展中扮演越来越重要的角色。同时，互联网经济的泡沫化也被一些学者视为是发展的必经过程，林毅夫教授（2002）认为互联网背景下泡沫的存在具有一定的合理之处，因为任何企业都需要支付信息处理的成本，尽管互联网信息平台的建设成本较高，但是其边际成本却很低。互联网经济在发展之初由于昂贵的开发和建设成本而不得不存在一定的泡沫，当信息达到一定规模之后其成本优势就可以表现出来。

3. 财富分配差距与阶级分化

新经济带来的另一个具有争议的新现象则是财富分配差距增大和阶级分化加剧。信息技术的发展使得社会财富的分配结构发生变化，掌握信息技术的人才以及互联网公司高管能够获得更高的收入，例如 1998 年迪士尼公司的 CEO 迈克尔·埃斯纳的总收入达到 5.8 亿美元。同时那些能够在互联网上带来流量的明星和公众人物也能够获得高额的报酬，电影明星麦当娜、篮球明星迈克尔·乔丹和拳王泰森等明星可以轻而易举地获得超过千万美元的年收入。而大部分发展中国家的平均年家庭收入低于 1 万美元，在 20 世纪 70 年代到 90 年代之间的实际涨幅微乎其微。收入两极分化的同时带来了全球财富积累的差距不断扩大，尤其是在互联网经济背景下，行业巨头的垄断地位越来越牢固，并逐渐侵入经济发展的各个行业，社会财富越来越多地集中在少数富裕尤其是特别富裕的国家和地区。20 世纪末美国最富裕的 0.5%家庭占有财富份额达到了 35.1%，最富裕的 0.1%家庭财富在 20 世纪 90 年代有显著上升（图 1-8）。信息技术的发展不仅仅扩大了收入和财富的差距，信息技术使用的不平衡也加剧了阶级的分化。根据美国商务部发布的名为《网络落伍者》的报告，同一地区内低收入家庭电脑和因特网的普及速度大幅落后于中等及以上收入家庭，出现了“数字鸿沟”，这意味着越是贫穷的家庭越难以融入信息技术社会，未来的发展潜力就越低。毫无疑问，新经济的发展造成了更加严重的两极分化，直至今日仍有一部分人甚至认为新经济是贫富差距的“幕后黑手”。但更加有说服力的观点则是劳动力的报

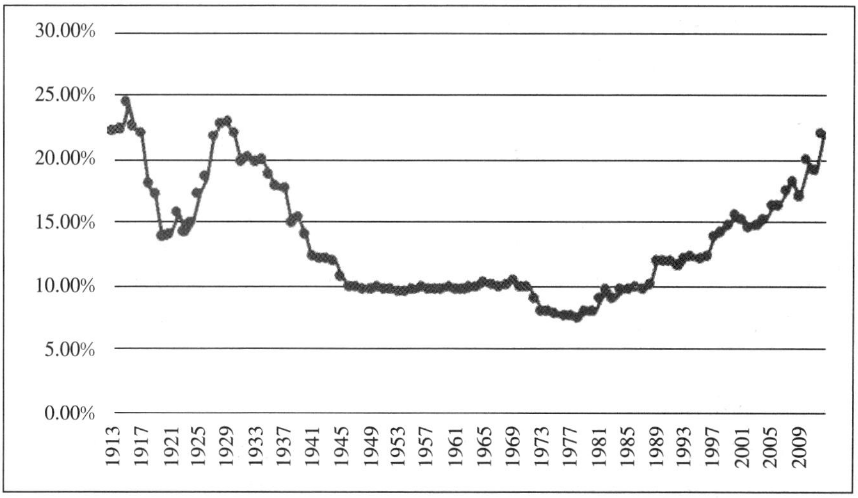


图 1-8　1913—2009 年美国最富裕的 0.1%家庭财富占比

数据来源：美林银行。

酬是由供求关系所决定。早期信息技术发展的速度较快，人才的供给难以满足行业需求，因而造成了行业内人才供不应求、收入待遇过高的现象，但是，从长期来看，随着产业结构的变化以及人才培养目标的调整，传统行业和信息技术行业人才的待遇差距会不断缩小。相反，信息技术的推广和应用会使得普通人和穷人更容易找到工作，同时互联网又能够促进市场统一价格的形成，有助于缩小职业间的工资差异。

4. 新经济对传统产业的影响

第二次世界大战结束后，日本在制造业方面开始发力，一系列“日本制造”的品牌和企业逐渐在国际市场上站稳脚跟，甚至在与美国的竞争中占据优势地位。制造业的快速发展使日本经济维持了长达 30 多年的快速增长，20 世纪 70 年代开始日本的人均 GDP 开始超过美国，一些学者预测日本经济会在 20 世纪结束之前超过美国。但是到了 20 世纪 80 年代，美国、日本的经济突然产生了一个大逆转，日本陷入了长达 20 年的经济大萧条，而美国则凭借着以信息产业为代表的新经济实现了 10 年的连续增长。这很容易让人对传统产业的前途感到担忧，但 2000 年美国互联网经济泡沫的破灭又开始让人们再次清醒下来，认识到离开了实体经济的互联网经济只有泡沫没有未来。从更深的层次去看美国 20 世纪 90 年代的新经济发展，可以发现新经济的发展不仅没有对传统行业造成威胁，相反极大地促进了传统行业的发展。首先，信息技术是一个新的行业，主要为人们提供信息服务，与传统行业不存在竞争或者替代的关系，而信息产业的发展可以促进传统行业的消费发展。例如，互联网的普及使得人们能够更加便捷和快速地购买各类传统产业所生产的商品。其次，信息技术能够服务于传统产业，提高传统产业的效率，降低信息收集、存储和处理的成本，压缩边际成本。例如，丰田通过供应链系统的应用实现了零库存生产，大大降低了其生产成本。最后，信息技术的发展降低了企业内部和企业之间的交易成本，使得全球化分工成为可能，促进了传统产业规模的扩大和经济效率的提高。

总之，20 世纪 90 年代突然出现的新经济对传统经济产生了双重影响，自诞生之初就引起了众多争论，但是随着社会经济的发展、信息基础设施的普及以及全球化进程的不断推进，人们对于新经济的认识不断加深。尤其是伴随着信息技术的进步，各个国家和地区对新经济从怀疑慢慢转向接受和拥抱，并逐渐将新经济确定为未来的重要发展方向。

## 1.4 新经济的未来发展潜力

尽管发展新经济可能存在两面性，但作为一种新的经济趋势，新经济代表了全新的经济形态，其必然具有极大的发展潜力。综合来说，新经济能降低实体经济成本、提升效率、促进供需精准匹配，激发新的经济业态和新的经济模式，推动经济向形态更高级、分工更精准、结构更合理、空间更广阔的阶段演进。

1. 发展新经济能够降低经济运行成本

数字技术的应用能够改变传统信息获取的手段和方式，降低经济主体获取相关信息的成本。移动互联网的普及使得消费者和生产者之间的联系更加频繁和直接，产品的供给方能够高效且低成本地获取产品需求方的动态反馈信息，相比较于传统的问卷调查和回访等信息收集方式，无论是在速度和成本上都得到了大大的改善。此外，数字技术的应用可以大幅降低资源匹配成本。数字技术能够打通线上线下两个空间，解决主体间信息不对称问题，大幅降低资源发现、契约签订、监督实施费用。另外，数字技术可以大幅降低资本专用性成本。数字技术推动了服务行业的发展，使得企业能够通过代工、外包、外协等方式，提高企业特定用途的固定资产或人力资本的利用程度，有效提高资本的经济性。最后，数字技术可以有效降低制度性交易成本。监管部门可以借助数字技术更加直接而高效地获取信息，从而有效降低企业因遵循政府各种制度、规章而需付出的成本。

2. 发展新经济能够提高经济运行效率

新经济的发展能够通过不断深化专业化分工提高生产效率。专业化带来的效率改进与交易费用决定了专业化分工程度。数字技术的应用大幅降低了交易成本，使得新经济 2.0 时代的分工日趋精细化和精准化，产业分工、产品分工、模块分工日趋深化，全球范围内的产业链成为现实，经济运行效率达到前所未有的高度。新经济同时有助于提升企业间生产协同水平、提高要素组合效率。由于数字技术能够帮助企业提高供需匹配效率，把市场需求信号更快、更准确地传递到供给侧，把优质商品信息更高效、更便捷地交换到需求端，通过线上的方式实现供需精准匹配。实体经济可以借助数字技术，将分散生产的实体组织在一起，相互配合、协调一致地工作，完成单一实体不能完成的任务，达到总体效益大于单独效益之和。

3. 发展新经济能够促进组织方式的创新

新经济的发展加速变革了企业的生产、管理、营销组织模式。工业革命所带来的规模经济和技术进步推动了组织的层级化和一体化，而数字革命所带来的交易费用下降则促进了组织的扁平化和分散化。工业经济时代的纵向一体化结构开始瓦解，以平台生态体系为代表的柔性生产组织方式快速发展，产业组织从寡头、垄断竞争向更加充分的市场竞争演进。另外，数字技术的发展催生了新的组织形态。数字经济在实体经济中的应用日趋深化，产业界积极推动平台化、生态化发展。平台企业加速壮大，全球市值最高的 10 家公司中，20 年前没有一家平台企业，10 年前仅有微软 1 家，2016 年已有 6 家。苹果、谷歌、微软等平台企业的市值超过美孚石油、强生等老牌跨国企业。

4. 新经济加速重构实体经济形态

数字化、智能化的基础设施成为国民经济发展的重要支撑。信息网络加快向高速移动的方向发展，随着高速光纤网络、无线互联网的快速普及，5G 和超宽带技术研究深入推进；物联网背景下越来越多的设备、终端等接入信息网络；数字技术与传统电网、公路网、铁路网等深度融合，正在形成万物互联、泛在感知、空天一体的智能化综合信息基础设施，极大地提升了经济活动的运行效率，成为当代经济发展的重要支撑。同时，“数字技术—经济范式”正在加速形成。数字经济与各行业、各领域的融合渗透，引发了新的工业革命，有力推动了传统产业技术进步，促使传统产业的发展理念、业务形态和管理模式发生深刻变革，新的技术经济范式加速形成。以智能制造为例，数字经济融合应用带来产品、机器、人从封闭走向开放，从实时的客户需求到产业链、创新链的快速响应，从资源碎片化、在线化、再重组到企业新技术、新产业、新业态、新模式创新发展，数字技术正驱动经济范式的加速重建。此外，数字技术已经成为重塑经济发展模式的主导力量。数字化的知识和信息成为具有强大驱动力的“乘数型”生产力，其能够在几乎所有的经济活动中得以应用，是重塑经济结构和提升生产力的主导力量。

## 思考题

1. “新经济”时代人才的重要性如何体现？“人才”的定义有何创新？
2. 对于跨国公司而言，参与“新经济”有何益处？
3. 从经济改革建设者角度出发，讨论如何积极应对新经济带来的冲击。

## 参考文献


[1] 丹尼尔·贝尔．后工业社会的来临［M］．高铦，王宏周，魏章玲译．南昌：江西人民出版社，2018：157－251.

[2] Porat M U. The information economy：definition and measurement，James W. C. ed. Rise of the Knowledge Worker［M］. Oxford：Butterworth－Heinemann，1977：101－131.

[3] 马克卢普．美国的知识生产与分配［M］．孙耀君，译．北京：人民大学出版社，2007：35－40.

[4] 经济合作与发展组织．以知识为基础的经济［R］，1996：1.

[5] 唐·泰普斯科特．数据时代的经济学：对网络智能时代机遇和风险的再思考［M］．毕崇毅，译．北京：机械工业出版社，2016：13－92.

[6] Negroponte N. Being digital［M］. London：Hodder & Stoughton，1995：163－226.

[7] Schneider P A，Clark T. The Information Age：Economy，Society and Culture. Volume I. The Rise of the Network Society［J］. Journal of Marketing，2009，48(2)：132－134.

[8] Mandel，M. The triumph of the new economy［J］. Business Week，1996，30(1)：68－70.

[9] 章铮．新经济：一场伟大的“争吵”［M］．北京：西苑出版社，2002：44－52.

[10] 尤瓦尔·赫拉利．人类简史：从动物到上帝：a brief history of humankind［M］．林俊宏，译．北京：中信出版社，2014：3－20.

[11] 甄炳禧．美国新经济［M］．北京：首都经济贸易大学出版社，2001：1.

[12] 中国信息通信研究院．数字经济白皮书（2018）［R］，2018：19.

[13] 世界银行．Water Resources Management Overview［R］，2018：1

[14] 中国网络空间研究院．世界互联网发展报告 2018［R］，2018：108－145..

[15] 经济合作与发展组织．新经济：创新与信息技术对增长的变化作用［R］，2000：1－96.

# 第 2 章　新经济的特征

“新经济”在经济发展中的重要作用已经得到广泛的共识，各个国家和经济体纷纷制定“新经济”的发展战略。然而，发展“新经济”不是对发达经济体经济发展模式的简单复制，关键在于挖掘“新经济”的基本特征，通过结合自身经济发展的特点，遵循宏微观经济规律，实现新旧经济的深度发展和有机融合。

## 2.1　新经济的宏观特征

### 2.1.1　数据要素驱动经济快速增长

世界经济发展史上每一次重大的经济形态变革都源于新生产要素的诞生。从农业经济时代到工业经济时代，资本和技术取代了劳动力和土地成为关键生产要素。而从工业经济时代到数字经济时代，数字要素将成为驱动经济快速增长的重要源泉[1]。数字技术与经济社会的交汇融合，尤其是移动互联网的应用与普及，引发了全球数据量以每两年翻一番的速度爆发式增长。随着覆盖范围和完整性的提高，数据的价值迅猛增长，逐渐变成蕴藏巨大经济发展潜力和动能的基础性战略资源。随着数据存储和处理技术的进步，数据产业逐渐形成了数据承载网络、数据信息萃取、信息知识升华的价值链条，驱动了新的企业经营决策技术、商品服务贸易内容和社会治理手段。更重要的是，作为生产要素的数据资源超越了传统生产要素的排他性制约，具有可复制性、可共享性、无限增长和边际成本几乎为零的特征，打破了传统经济理论中边际效益递减对增长的限制，为经济的可持续增长提供了坚实基础[2]。

1. 大数据生态系统正在形成

在万物互联的信息时代，海量多源的数据经过大数据技术的汇聚和整理，正逐渐形成一种新的生态系统。在此基础上用户与厂商之间可以建立起实时、直接、高效的沟通渠道，用户可以将所有必要的信息及时反馈给厂商，同时厂商也可以通过实时跟踪分析用户行为信息，设计提供具有更高品质、更加满足用户需求的产品和服务。大数据生态系统中，数据不仅是“大”的而且是“活”的，大量“活”的数据能够形成一种类似生态系统的组织形式，其边际价值随着数据量的增加会越来越高[3]。以淘宝为例，如何从平台上数以亿计的商品中挑选形成个性化推荐首页，尽可能满足每个用户不同的购物需求是一个复杂而又庞大的工程。为此，淘宝公司开发了其独有的算法系统，该系统依据用户的历史搜索记录和每次点击来判断用户的兴趣爱好，最终形成实时更新的定制化推荐首页。导航软件百度地图也是一个典型的例子，用户在使用百度地图进行导航的同时也为软件提供了数据来源，百度地图会根据用户的定位移动情况来判断道路的拥堵状况，从而进行路况的实时调整。由此可见，“活”着的大数据正在帮助企业实现实时的在线系统，形成一个完整的业务闭环。

大数据生态系统的形成和数据边际价值的提升，使得掌握数据优势的企业正在获得前所未有的发展优势。数据边际价值递增的特点，使得新经济时代出现的一些经济泡沫现象得到合理的解释。企业对于数据的依赖，要求他们不得不投入大量的资金和资源来建设信息获取、收集和整理的渠道，在达到一定规模程度之前，数据所能够提供的价值往往难以覆盖投入，因而不可避免地形成了发展初期的泡沫。但这种泡沫会因为企业规模的扩大而被迅速消化吸收，进而表现出无限的成长空间，这也解释了为什么在新经济 2.0 时代“流量”和“市场占有率”比“利润量”和“利润率”更加重要。同时，由于大数据生态系统的高门槛，新经济 2.0 时代的参与者间出现了特别的“倒金字塔”结构，掌握数据优势的企业将在各个经济活动领域获得成功，而没有数据资源的中小企业将逐渐消失。以阿里巴巴为例，其依靠着强大的数据优势，在短短 10 年间将经营业务范围从创立之初的电商平台拓展到金融、保险、物流、出行、用餐等众多经济领域。到了 2019 年，背靠大数据生态系统的天猫小店、京东便利店和苏宁小店正在大范围取代传统的便利店，大数据生态系统的影响力已经扩散至经济活动的每一根“毛细血管”。

*2. 数字资源的流通与共享突破了经济发展的瓶颈*

新经济 2.0 时代，数字技术的应用帮助了企业突破传统的发展瓶颈，企业的边界也越来越模糊。依据规模效率理论，由于所有的生产要素都是有限的、排他的、边际收益递减的，所以企业的内部交易成本会随其规模的扩大迅速攀升，而企业的规模效益会迅速下降为 0 甚至负值。当数据作为一种生产要素出现时，其无限性、共享性和可重复性的特征将帮助突破传统经济发展的瓶颈。在既有的大数据生态系统下，获取数据的边际成本接近于 0，且其能够通过流通和共享创造更多的价值，这使得持续性的边际效益递增成为可能。

以传统零售业巨头沃尔玛和互联网零售平台阿里巴巴为例。1950 年成立的沃尔玛的巨大成功来源于其对 IT 技术的应用与开发，沃尔玛是首个应用扫码枪的零售商，为了提高效率，沃尔玛每年投入上亿美元建设信息系统，它不仅开发了全球最先进的信息管理系统，甚至拥有自己的卫星。20 世纪的沃尔玛不仅仅是全球最大的零售商，也是全球知名的 IT 企业，这种对资本和技术的不断积累，是帮助沃尔玛在过去几十年内迅速发展成为全球市值最高企业的关键驱动力。然而，进入新经济 2.0 时代，沃尔玛的发展速度开始放缓，其全球销售总额早在 2008 年就突破4 000亿美元，但直至 2018 年才刚刚实现突破5 000亿美元。10 年 25%的增长率无法令人满意，2016—2018 年的复合增长率更是只有1%，难怪很多专家都认为规模过于庞大的沃尔玛正在面临其难以突破的发展瓶颈。反观 1999 年成立的阿里巴巴，仅仅用 13 年的时间就实现了平台交易总额突破 3 万亿元，而达到这一目标沃尔玛花了 54 年。在交易总额突破 3 万亿元后，2017 年阿里巴巴平台交易总额继续高歌猛进，轻松突破 4 万亿达到 4.8 万亿元，将沃尔玛甩在身后。2018 财年阿里巴巴平台交易总额继续上涨 19%至 5.7 万亿元，约合8 530亿美元，有望在 2020 财年实现 1 万亿美元的目标[4]。

阿里巴巴成功的秘诀正是来自数字资源的流通与共享。不同于传统的零售企业，阿里巴巴是以一种销售平台的形式出现，基于大数据生态系统实现快速发展，其所构建的零售平台有上千万中小微企业——97%的卖家在 5 人以内，95%的卖家初期投入在 3 万元以内[5]。这些中小微企业没有沃尔玛的财力投资 IT 基础设施，但他们可以借助阿里巴巴所提供的世界级的数字基础设施，覆盖了市场营销、交易、支付、物流等整个商业流程。同时，阿里巴巴利用各个小微企业汇集而来的数据，进一步在互联网支付、保险、理财、征信等领域扩展影响力，为企业和用户提供更加全面而丰富的服务内容。展望未来，3 万亿很可能是传统零售企业的瓶颈，而对于数字技术所驱动的零售平台来说这可能仅仅是起点。

**【案例 2－1】**

## 中美数字经济的发展路径对比

数字经济存在跨越式发展的路径。中美两国，作为发展中和发达国家的典型代表，其数字经济发展指数，远远超过了其当前经济发展水平，是实现数字经济跨越式发展的两条典型路径[6]。

**美国路径：高频创新——产品全球化**

美国的数字经济发展指数排名全球第一，其高频创新——产品全球化路径，帮助其数字经济发展超越其他发达国家。美国的数字科研和数字产业生态指数均排名全球第一，其信息技术领域基础性研究、应用型专利、技术的商业转化能力均全球领先。自从 20 世纪 90 年代互联网商业化以来，全球主要的技术、商业创新，几乎都是从美国开始的。数字技术进一步打破了距离、空间、时间的限制，美国公司的全球化能力被放大至极致。截至 2017 年 6 月，脸书的月活用户已超过 20 亿，服务了全球 27%的人口，这是传统跨国公司难以企及的。在全球十大互联网科技公司中，美国独占七席。

作为全球最发达的经济体之一，美国的产业发展成熟、基础设施配套完善，数字技术带来全社会有序的、渐进的改良。特别值得注意的是，美国的数字经济发展是互联网巨头和传统行业巨头双轮驱动的。传统行业巨头经过几十年持续的信息管理系统投资，积累了很强的数字能力，在消费者洞察等特定领域甚至领先互联网公司。

**中国路径：用户数字化——产业生态化**

中国的人均 GDP 名列全球第 64，而数字经济发展指数排名全球第二。中国走出了一条独特的用户数字化——产业生态化的发展道路。中国拥有独特的数字消费者群体，不仅仅是消费者数量庞大，各种数字应用渗透率都位居世界前列，数字消费者指数排名全球第一；庞大的消费者群体，使得长尾市场的定制化需求得以生长，各互联网公司尽力满足消费者个性化、多变的需求；中国的互联网公司采用了独特的生态战略，全场景与消费者沟通，使用社会化的方式完成产品、服务的生产和提供，数字产业生态排名全球第二；中国的总体科研水平并不突出，但是在数字经济相关的大数据、人工智能等领域，依托海量数字化消费者的独特场景，实现了快速发展。

数字经济会取代实体经济吗？

和众多发展中国家相似，中国部分行业成熟度较低，许多需求无法被传统行业满足。数字经济提供了创造性的解决方案，直击消费者痛点，从而得到了跨越式发展的机会。例如，中国数字经济发展最典型的两个行业——电子商务和互联网金融，均得益于解决了消费者的痛点，在很短的时间内飞速成长。

资料来源：阿里研究院《数字经济体：普惠 2.0 时代的新引擎》。

### 2.1.2 数字技术推动经济全球化新趋势

20 世纪 90 年代，伴随着 IT 技术的广泛应用，经济全球化得以快速发展，形成了以美、欧、日三大经济体为核心的全球化产业循环。三大经济体依靠经济和技术优势向全球输出资本，一部分流向中东、南美等资源类国家，一部分流向了“金砖四国”和东南亚出口导向型国家。接受投资的国家生产各种商品再出口到美、欧等终端消费市场，商品出口赚取的巨额外汇再通过购买国债、公司债等方式流回三大经济体，从而完成了全球经济的再生产循环。然而，21 世纪数字经济的快速发展，为经济全球化带来了新的特征。

首先，数字技术逐渐取代资本成为全球化的关键要素。广义的全球化泛指社会经济的各个领域在世界范围内的关联性不断增强。全球化概念形成之初主要表现为制造业全球化，其起源于货物与资本的越境流动，形成了大量的国际性经济合作组织与经济实体。在新经济 2.0 时代，除了货物与资本以外，数字技术在全球化中扮演着越来越重要的角色，使传统的制造业全球化转变为创新全球化。全球化过程中的关键在于物质和信息的流动所形成的节点和枢纽。制造业全球化时期，这样的枢纽主要是港口城市以及工业园区，而新经济 2.0 时代全球化的主要枢纽则是大数据平台。以阿里巴巴为例，来自全球的数据基于数字技术在这里得到汇总、应用和推广，并以此为中转站提供给国内外中小创业者和数据需求方；与此同时，来自国内外用户的数据和反馈信息又通过平台传递给数字技术的开发者，推动了数字技术的完善与开发。新经济 2.0 时代，虚拟化的大数据平台已经取代现实存在的港口和工业园区，成为新全球化下要素最为密集的节点和枢纽。

其次，数字贸易全球化成为发展趋势。随着经济生产结构不断演变，服务业在世界经济中的地位不断强化，在全球贸易中的占比不断攀升，数字技术在其中扮演着关键角色，而数字技术自身也成为重要的国际贸易对象。电信运营、软件与系统集成、信息传输、网络与数字增值业务等数字服务和传统意义的“服务”具有完全不同的特征，其具有的可远距离提供、成本极低等特点，使得其可贸易性超过许多制造业产品。早在 20 世纪 90 年代初期，信息相关的服务在 OECD 各国服务业中的占比就已经超过一半，服务业的增长在很大程度上是信息服务业的增长。而信息服务业的产业中软硬件投入的比重不断攀升，以美国企业在 IT 硬件和软件服务上的支出比为例，20 世纪 90 年代中期约为 1∶114，到 2003 年已经上升到 1∶2[7]。数字技术的发展增强了服务的可贸易性，使得远距离服务的生产和消费成为可能。互联网技术的应用大大降低离岸服务成本，大为简化了组织和管理流程，创造出远程教育和远程医疗、网络视频会议等新的跨境服务方式。2019 年 3 月 16 日，全国首例 5G 远程人体手术的顺利完成，标志着其中难度最大的离岸服务已经成为现实。信息技术的应用实现了知识的编码化和标准化。研发、设计、编程等以知识为基础的服务可以分解为模块或片段分散进行，且同时通过网络即时连接和同步推进，推动了专业服务产品的发展。此外，信息技术还为无形、不可储存的服务提供了有形载体，例如以往必须“生产者”和“消费者”都到场的课程讲授，现在可以通过数字技术音像制品变为有形和可储存产品，从而具备了可贸易性。

再次，数字技术正在打破传统的经济格局，推动全球经济向多元化方向发展。自古以来，技术的发展和革新不断改变着全球经济的重心，工业革命曾使得全球经济贸易的中心从亚洲转移到了欧洲。新经济 2.0 时代，数字技术的发展正引导着全球经济贸易由一个中心逐渐转变成为多个中心，发展中国家在全球化中扮演越来越重要的角色。由于基础设施薄弱，发展中国家在数字技术的浪潮中表现出明显的后发优势，且作为当今经济发展的决定性因素的数字技术的发展尚不成熟且存在很多不确定性，其爆发式的成长为发展中国家实现快速追赶提供了更多可能。数字经济的发展使得发展中国家与先进国家之间上百年的工业差距不再是难以逾越的鸿沟。不仅是中国，在南非、巴西、印度等其他发展中国家，甚至在伊朗这种与美国和西方国家关系并不融洽的国家，都能看到新经济的猛烈发展势头。

5G 是什么？
快来看一看

### 2.1.3　全球产业生态圈正在取代全球产业链

如果说以供应链技术为代表的产业链是新经济 1.0 时代的标志，那么全球产业生态圈的形成则是新经济 2.0 崛起的信号。20 世纪 70 年代以前，生产者不需要预测消费者需求情况，唯一要做的就是不断扩大生产规模，因为产品供给远远无法满足平均预测的市场需求。但是，随着工业生产技术的进步和生产效率的提升，产品的供需关系发生改变，生产过剩偶有出现，20 世纪 80 年代的生产者需要花大力气在预测消费者需求和调整供给平衡上，供应链技术正是在这个阶段产生和发展的。进入 21 世纪以后，经历三轮技术革命的发展，生产过剩已经成为一种经济常态，预测需求的难度也迅速攀升，供给与需求之间的错配严重制约了经济规模的进一步发展，导致一些国家和地区经济长期止步不前甚至发生倒退。传统以企业为核心的供应链或者产业链无论如何升级和完善都很难克服当前的发展问题，以消费者为核心的产业生态圈呼之欲出。

产业生态圈是强调以消费者为中心，通过数字技术的应用，精准匹配供需、重新组合生产要素、重构供应链并实现消费者和厂商协同共赢的一种新的经济发展模式。在此模式下，生态圈内的企业能够针对单个用户个体，利用智能设备与传感器采集在众多商业场景中线下行为数据，并与线上消费数据比对融合，形成“消费者画像”和“供应商画像”。随着交易数据的积累，平台可以随时掌握细分客群的喜好变化，通过人工智能算法实现广告精准化、生产柔性化以及库存最小化，最终达到需求与供给的有效连接和重构。不仅如此，通过利用互联网、云计算、大数据等数字技术，企业可以广泛改造和升级研发、制造、零售等供应链各环节，实现经济供给侧与需要侧的实时管理，最终形成全球产业生态圈。可见，在新经济 2.0 时代，形成和发展产业生态圈的关键是数字技术，其存在和发展是保障产业生态圈的参与者能够享受生态圈红利的核心要素。

### 2.1.4 全球范围内展开柔性的资源配置与组合

从历史进程来看，技术水平往往决定了经济主体的组织方式。18 世纪蒸汽机的出现，第一次要求人类与机器共事，随着机器数量和复杂程度的提高以及组织规模的迅速扩张，逐渐形成了人机结合的刚性组织结构。而在新经济 2.0 时代，数字技术的发展正在促使全球资源配置和组合的模式发生深远的变化，刚性的组织结构逐渐向液态的柔性组织结构转变。

OECD 指出，一个城市的人口规模每翻一倍，其生产力水平就会提升 2%～5%，大城市和大企业对于人才的吸引力更大，也更具有创造力[8]。但是，随着规模的持续扩大，大企业往往意味着超级细致的分工，每个员工只能够参与价值链上的一个小环节，员工的创造天赋也很难被充分发掘。此外，大企业也意味着超长的内部流程——跨部门协同更加困难，员工个体的协作意愿大大降低。尽管很多企业通过扁平化等措施尝试变革，但很快随着企业规模和业务的增加，新的部门和层级不断增加，组织将陷入新一轮的大企业病怪圈。例如，创业初期以组织扁平化著称的小米公司，随着其规模的爆发式扩张也不得不开始推动层级化，从最初的 3 个层级（联合创始人、部门负责人和员工）改成了 22 个级别。越来越多的人已经意识到，工业时代的组织管理范式已经走过成熟期转入了衰竭期，仅仅进行组织管理上的优化、继续那些修修补补的工作是远远不够的，必须要进行颠覆式的创新。

数字技术是保障组织结构变革的重要驱动力。最早的计算模式以大型机和小型机为中心，操作界面不友好且在空闲时会浪费计算资源，更无法激发用户的主动性和创新性。这些很明显的缺点，适应了工业时代典型的组织管理方式——命令与控制。但“客户机/服务器”的计算模式，难以支持大量用户的并发请求，也体现了赋权员工与企业集中管理体制之间的矛盾。数字技术的发展和应用让跨越企业边界的大规模协作成为可能，越来越多的业务流程可以通过网络协作运行，甚至可以自助运行，组织内部的管理成本和外部市场的交易、协同成本都有所下降，但后者的下降速度却远快于前者[9]。这种速度上的不一致所带来的结果就是，公司这种组织方式的效率已经大打折扣了，“公司”的边界也因此而松动了，公司中很多商业流程大量向组织外移动。从价值链的视角来看，研发、设计、制造等很多个商业环节，都表现出一种突破企业封闭边界的趋势，世界范围内的虚拟平台正在以前所未有的速度发展，逐个取代那些曾长期占据行业制高点的企业。

数字技术应用的结果就是组织正在由刚性结构转向液态柔性结构。在液态组织中，尽管组织的协调、控制等功能依然存在，但是由企业家指挥的生产变少了，而自主发生的交易活动变多了。尽管液态组织中仍然存在部门，但部门的边界已经不清晰，组织中每个成员都能够长期保持“共同创业”状态，组织的目标随着外部环境的变化而变化。从外部来看，液态组织的所有权与使用权已经分离，企业之间那种界限分明、基于资产专用性的边界正在发生很大的松动。大量由流动数据所驱动的商业流程在企业之间展开灵活的组合，以大数据技术为代表的数字技术的发展与应用大大提升了资源的配置与流动的效率。以区块链技术在供应链领域的应用为例，其能够将应收账款、原材料、半成品等资源证券化，并实现此类资源在供应链上下游企业之间进行充分的流通。

## 2.2　新经济的微观特征

### 2.2.1　信息在线化

随着信息技术的广泛应用，尤其是移动互联网技术的普及，商业信息的生成与交换将从线下转移到线上虚拟世界，信息出现爆炸式的增长，在线化的信息传输和处理对于商业运营、产业治理乃至社会治理都提供了新的机遇。

20 世纪 90 年代，互联网、个人电脑以及各种 Web 应用开启了信息在线化的第一波浪潮。1999 年网络用户数量已经迅速发展到了 1.2 亿，信息传播方式逐渐改变，传统纸质媒体几乎完全被互联网数字化媒体取代。2009 年 3G 牌照发放、2010 年 iPhone4 发布以及伴随智能移动终端而出现的各类 App，标志着移动互联网时代的到来，网络、终端与应用的三浪叠加推动了信息在线化的第二波浪潮。2011 年，全球智能手机出货量首次超过 PC，全球互联网用户在 2018 年超过 40 亿，同年移动互联网用户接近 30 亿，移动互联网终端数量超过 100 亿。尽管中国互联网的起步时间较晚，但发展的速度却非常快。1994 年伴随着第一条 64K 国际专线的接通，中国才开始出现真正意义上的互联网，直到 2005 年中国的网民才达到 1 亿人的数量，但很快在 2008 年就超越美国成为世界上最大的网民集体，并在 2017 年达到 7.72 亿的庞大规模[10]。对于消费者个体而言，虚拟的平台和社区正在取代传统的商场和超市，同时在线化的信息流通方式也几乎成为消费者的最佳选择。

近年来，以 5G 为代表的新一代网络技术、以无人车为代表的智能终端和以虚拟现实等为代表的创新应用浪潮纷至沓来。与 4G 技术相比，5G 技术将使数据传输的峰值速率提高 30 倍，用户平均体验数据率提高 10 倍，频谱效率提高 3 倍，将数据传输能效和流量密度提高 100 倍，可以实现一平方千米支持 100 万个传感器的连接密度。万物互联成为必然的趋势，所有的信息都将实现在线化。

信息在线化使得数字世界和现实世界之间的界限越来越模糊。消费者和供应商通过在线化的信息平台实现“面对面”的直接对话，消费者将能够彰显个性的差异化产品需求直接告诉企业，而企业不仅需要满足所有消费者的需求，还需要主动去发掘并实现消费者的潜在需求。普遍在线化的信息平台的建立也促进了虚拟社区的建设，经济活动参与的各方可能在网络虚拟社区中扮演着与其真实身份完全不同的角色，所有产品设计、生产、营销等活动都将发生本质的变化。例如，一个普通的在校大学生可能是某个虚拟社区上的网红，其对某一个产品的态度的影响力可能会远远超过一个工作多年的白领。与此同时，产业和企业的治理结构也随之发生改变，跨区域的资源整合变成更加简单和常见，各种创新的资源组合模式不断被开发出来。

5G 将会引领哪些创新？

### 2.2.2 渠道平台化

在传统的工业经济时代，一些供应链上的核心企业往往扮演着平台的角色，它们从上游购买原材料，加工后再向下游出售产成品，形成线性渠道经济模式。在此模式下，企业经营目标是消灭竞争对手，并从上下游企业中获取更多利润。而在新经济 2.0 时代，平台价值的创造不再强调竞争，而是主张通过数字技术和数字资源的整合，促成平台成员之间通过交易协作和适度竞争共同创造价值，形成新的平台经济模式。从传统的线性渠道经济模式到新经济时代的平台经济模式，首先要将平台的主要任务从资源控制转变成为资源整合与共享。传统线性渠道经济模式下，由于平台上各种生产要素的稀缺性和排他性，平台的竞争力往往来自对稀有的、有价值的资产的控制，如控制土地、矿产等有形资产，或者控制知识产权等无形资产。新经济 2.0 时代的平台经济则聚焦于虚拟社区和数字生态系统的构建，消费者和交易的商品是可以由平台创造出来的，此时生产者和消费者之间的网络关系本身才是平台经济中最核心的资产。新平台的形成将企业的经营重点从内部优化扩展到外部互动。线性渠道经营模式下，企业更多关注其内部的参与者能否创造出最大价值，以及从生产到销售整个渠道的价值创造。而数字技术下平台更加倾向于通过外部导向降低可变生产成本，利用外部生产者和消费者创造源源不断的价值，从平台的控制过程转向调动平台的参与者。此时平台的价值导向也逐渐从关注消费者价值转向生态系统的价值。传统的渠道经济需要最大限度地提高每一款产品或服务给每一位用户带来的使用价值，但这一线性过程终会有截止，而平台经济所做的是最大化平台的生态总价值，这是一个循环的、可反复的、反馈驱动的过程。

新经济 2.0 时代，平台上的信息流不会再被供应链体系中巨头所阻隔，供应商和消费者之间的距离大大缩短，沟通成本大大降低，大规模协作开始形成。透明化的信息流催生了新企业信用体系，各类型、各行业的中小企业通过接入平台获得了直接服务消费者的机会。成熟的数字经济平台上的物种极为丰富，但平台本身仅仅需要负责提供基础、标准化的数字技术服务，海量的商品和服务往往由生态系统内各种各样的商家所提供。数字平台上的商家只需要考虑如何尽可能地满足消费者的需求，为他们提供更好的产品和服务。商家本身也在数字平台上扮演着消费者的角色，其可以借助平台超大规模的协作能力实现产品生产流程的外包。例如在淘宝平台上，淘宝平台＋数万服务商＋约1 000万商家＋4 亿消费者共同构成了一个超大规模的分工/协作体系，这种超大规模的用户数，是工业时代的公司无法比拟的。平台经济所能够爆发出来的成长性也远远超过传统的企业形式，帮助其轻松跨越传统经济的发展瓶颈。2008—2017 年，世界上最大的零售企业沃尔玛的销售规模一直在4 000亿～5 000亿美元缓慢增长，而 2016 首次达到类似规模的阿里巴巴（3 万亿元）平台的成交总额则保持高速增长，在 2018 财年达到 5.7 万亿元。

### 2.2.3 消费个性化

工业经济时代，经济运行的中心在于商品的生产。由于生产效率低下，产品与服务供应远远无法满足巨大的市场需求，通过提高生产效率，实现大批量、低成本、标准化的产品生产便成为企业最重要的战略。即便是随着生产效率的提升，厂商需要通过大量营销手段对差异化顾客群体进行市场细分，但仍然遵循的是通过大规模批量生产来创造盈利。而到了新经济 2.0 时代，由于市场供需关系发生了颠覆性的变化，消费者取代了生产者成为经济运行的中心，消费者心理上的认同感已经成为其做出购买决策的先决条件。实际上，无论是在何时何地，消费者总是更加偏好个性化的产品和服务，只是在数字技术广泛应用之前，消费者的偏好无法实时准确地传递，对企业的研发与产品供应无法产生实质性的影响。但在新经济 2.0 时代，这一切均变为可能。

首先，数字技术的发展使得消费者的选择能突破传统的物理空间，消费者能够在全球范围内选择满足其个性化的商品。在传统经济模式下，消费者只能在有限的物理空间范围内选择产品和服务。新经济 2.0 时代，高速流通的信息使得几乎所有的产品和服务都能够变成消费者的备选方案，消费者能够充分根据自己的喜好选择来自任何地区和国家的产品。此外，数字技术的普及和发展正在打破传统的经济壁垒，市场的竞争更加激烈，企业要想能够在竞争中生存和发展，除了提供更好的产品和服务以外几乎没有其他办法，这迫使企业和厂商主动去迎合消费者的个性化需求。

其次，数字技术的发展提高了个性化产品和服务开发设计的成功率。个性化产品和服务的设计从来都不是一件简单的事情，其失败的风险要远远高于标准化的产品和服务。随着信息通信基础设施的建成，消费者和厂商之间搭建了更加便捷的双向信息交流渠道，消费者对于商品和服务的感受可以通过数字技术直接传递给厂商。厂商们可以通过对消费者各类行为数据的收集和分析，掌握消费者的真实需求，开发设计出他们已经想到或者还没有想到的产品和服务，并提高创新的成功率。

再次，平台的搭建为个性化的产品提供了销售渠道。在传统经济模式下，受制于销售渠道和市场份额，个性化的产品和服务所创造的收益往往难以匹配其开发成本，因为个性化的产品和服务意味着更小的受众和客户群体。但平台的规模效应可以为厂商的个性化产品提供足够庞大的用户群体，即使所设计的产品只有百分之一的受众群体，但是在足够大的消费者规模的支持下，个性化的产品需求也会变得很“常见”。此外，平台能够为厂商提供大量基础性的技术服务，厂商则可以充分利用有限的精力做好产品和服务的设计，满足消费者的个性化需求。例如淘宝平台上的商家不用掌握网站建设、数据处理、图片美化等专业技术，他们只需要关心产品和服务设计。

最后，社会经济的发展促使消费者个性化消费的复归。随着经济水平的提高，消费者的消费能力不断提高，消费习惯随之慢慢改变。休闲、时尚、高档、个性化的消费习惯逐渐取代了简朴、便宜、耐用的消费习惯，个性化成为人们在做出消费决策时首要考虑的问题之一。同时，消费社交行为的在线化也促使消费者希望通过个性化的产品和服务来体现自己的个性，社会的进步也使人的个性得到包容和理解，个性化的需求逐渐变成一种自然的状态。

### 2.2.4　管理数字化

在新经济 2.0 时代，数据成为重要的生产要素，更多的数据和数字技术被应用于管理中，管理对象也逐渐转变成数据以及数字技术本身。管理信息在线化使得所有和企业经营相关的信息都能够由数据来进行描述，而且能够实现实时动态分析。传统的有形业务更多地表现为数据分析与处理，而传统支撑业务都将以数字技术支持与平台维护为中心展开。管理运营平台化不仅使得管理能够跨越时空的界限，扩大了管理幅度与广度，而且能够通过数据分析实时实现管理技巧、手段和方式改进，提升管理的效率与效果。而随着数字技术的应用，管理者能够利用那些不直接与企业经营活动相关的信息来提高管理的效果。在战略层面，公司高层管理者每天需要面对来自全球政治、经济、金融、市场、技术甚至气候等综合指数。在业务层面，除了常规流程化的管理数据，如库存数据、财务数据、销售网络、产品生产流程、品质数据、售后数据等，另有一系列内部组织与外部环境相关的数据内容，如内容管理、竞争情报、知识管理、商业智能、数据仓储等。所有这些复杂的数据都可以借助数字技术进行深度分析，帮助管理者做出更加符合现实情形的判断和决策。比如，通过客户关系与行为数据进行“消费者画像”，决策者能够准确识别公司潜在的顾客群；通过供应商数据的“供应商画像”则可以合理确定供应商体系；通过用户评价数据能够帮助企业发现产品与服务中的缺陷与不足；通过动态的财务数据可以准确分析产品与服务的盈利能力，将潜在市场占有变成潜在的财务盈利。

**思考题**

1. “新经济”新在哪里？与传统经济的主要区别表现在哪些方面？
2. 如何理解“新经济”背景下经济泡沫是合理的？
3. 对于中国这样的发展中国家而言，发展“新经济”是机遇还是挑战？
4. 发展“新经济”是否意味着放弃制造业等实体经济？

**参考文献**

[1] 汤子琼．知识经济简论 [M]. 成都：四川大学出版社，2002：1－47.

[2] Kitchin，R. The data revolution：Big data，open data，data infrastructures and their consequences [M]. California：Sage，2014：120－124.

[3] Davenport，T H，Barth，P，Bean，R. How “big data” is different [J]. MIT Sloan Management Review，2012，54 (1)：43－46.

[4] 阿里巴巴集团 2018 财年财报．

[5] 阿里研究院．数字经济 2.0 [R]，2017：6—32.

[6] 阿里研究院．数字经济体：普惠 2.0 时代的新引擎 [R]，2018：6－29.

[7] 江小涓．服务全球化的发展趋势和理论分析 [J]. 经济研究，2008 (2)：4－18.

[8] 阿里研究院．解构与重组：开启智能经济 [R]，2018：3－39.

[9] OECD. 2017 年数字经济展望 [R]，2018：195－237.

[10] 中国信息通信研究院．数字经济白皮书 (2018) [R]，2018：21－22.

# 第 3 章　新经济发展的全球进程

20 世纪 90 年代以来，美国、德国、韩国等发达国家在特定产业政策驱动下，其新经济发展取得了令人瞩目的成就，并日益成为主要的经济增长动力，但同时也出现了一些挫折和反复。相较于发达国家和地区，中国新经济的起步较晚，在很多领域尚处于起步阶段，因此，归纳和总结全球新经济发展经验对我国进一步发展新经济非常必要。

## 3.1　美国新经济发展进程

### 3.1.1　美国经济发展出现瓶颈

二战后美国推行基于凯恩斯主义的需求管理政策，一方面实现了 20 世纪 50 年代后长达 10 年的经济增长；另一方面大幅提升了社会福利和工资水平也成为美国经济发展的沉重负担，成为后期多次经济危机的伏笔。1970 年后工资福利的上升幅度超过了劳动生产率增长，同时越南战争升级和“伟大社会”建设导致社会开支猛增，美国出现财政赤字高、失业率高、通货膨胀率高而经济增长率低的“三高一低”的危机现象。由于美国国内经济状况的恶化，时任美国总统尼克松在 1971 年采取的一系列政策也未能解决美国经济问题。1972 年美国物价水平在管制的条件下仍然上涨 3.2%，失业率也保持在 5%的水平上。1973 年第三季度至 1974 年第三季度，粮食、石油、鱼粉等必需品价格还是猛涨，石油价格在石油危机的影响下从 3 美元一桶上升为 12 美元一桶，整整涨了 3 倍，1974 年物价水平达到了全年上涨 12%的历史最高纪录。到 1974 年福特就任美国总统时，美国经济“滞胀”的局面已经形成。尽管福特总统希望通过不断改变货币政策来解决美国经济问题，但是美国经济危机没有任何好转的迹象，1975 美国失业率上升到历史性的 9%，而经济却一直呈现出高失业、高通胀的“双高”特征。为了降低失业率，卡特政府在 1977 年执政后开始实行刺激经济增长的财政政策和货币政策。宽松的货币政策未能解决美国的经济问题，反而导致了 1979 年第四季度通货膨胀率上升至 12.7%，生产率由上升 3.1%转为下降 2.1%，GNP 增长率从 4.9%降为 1.0%，失业率一直在 6%～8%居高不下。总之，20 世纪 60 年代以后，快速发展的美国经济陷入了瓶颈期，此后的 10 年，无论哪届政府采取什么样的宏观经济政策都无法完全摆脱高失业率、高通货膨胀率、低经济增长率的困境[1]。

### 3.1.2　美国新经济的萌芽与发展

1981 年上任的美国总统里根认为，造成 20 世纪 70 年代长达 10 年“滞胀”经济困局的直接原因是政府职能的过度膨胀，于是以货币主义和供应学派的学说为理论基础，推出了《经济复兴计划》这一纲领性文件。《经济复兴计划》主张通过减税、削减福利和放松政府对于经济的约束来解决美国经济危机，其中最重要的举措是推行放松政府管制改革。撤销、放宽了包括环境污染控制、生产安全管制、技术标准管制、企业购并、反垄断等在内的 65 项制度规章。进一步放宽包括能源政策在内的政府管制，把一部分管制权由联邦政府下放给州政府和地方政府，并在 1980 年和 1982 年国会颁布新的银行法案，放宽对金融市场的利率管制；同时大幅度的税收优惠使得美国成为当时西方主要工业国家中边际税率最低的国家之一。《经济复兴计划》使私人部门的流动资金逐年增多，不仅增强了企业的投资和创新能力，而且大大提升了消费者的购买力。此外 20 世纪 80 年代新的经济政策推动了美国高新技术产业的迅速发展，到 1989 年里根卸任时美国经济实现连续七年快速增长，同时通货膨胀率和失业率都有所下降，这一系列举措为 20 世纪 90 年代美国“新经济”现象的萌芽打下了坚实基础。

进入 20 世纪 90 年后，美国经济发展的政治经济环境发生巨大变化。一方面，苏联解体使得“两极”对峙的冷战格局结束，美国从长期与苏联之间的军备竞赛中得以抽身，并逐渐将发展的重心转移至经济领域，美国开始积极推动军用技术民用化，大量具有商业前景的军用技术逐渐应用于经济。例如，作为国际互联网的前身，美国国防部于 1969 年开发的“阿帕网（Arpanet）”，后来转为民用并成为国际互联网的先驱。另一方面，欧共体和日本经济的迅速崛起，尤其是制造业的快速发展导致美国经济在世界上处于不利的竞争地位，美国在世界贸易中的份额由 1970 年的 30%左右逐渐下降到 1980 年的 25%左右，并出现了二战以来的首次贸易逆差。

为了解决美国经济发展中出现的新问题，克林顿政府提出了“新国家干预主义”，研究和制定美国长远经济规划，陆续制定了一系列的财政、货币政策和外贸、产业政策。在财政货币政策方面，克林顿政府首先是调整财政政策，通过提高高收入阶层的所得税率和提高公司所得税率实现“增收”，同时采取削减国防预算、削减医疗保健费用、裁减联邦雇员、压缩行政费用等“节支”的财政政策。一系列的财政政策大大压缩了联邦政府的财政赤字，同时通过增加向市场融资维持低利率，刺激企业投资，增强人们对经济前景的信心。其次是通过紧缩的货币政策遏制通货膨胀。美联储放弃以货币供应量为中介指标的做法，改以利率为货币政策的中介指标和宏观调控经济的主要手段。通货膨胀的有效控制使得短期投机行为减少，投资者更多地着眼于制定和实施长远发展战略。

在外贸、货币政策方面，克林顿政府首先通过“新干涉主义”将“经济安全”列为其首要的外交政策，开拓国际贸易市场、提高美国商品的出口量。第一，克林顿政府重视高新技术产业的发展，确定了以通信、半导体、电脑、咨询软件等高科技产业和知识密集型产业为核心的出口战略，通过放松高新技术产业出口管制、为相关产业提供贸易融资、设立中小企业出口协助中心等，逐渐形成在信息、服务业、科技咨询等产业上的国际竞争优势。第二，积极推动双边、多边以及区域贸易，充分发挥美国的国际影响力，展开了一系列以信息技术、劳工标准、降低关税、建设基础电信、提供金融服务为重点的国际贸易谈判。第三，应对贸易争端，克林顿政府使用大棒政策，利用《综合贸易法》和“301 条款”为依据，迫使其他国家对美国开放“对等”和“公平”的市场；同时美国还广泛在高新技术产业使用反倾销和反补贴等措施，保护本国的企业和市场。最重要的是克林顿政府所制定的一系列有利于高新技术行业发展的产业政策，先后提出了“国家信息基础设施”

建设计划和“下一代因特网”计划，把 IT 产业视作经济发展的支柱产业，由政府注入大量资金带动民间投资向 IT 行业流动。美国政府在《技术：经济增长的发动机》中确定了生物技术、特种材料和新能源等十个重点扶持的高新科技领域。一系列产业政策的制定实施推动美国信息、生物工程及新材料等高科技产业迅速占据行业制高点，高新技术在传统产业中的应用提高了美国的劳动生产率，提升了美国的产业结构，奠定了美国企业参与国际竞争的基础。同时，克林顿政府重视人力资源的开发，不遗余力地增加对教育的投入，推动全球范围的人才发掘计划。在 20 世纪 90 年代，美国在教育领域的投入总额保持在美国 GDP 的 7%以上，大量的投入不仅促进了美国境内人才的培养更是从全球范围内吸引了大约 50 万名各类专业技术人才，成为美国在高新技术领域优势得以持续的重要保障。

在一系列财政货币以及外贸产业政策的推动下，美国高新技术产业的发展极大地推动了经济发展，带来了美国历史上最长的经济增长周期，帮助美国经济逐步摆脱不景气，步入持续稳定增长的轨道，表现出了低失业率、低通货膨胀率和高增长率“两低一高”的新特征。失业率由 1991 年的 6.7%稳步下降至 1998 年的 4.3%，同时物价水平稳定，通货膨胀率由 20 世纪 90 年代初的 5%下降至 1.8%，而经济增长率则表现出持续上升的趋势，由 20 世纪初的 2%上升至 2000 年的 5.2%。同时，以英特尔、微软、亚马逊为代表的 IT 企业迅速成长为全球规模最大的跨国公司，而福特和通用等传统制造企业在 ERP 等信息技术的助力下超越实力强劲的国际竞争对手。

### 3.1.3　美国互联网泡沫的产生与破灭

伴随着新经济的迅猛发展，美国投资者逐渐形成了“信息技术超越一切”的观念，加速形成了互联网经济的泡沫，又被称之为“Dot Com”泡沫。1995 年，互联网的普及尤其是电子商务的出现，极大地刺激了计算机行业的发展，形成了新的商业模式。依靠互联网，一批科技公司如亚马逊、EBAY、世通公司、Etoys 以及雅虎等，在极短的时间内从无到有、从小到大，并通过在纳斯达克上市迅速获取资本、扩大经营规模。大量科技企业的创始人和早期投资者实现一夜暴富，对整个市场产生了极大的刺激，无数投资者陷入疯狂的状态，一些科技和商界精英也被互联网泡沫冲昏了头脑。英特尔公司发出“赶快跳上互联网的高速列车，否则你将死无葬身之地”的口号。长期处于亏损状态的亚马逊，其总裁杰夫·贝索斯更是宣称：“根本没时间考虑所谓的‘泡沫问题’，每天早晨醒来的第一个念头是，互联网是以每年2 300%的速度在增长，亚马逊也要以每年 23 倍的速度向外扩张。”他甚至认为根本没必要向市场解释亏损问题，只因为还有更多有价值的事情去做。于是，上千亿美元的资金涌入股市，抢购当时仅有的几十只互联网公司的股票，1999—2001 年，全球投入互联网创业领域的风险投资规模达到 964 亿美元，其中 80%被投向了美国。

在互联网投资热潮下，几乎所有的美国公司都在想办法同互联网挂钩。有的公司索性在名字后面加上“Dot Com”或者在公司名字前面加上 i 或 e，以示公司的业务与互联网相关，这也是为何后来美国互联网泡沫也被称为“Dot Com”的原因。相比较于信息技术，“Dot Com”经济模式的发展速度更加迅猛，且大多停留在互联网的表象或者概念上。1999 年雅虎公司的股票市值达到 380 亿美元的规模，甚至超过了波音公司，但其在前一财年的总收入仅有2.03亿美元，利润总额也不过2 500万美元。而1997年上市的亚马逊，其股票价格在上市第一年就飙升了2 300%。难怪很多人在看到雅虎和亚马逊的表现后下了这样的结论：网络经济3年等于工业经济70年。凭借着新经济的巨大影响力，互联网公司可以轻而易举地通过资本市场获得大量的资金，很多互联网公司成立的目的和经营目标也不再是赚取利润，而是通过提高市场占有率和业务规模来谋求更大规模的融资，这导致了互联网经济的进一步泡沫化。

首先，企业以概念炒作代替追求经营业绩。作为一个全新的概念，行业对于互联网公司成功与否尚未形成统一的判断标准，资本往往根据企业提出的概念来决策投资行为，结果是那些主推“Dot Com”概念的企业很容易在资本市场募得资金。在这样的背景下，当时大量的互联网公司都通过推行免费服务实现业务量的增长，长期免费的服务和产业培养了用户“免费有理”的消费心理，一旦取消免费就会面临严重的用户流失。这导致了很多企业不得不一直保持亏损的经营模式，在很长时间内都无法获得盈利。其次，投资者跟风投机盛行，为企业的概念炒作提供了源源不断的资金来源。互联网经济发展初期“一哄而上”的盈利模式导致投资者跟风炒作盛行，很多投资者即使非常清楚所投资的企业不会盈利，但是后面持续不断进入的新投资者，也能够保证他们快速赚到钱。再次，互联网企业模糊的边界导致越来越多的企业陷入恶性竞争。互联网泡沫时期，企业的网络、内容、软件等环节之间几乎不存在任何合作，产业发展的各个环节无法通过社会资源的最优配置来实现社会生产力的提升。每个互联网企业都希望能够实现对于上下游的全面覆盖，导致了网络、内容、软件等本属于不同产业的企业在同一层面上激烈的恶性竞争。整个产业链严重断裂，陷入混乱的恶性竞争局面，迫使越来越多的企业进入了不断烧钱的“死胡同”，直到互联网金融泡沫最终破灭。

由概念和资本推动的互联网经济在20世纪90年代末期一路高歌猛进，纳斯达克指数从1998年10月的1 500点一路持续上涨到2000年3月10日突破5 000点大关，并创下5 132点的历史最高纪录。但是，互联网经济的泡沫很快随着美联储调高利率及受微软垄断案败诉的影响而破裂，纳斯达克指数迅速从5 000多点的高位，在两年内狂泻到1 500点以下，超过5万亿美元的市值随之蒸发。互联网泡沫的破灭标志着美国20世纪90年代的新经济1.0阶段告一段落[2]。从本质上而言，美国互联网泡沫诞生和破裂的原因并不是信息技术的过度使用，而是信息技术的发展速度无法像新经济初期一样满足迅速膨胀的互联网经济的需求，无法为新经济的进一步发展提供持续可靠的动力。我们同时有理由相信21世纪初新经济所面临的困难和挫折只是暂时的，当下一次的信息技术浪潮到来时，其必然能够驱动更大规模的互联网经济发展。

### 3.1.4 金融危机前后美国新经济的发展

2000年美国互联网经济泡沫的破灭改变了很多投资者对新经济发展前景的判断，而2001年美国“9·11”事件的发生使得美国政府的注意力由经济发展转向陆续在伊拉克和阿富汗开展的反恐战争。21世纪初，美国新经济发展逐渐由政府主导变成资本主导，新经济的发展重点领域也开始向以金融为代表的虚拟经济领域蔓延。从经济增长的结构来看，由于资本的趋利性和美联储主席格林斯潘长期以来在金融领域奉行的“新自由主义”的影响，美国新经济的发展重心逐渐转向了以金融为代表的虚拟经济领域。2000年以后，美国虚拟经济对GDP的贡献度超越了实体经济，并逐渐成为美国经济发展的支柱。到了2010年，美国虚拟经济对于GDP的贡献率达到了33.05%，大大超过了实体经济的22.56%，以金融为代表的虚拟经济在信息技术的推动下得到了飞速的发展。

伴随着小布什政府“居者有其屋”的经济刺激计划，以及美联储的持续降息操作，美国房地产行业迅速发展，房地产价格指数在2000—2008年上涨了超过一倍。以房地产次级贷款为基础的MBS（次级债）、CDO（担保债务凭证）、CDS（信用违约互换）等一系列复杂的金融衍生品以几何级速度增长。在信息技术的帮助下华尔街的金融产品被广泛销售到全球各地，万亿美元规模的美国住房次级贷款在全球范围内产生了超过2万亿美元的MBS，1万亿美元的CDO和超过60万亿美元的CDS。但是随着美联储2004年开始的加息进程，美国次级贷款的违约率迅速攀升，导致了一系列金融产品出现违约，影响了包括欧洲国家、新兴经济体在内的众多主权国家的经济，最终导致了2008年的全球金融危机。而美国自身也在2008年和2009年出现了经济负增长，国内失业率迅速攀升至2010年的9.6%，创下了近50年内新高，2011年9月愤怒的失业者爆发了“占领华尔街”行动。2008年的金融危机对全球新经济发展，尤其是在以金融为代表的服务行业的发展带来了严峻的挑战。

2008年爆发的金融危机在全球范围内掀起了一场金融海啸，而在这场海啸中受影响最严重的美国却最早摆脱金融危机的影响。在经历2008和2009两年短暂的负增长后，美国GDP增长率在2010年迅速得到恢复，并一直保持在2%左右，在发达国家中一直保持领先的地位，而失业率也逐渐由金融危机期间接近10%的水平稳步下降至自然失业率水平以下。截至2019年10月，美国本轮经济扩张周期已经超过120个月，打破了20世纪90年代新经济发展初期所创造的纪录。同时，美国股市也打破了1990—2000年连续上涨113个月的历史最长牛市纪录，在过去9年间累计上涨超过300%，创造了新的经济增长“奇迹”。在2008年金融危机发生后，帮助美国经济走出泥沼、创造美国新的经济增长纪录的仍然是新经济的发展。

以大数据、新能源、先进制造业为代表的新经济被认为是本轮美国经济强劲复苏的主要动力。以数字技术和数字资源为主的大数据产业为美国经济发展提供了新的动能，其不仅仅是为数字通信产业以及相关的软硬件行业带来了巨大的发展，也有助于实体经济发掘利用数据中的有用信息，提高决策的精准度、提升企业的运用效率和生产能力。根据麦肯锡的报告，美国大数据产业每年为美国创造了约6 100亿美元的产值，其中在零售和制造业带动的增加额最高达到3 000亿美元。微软、苹果和亚马逊等信息技术公司的市值陆续突破万亿，远远超过了20世纪末互联网泡沫的巅峰时期。新能源革命作为本轮美国新经济发展的重要内容，也对美国经济复苏产生了深远的影响。钻塔和钻头技术、水力压裂技术的改进和离岸钻井平台的发展，极大地促进了美国重油和页岩油气等非常规能源的开采。根据麦肯锡的研究，2007—2012年美国页岩油气开发的年均增长速度超过50%，为美国GDP增长贡献2%到4%，预计在2020年将创造超过170万个就业岗位[3]。面对产业空心化的挑战，2008年奥巴马政府提出了“再工业化”和“重振美国制造业”的战略，

2016年特朗普政府则进一步通过推动基础设施建设和减税等政策推动“制造业回流”战略，连续性的产业政策取得了一定的效果，美国制造业增加值由2009年的1 700亿美元左右上升至2017年的超过2 200亿美元的规模。

纵观美国新经济的发展历程，尽管其在2000年和2008年经历了两次重大的挫折，但是新经济总是能够在短时间内恢复并继续成为美国经济增长的主要动力，这离不开美国在科技创新和人才培养领域的长期投入和积累。世界知识产权组织发布的专利申请数据显示，2000—2015年美国各项专利申请数量都居于全球第一，研发支出也遥遥领先其他国家。此外，美国建立了一套完备的科研创新体系，形成包含政府、企业、高校和其他非营利机构的科技研发体系，其中企业占据着重要的地位，是科研活动的主体，政府和发达的金融体系则扮演着保驾护航的角色，持续引领美国企业在信息技术、生物医药、新能源等领域继续发展。作为美国高新技术集中区域的硅谷地区，在2017年以1%左右的土地面积贡献了超过了10%的经济增长。

**【案例3－1】**

## 美国硅谷

硅谷是旧金山湾区的简称，位于美国西海岸的中部，加利福尼亚州北部，旧金山湾区南部，最早是研究和生产以硅为基础的半导体芯片的地方，并因此而得名。

旧金山湾是位于美国西海岸中部偏南的一个小小海湾，旧金山就在海湾入口处，它的对面是连接旧金山海峡的著名的金门大桥，沿着全世界最美的280公路向南，在280公路和101公路这两条公路夹带之间，有一块长约18千米，宽约11千米的区域，这里便是硅谷。硅谷的面积大概是1 854平方千米，核心区面积约300平方千米，人口约292万，这便是硅谷的基本概况。

硅谷何以能成为全球性的创新中心？首先有一个很重要的基础原因，那便是它的气候优势。这里是非常典型的地中海气候，冬天温暖潮湿，夏天凉爽干燥，非常舒适，给高科技人才提供了宜居宜业的环境。“晶体管之父”威廉·肖克利也曾提到，“这块地无论是气候还是环境，看上去都是最理想的开办晶体管工厂之地，是展开科技竞争的风水宝地”。晶体管是电脑重要原料之一，硅谷的气候十分适合晶体管的制作和处理，这是硅谷发展起来的基础条件之一。

其次，硅谷位于美国的西海岸，西海岸的好处是，便于聚集许多来自亚洲的优秀人才。“旧金山”是一个汉译的名词，是华人给它取的名字，华人到美国的第一站便是美国西海岸——旧金山。这里是吸引人才的磁铁，约1/3人口出生于美国以外地区，其中75%为华人和印度等亚洲移民，这里有年轻的劳动力，且受教育程度高，同时还呈现多元化的特征。这里的多元文化通过融合，使人的思维更易发散，以更多角度的方式来看问题，进而演化成一种包容的文化氛围。

在这样的环境下，硅谷非常迅速地形成了高科技企业的集群，目前拥有3万多家高新技术企业，其中著名的如苹果、谷歌、英特尔、甲骨文、思科、facebook等，这些令世界如雷贯耳的公司，都是在硅谷建立起来的。除了众多高新技术企业外，这里还有一个巨大的优势，便是丰富雄厚的教育资源，教育水平高，教育层次非常完善，有旧金山加州大学、加州大学伯克利分校、斯坦福大学，除此以外还有圣克拉拉大学等职业技术学院，从最一流的高校到系统的职业教育学校，形成了完整而全面的教育体系，为硅谷的发展提供知识、人才基础。

回顾硅谷的发展史，它是在产品演绎的基础上一步一步发展起来的，以不同时期的主导产品为核心，我们把硅谷历史划分为几个发展阶段：第一阶段是萌芽期，从 1891—1938 年，是硅谷刚刚诞生和形成的时期；第二阶段是晶体管时期，从 1939—1958 年，以晶体管的生产和晶体管技术为代表；第三阶段是集成电路时期，以 1959 年平面集成电路问世为标志，从 1959—1978 年；第四阶段是个人电脑阶段，从 1971—1990 年，以英特尔、苹果等公司的崛起为代表；从 20 世纪 90 年代至今则经历了互联网到移动互联的阶段，硅谷的世界创新中心和全球高新技术产业中心地位最终确立。

硅谷发展简史及其主要成功经验

## 3.2　德国经济转型与新经济

德国作为战败国在第二次世界大战后迅速崛起，并成为欧洲经济最活跃的国家。除少数年份外，德国经济一直保持稳健发展，同时物价稳定、劳资关系和谐、收入平等、地区间发展平衡等，始终是世界发达经济体的一个典型代表。尤其是在 2008 年世界金融危机和欧洲债务危机爆发以来，德国是少数没有受到严重影响的国家，其不俗的经济表现引人注目。究其原因，离不开德国所经历的三次经济转型与新经济的发展。

德国第一次经济转型是从第二次世界大战后至 20 世纪 70 年代末。在此期间，德国建立和巩固了“社会市场经济”的德国模式，也被称为莱茵模式，其主要强调了市场经济、国民福利和宏观调控。社会市场经济模式主张在发展市场经济时要重视社会利益，通过反对垄断和鼓励自由竞争保障市场的活力，通过社会公共设施的不断完善提高国民福利水平，最终实现市场自由竞争和国民福利有机结合。高度重视高新技术发展帮助德国抓住了第三次科技革命的关键机遇，推动德国经济向资本和技术密集型增长方式转变，实现了经济的高速增长。1950—1970 年，德国的经济年平均增长速度接近 7%，其中技术含量和集约化程度高的电子、化工等部门在 GDP 中的排名分别得到攀升，汽车制造业更是上升到了首位，与此同时钢铁和采煤等资源型产业排名则大幅下跌。

德国的第二次经济转型是在 20 世纪 90 年代中期。随着美国新经济的成熟发展，德国也开始发展自己的新经济，主导本国传统工业向以计算机、信息技术等新经济产业转型。为了追赶上信息技术已经遥遥领先的美国，德国政府从具有优势的制造业出发，先后出台了《制造技术 2000 年框架方案》《德国 21 世纪信息社会行动计划》等政策，通过提高制造业科技含量促进发展具有工业特色的信息通信技术。1990—1994 年，德国政府在信息技术领域投资的年均增长超过 800%，经过数年的发展，德国的信息技术产业得到迅速发展。同时，德国重视科技人才的培养，建立了全面综合的教育培训机制，通过实行“双轨制”职业教育培养体制，实现理论与实践的相结合。

德国的经济发展受到2000年美国互联网泡沫和2008年全球金融危机的影响较小，其关键在于其新经济的发展是紧盯实体经济，以促进实体经济发展为目标。大部分西方发达国家在进入后工业社会以后，以金融为代表的现代服务业在经济发展中占据主导地位，导致了片面重视资本市场和金融等行业的发展，忽略了制造业等实体经济的发展。但德国是个例外，德国的制造业在经济中始终占有十分重要的地位，其新经济的发展从未偏离发展实体经济的主线，在第二次经济转型中仍然紧盯制造业，以汽车、机械、化工和电气为代表的制造业始终在德国经济和出口方面占据主导地位。德国的新经济发展取得了令人瞩目的效果，在2007年被中国超越之前，德国经济规模总量长期占据世界第三的位置。宝马、西门子、大众等一批全球知名企业，使德国始终保持在世界工业强国之列，在机械制造业的31个部门中，德国有27个占据全球领先地位，处于前3位的部门共有17个。

德国第三次经济转型开始于2010年。随着数字技术的快速发展，互联网、新能源、新材料和生物技术快速形成新的产业能力和消费市场，提升了整个工业生产体系水平，形成了一场新的工业革命。为了保证德国制造业在全球的竞争力，德国首先于2010年提出《高科技策略2020》，2011年德国科技院（ACATECH）启用“工业4.0”名称，“工业4.0”的提法在汉诺威工业展上一举成名。“工业4.0”在德国政府国家政策带动下，已经成为继美国制造回流之后，全球最受注目的经济发展议题[4]。

德国“工业4.0”战略的核心内容是应用数字技术实现智能制造，其中包含“智能工厂”和“智能生产”两个主题[5]。“智能工厂”是面向工业产品生产的全生命周期，实现泛在感知条件下的信息化制造，基于移动互联网技术、现代传感技术、自动化技术以及人工智能技术，通过感知、人机交互、决策、执行和反馈，深度融合集成数字技术与制造技术，进行智能化的产品设计、制造和企业管理及服务。“工业4.0”与“工业3.0”最大的区别在于使用智能制造代替自动化生产。智能制造是知识含量更大、以复杂数字技术为基础的制造过程，其中同时包含了物质和非物质的处理过程，不仅要求完善和快捷响应的物料供应链，还需要有稳定且强有力的知识供应链和产学研联盟，源源不断地提供高素质人才和工业需要的创新成果，发展高附加值的新产品，促进产业不断转型升级。而“智能生产”的核心是个性化定制，其依赖于将设备、生产线、工厂、供应商、产品和客户等紧紧相连，通过工业物联网将一个产业体系中的智能控制系统、终端系统、传感器把整个产品的脉络都连接起来，实现横向与纵向的高度集成。“智能生产”的关键是数字技术，在智能生产的产业链中，从设备研发、运营管理，到销售反馈，无时无刻不在产生大量数据，从以往各不相干的独立管理逐步转化为统一模式下数字化智能调度和参考，正是“工业4.0”时代的核心灵魂。而依托于“万物互联”和“数据分析”，自然就能决定产业模式的转型和创新，整个生产形态上也会从大规模生产转为个性化定制，从消费者寻找产品，变成产品寻找消费者，让生产与消费变得更加柔性化和灵活化。

【案例 3-2】

### 德国汽车行业

2004 年，德国汽车工业全球范围内生产的汽车超过1 300万辆，占全球汽车产量的20.7%。德国国内生产的汽车有557 万辆，其中轿车产量520 万辆，出口 367 万辆、进口114 万辆。而德国品牌的轿车在海外的生产量则超过了 422 万辆。目前，德国汽车业主要由五大公司所垄断，他们分别为奔驰（即戴姆勒-克莱斯勒公司）、大众、宝马、欧宝和美国福特汽车公司在德国的子公司。在全球化进程中，德国汽车业将目光转向了发展中国家，比如中国、巴西和俄罗斯等国，德国汽车零部件企业只有 10%的企业仍然坚持在德国进行新的投资。已有超过 26%的德国零部件企业在东欧国家开设新厂。德国汽车零部件行业已在全球设立了1 400多家独资或合资企业。零部件行业进一步趋向集中，德国零部件企业数量呈减少趋势。

德国汽车发展史　　　　德国工业相关影音资料

## 3.3　韩国新经济发展历程

第二次世界大战后，韩国是经济合作与发展组织（OECD）的主要受援国，其经济在国际社会的支援下突飞猛进，连续 30 年保持着世界经济史上罕见的高速增长态势，取得了辉煌的经济发展成果。韩国从一个经济落后的国家成功跨越了中等收入陷阱，一举变成了发达经济体，被很多经济学家誉为“汉江奇迹”[6]。

20 世纪 60 年代初期，韩国的经济情况还非常严峻，朴正熙政府进行了激进的改革措施来开放经济。首先是确立了出口导向战略，通过制定一系列产业政策增强韩国制造业的国际竞争力，通过推动工业出口实现经济发展。韩国的出口总额在 1962—1972 年增长了30 倍。到了 20 世纪 80 年代，韩国的出口品种囊括了重化工业及各种高科技产业，改变了劳动密集型产品的出口结构。20 世纪 90 年代，韩国的失业率下降到 2.4%，在造船业、轮胎业、合成纤维生产及纺织业、汽车生产、钢铁生产等行业都占据了全球领先的地位。然而这时期的韩国企业注重资本忽略了技术发展，为了弥补技术缺陷大量从外国进口零部件和机械设备，在高新技术产业方面形成了巨大的贸易逆差。1997 年亚洲经济危机的爆发导致了大量外资撤离，韩国从外汇危机开始引发了资本外逃，爆发了企业和银行业财务危机，最终升级成全面的经济危机。大量的企业开始倒闭，公司大规模裁员，韩国的自杀率比往年增加了42%，股市暴跌70%，韩元兑美元汇率下降至1 139韩元兑1美元。

1997年亚洲金融危机后，金大中政府深刻反思产业政策，将科技创新和文化产业等新经济确立为21世纪韩国经济发展的“立国之本”。韩国政府推出了“新一代半导体技术开发项目”确保了韩国在256M－DRAM等半导体领域的全球领先地位；同时，通过加大科技投入和向创新型的中小企业资源倾斜，激发市场的创新活力，提升高科技行业的国际竞争力。从1999年开始，韩国政府在短短的4年里，投入10万亿韩元建设高速通信网，在此基础上积极推动多种途径的信息技术引进与开发，鼓励韩国企业通过收购、并购国外企业获得先进的信息技术，通过加大向学术机构、企业自主开发的资助力度和提供税收优惠鼓励国内技术创新。在科技人才队伍培育上，韩国政府建立了各类由政府资助的研究机构，为高科技人才提供较好的工作环境和工作条件，避免了人才流失。同时，韩国政府给予优厚的待遇吸引海外技术人员回国创业，也派遣科研人员到国外学习先进技术[7]。

20世纪末开始，韩国新经济得到迅速发展并在经济增长中发挥越来越重要的作用。信息产业在GDP中所占比重由1997年的8.6%迅速上升至2000年的13%，对GDP增长的贡献超过了50%，高科技产业占全部制造业增加值的份额超过了40%。2001年，韩国成为仅次于美国、日本和德国之后的世界第四大电子产品制造国，是随机动态存储器、半导体、LCD等主要生产国，信息通信设备产值超过100兆亿韩元。经过20多年的发展，以三星和SK海力士为代表的韩国半导体行业一举击败了来自德国和日本的竞争对手，占据了全球DRAM领域三大巨头的两席。在文化方面，1998年韩国政府正式提出“文化立国”的战略，将低消耗、无污染、利润核心在于创意的文化产业作为21世纪发展国家经济的战略性支柱产业予以大力推进。随着战略的确定，在政策、法规、组织、资金上即刻全盘启动。1994年韩国政府在文化观光部下面建立了文化产业局，1998成立游戏产业振兴中心，2001年又成立文化产业振兴院并且其每年可得到政府5 000万美元的资助。从1998年起，韩国政府陆续出台了《国民政府的新文化政策》《文化产业促进法》《文化产业发展五年计划》《文化产业发展推进计划》《21世纪文化产业的设想》《电影产业振兴综合计划》等法律保障政策。从优化文化产业发展环境，设立文化产业振兴基金，建立国家级尖端文化产业基地，形成集约化、规模化的产业经营以及强化外向型产品等方面为文化产业提供法律政策支持[8]。2000年为促进文化产品的出口，政府还特别成立影音分轨公司，对韩文翻译为外语和产品制作的费用几乎给予全额补助。在政府的扶持下，韩国的文化产业得到了飞速的发展，2014年韩国文化产业的海外市场规模达到520亿美元，占世界文化产业市场的2.7%，占本国GDP比重超过6%。至此，韩国完成了以信息产业和文化产业为主导的产业转型，韩国新经济的成功发展，不仅帮助韩国迅速克服了1997年金融危机的影响，而且也为21世纪韩国经济的发展奠定了基础。

三星半导体发展史

# 3.4　中国新经济发展进程

1994 年 4 月 20 日，中国第一条 64K 的国际专线接入国际互联网，这成为中国互联网时代的起点，中国新经济时代从此开始萌芽。由于基础设施建设不足，最初的互联网普及率并不高，直到 1997 年普通宽带用户才可以从电信局申请到上网账号，这一年被称为中国互联网元年。1999 年，腾讯自主开发的即时通信工具 QQ 正式发布，基于互联网的即时通信工具逐渐成了个人之间以至企业内部信息沟通的主要工具。2003 年，国内最大的互联网平台淘宝网由阿里巴巴创办，自此拉开了平台经济的大幕，电子商务以火箭般的速度开始发展和成长，此后京东、苏宁、拼多多等平台陆续上线。2004 年 12 月，阿里巴巴集团创建支付宝，电子支付逐渐取代传统的各种支付方式，支付宝逐渐发展成为全球最大的第三方支付平台和移动支付厂商。2008 年，中国第一批专门的社交媒体网站“校内网”“海内网”“开心网”成立，随后在 2010 年成立的新浪微博和 2011 年成立的腾讯微信大获成功，社交平台在经济生活中扮演着越来越重要的角色。2011 年，中国智能手机开始普及，Wifi 和 3G 网络全面铺开，移动互联网开始发挥越来越重要的作用。2013 年全国手机网民首次超越 PC 网民，宣告移动互联网时代正式到来。同年，支付宝首次推出了互联网理财产品“余额宝”，开启了互联网金融时代，自此数字技术重塑中国金融的进程进一步加快。2013 年 12 月，工信部正式向三大运营商发布 4G 牌照，4G 网络的加速普及使得移动互联网发挥越来越重要的作用，物联网的概念也首次被提出。移动互联网的普及提供了更加便捷和宽阔的数据收集途径，2014 年“大数据”开始成为热门词汇，当年也被称为中国大数据元年。伴随着数字技术爆发式的发展和应用，中国的新经济蓬勃发展并逐渐在社会经济中占据重要地位。2015 年，李克强总理首次在政府工作报告中提出“四新经济”，强调通过发展“新技术、新产业、新业态、新模式”进一步促进经济发展和产业转型升级。

### 3.4.1　数字基础设施与服务飞速发展

1997 年以来，中国信息基础设施建设得以飞速发展，目前已经建成了全球最大、覆盖率最高的网络平台。截至 2016 年年底，中国互联网宽带已经覆盖了全国所有乡镇和 95％的行政村，平均接入速率达到 39.2Mbps，实际可用下载速率为 11.9Mbps，宽带速度在全球处于领先梯队，超过了法国等发达国家；同时宽带的普及率也达到了 OECD 国家水平。而在以 4G 为代表的移动互联网领域，中国发展势头迅猛，在网络规模和用户规模上均为全球领先。据工信部统计，截至 2016 年，全国 4G 基站总数达到 263.2 万个，实现城区、县城深度覆盖，乡镇、重点行政村以及高铁、地铁、景区等重点场所基本覆盖。截至 2017 年年底，中国新增 4G 移动互联网达到 10.8 亿人，位居世界第一[9]。移动网络用户平均每天使用移动互联网时长超过 200 分钟，移动互联网的普及以及技术的应用推广，使得人们对于移动互联网的接受程度不断提高。物联网连接成为新热点，根据全球移动通信系统协会发布的数据，截至 2016 年，中国蜂窝物联网 M2M 连接数达 1.4 亿，占全球 M2M 连接数的 35％，位居全球第一。

随着数字技术的普及以及新经济的发展，中国政府高度重视信息技术人才的培养。1995 年全国科学技术大会的召开，“科教兴国”发展战略的实施，促使信息技术人才培养进入一个快速发展期。2000 年起各个高校纷纷开设信息技术相关专业，截至 2003 年，全国开设“计算机科学与技术”的高校超过 500 所，成为全国专业点数之首。作为高等教育的补充，2004 年工业和信息化部在全国范围内启动了“全国信息技术人才培养工程”，依托全国 70 余家考试机构和 200 家培训基地，累计已培养专业信息技术人才 300 多万人。除此之外，高等院校重视信息技术在各个领域的应用和开发，开设了很多信息技术交叉学科，例如金融工程、生物信息、大数据学科等等，为中国数字经济和新经济发展提供了坚实的人才基础。

中国公共服务数字化转型正在加速，以数字化、网络化、智能化为特征的数字技术与公共服务体系迈入深度融合发展阶段。通过数字技术的应用实现公共服务的创新，通过推进社会事业信息化改善民生、优化公共资源配置，已经成为公共服务事业发展的新方向。公共服务领域的数字化服务体系日臻完善，公共服务数据开始在经济社会发展中发挥更加重要的作用，社会资本已开始进入社会公共服务市场，立足自身平台、供应链、用户群体等资源优势，积极运用互联网、云计算、物联网等技术手段，发展新产业、创造新市场。目前在养老、社区、家庭等领域已经形成较为完善的产业生态链，部分细分领域的产业规模已超过千亿。如智慧城市的建设开始于 2010 年，中国从 2013 年起开始智慧城市的建设，截至 2017 年年底，全国试点建设的智慧城市数量达到 572 个，投资总额超过3 000亿元，在数量和规模上都位居世界首位。

### 3.4.2 平台经济发展迅猛

依托信息基础设施与服务，中国的互联网平台创造了全新的商业环境。我国的平台经济早在 20 世纪 90 年代末就开始孕育起步。新浪、阿里巴巴、腾讯等新兴平台企业，在网络媒体、电子商务、即时通信等少数先发领域率先兴起，随后平台经济蓬勃发展，连点成面，全面开花。一方面，早期的新兴平台企业迅速成长为行业巨头，比如，2016 年阿里巴巴交易规模突破 3 万亿元，后来居上，超越沃尔玛成为全球最大的零售企业。另一方面，平台经济不断拓展行业渗透边界。付费内容、在线直播等新兴领域平台企业不断崛起，交通出行、医疗、教育等传统服务业领域独角兽平台企业纷纷涌现，航天云网、树根互联、海尔 COAMO 等工业互联网平台快速兴起。

中国的网络发展水平有多“硬核”？

平台成为数字经济时代协调和配置资源的基本经济组织，是价值创造和价值汇聚的核心。一方面，互联网平台新主体快速涌现。商贸、生活、交通、工业等垂直细分领域平台企业发展迅猛。2016 年我国平台经济交易总额超过 20 万亿元，已超过 GDP 总量的 10%。另一方面，传统企业加快平台转型。传统 IT 巨头向平台转型，国有银行纷纷构建自身的电子商务以及金融服务平台，转型平台经济。传统制造企业也开启平台化转型，制造业领域的巨头企业，正在基于网络再造公司，通过建立平台生态系统，加快数字化、网络化转型，拓展新时期的生存和发展空间。海尔利用数字技术对企业进行系统的改造升级，实施互联工厂，大幅提升整体效率，产品开发周期缩短 20%以上，交货周期缩短一半以上。

我们距离工业互联网
大爆发还有多远？

我国发展工业互联网
的机遇在哪里？

信息流不再被工业经济供应链体系中巨头所阻隔，供应商和消费者的距离大大缩短，沟通成本大大降低，直接支撑了大规模协作的形成。信息的透明使得企业信用不需要和规模挂钩，各种类型、各种行业的中小企业通过接入平台获得了直接服务消费者的机会。平台的出现和发展同时也充分发挥了数字经济的边际成本优势，平台的发展和扩张使得信息得以共享，互联网的“泡沫”不断被消化吸收。

**思考题**

1. 如何理解美国发展“新经济”遭受的两次重要挫折？
2. 为什么德国经济没有受到 2007 年全球金融危机的重创？
3. 如何在借鉴国际经验的基础上，结合中国国情制定促进“新经济”发展的经济政策？

**参考文献**

[1] 彭斯达．美国经济周期研究历史、趋势及中美经济周期的协动性［M］．武汉：武汉大学出版社，2009：49－86.

[2] 德群．巴菲特全书［M］．北京：中国华侨出版社，2016：413－414.

[3] 甄炳禧．美国经济新增长点与中国的应对［J］．国际问题研究，2014（14）：113－130.

[4] 郑春荣，望路．德国制造业转型升级的经验与启示［J］．人民论坛·学术前沿，2015（11）：42－50.

[5] 张曙．工业 4.0 和智能制造［J］．机械设计与制造工程，2014（8）：1－5.

[6] 姜明辉，李国峰，邵景波．从“汉江奇迹”到“IMF 危机”——韩国经济发展中的产业政策评析［J］．管理科学，1999（5）：46－49.

[7] 张东明．韩国产业政策研究［M］．北京：经济日报出版社，2002：19.

[8] 张胜冰，徐向昱，马树华．世界文化产业概要［M］．昆明：云南大学出版社，2006：136－156.

[9] 中国信息通信研究院．数字经济白皮书（2018）［R］，2018：21－24.

# 现 实 篇

# 第4章 新经济下的数字技术与资源

数字技术和资源是新经济发展的基石。作为新经济的技术支撑体系，数字技术和资源包括大数据、云计算、物联网、区块链、人工智能五大部分，其中，大数据为新经济发展提供数字资源，云计算技术是新经济的数字设备，物联网技术保证了新经济的数字传输，区块链技术传递了新经济的数字信息，人工智能技术加速了新经济的智能化，五大数字技术和资源是一个整体，相互融合呈指数级增长，共同推动新经济向更高阶段发展。

## 4.1 数字资源之大数据

### 4.1.1 大数据概念与特征

“大数据”（英文为 Big Data，亦有 Mega data 的表述）一词的出现，有学者追溯到1997年美国学者 Michael Cox 和 David Ellsworth 发表的 *Managing Big Data for Scientific Visualization* 一文；也有学者追溯到1998年《科学》杂志刊发的 *A Handler for Big Data* 一文。而真正流行开来是在2008年，《自然》杂志做了一期“大数据”的专刊，使得“大数据”成为时下跨学科、跨领域的跨界“新宠”[1]。

大数据是不采用抽样调查等传统分析法进行处理，而采用计算机信息技术进行分析处理的数据（迈尔-舍恩伯格和库克耶，2012）[2]。麦肯锡（2016）指出，大数据是一种数据集合，即在数据采集、存储和分析方面大大超过传统数据工具处理的能力，具有海量数据规模、多种数据类型、数据快速流转和价值密度低等特征[3]。麦肯锡认为大数据是指大小超过了典型数据库软件的采集、存储、管理和分析等能力的数据集，内涵有两个方面：一是符合大数据标准的数据集大小是变化的，会随着时间推移、技术进步而增长；二是不同部分符合大数据标准的数据集大小会存在差别。目前大数据的一般范围是从几个 TB 到数个 PB（数千 TB）。

从一般意义上讲，普遍认为大数据具有4V特征，即体量大（Volume）、种类多（Variety）、速度快（Velocity）和真实性（Veracity）[4]。

体量大即海量的数据规模。最常见的数据计量单位为 KB、MB 和 GB，大数据眼里最小的数据也得几个 TB 起，比 TB 级还大的数据计量单位还很多，1PB＝1024TB，1EB＝1024PB，1ZB＝1024EB，1YB＝1024ZB……人们已经无法感知这么大的数据量了。

数据种类繁多。数据的格式是多样化的，如文字、图片、视频、音频、地理位置信息等，也可以是不同的数据类别、不同的来源，如传感器、互联网。首先用户是一个复杂的个体，单一的行为数据不足以描述用户的各种行为，多元化的信息采集处理就像拼图一样，逐渐勾勒出我们身体的骨架，增添上我们的血肉。人们在淘宝、京东购物时，总会在下面的推荐区推荐我们想要的东西，比如我们去频繁地搜索浏览某件商品，系统就会采集我们浏览的数据，从中挖掘有价值的信息，推送给我们。所以说这样的模式给我们带来一种体验，那就是这些 App 越来越懂我们的爱好和需求。

极快的数据流转。数据具有一定的时效性，是不停变化的，可以随时间数据量逐渐增大，也可在空间上不断移动变化。如果我们采集到的数据不经过流转，最终会过期作废。客户的体验在分秒级别，海量的数据，带来的第一个问题就是大大延长了各类报表生成时间，我们能否在极短的时间内提取最有价值的信息呢？数据在 1 秒内得不到流转处理，就会给客户带来较差的使用体验，若我们的数据处理软件达不到“秒”处理，所带来的商业价值就会大打折扣。

价值密度低。尽管大数据的数据量巨大，但是有价值的信息极少，我们要通过分析才能将大数据实现从数据到价值的转变。这些工作量极其庞大，所以云计算是一个很好的解决途径。以监控视频为例，一小时的视频，在不间断的监控过程中，可能有用的数据仅仅只有一两秒。

### 4.1.2　大数据的技术架构

将大数据处理按处理时间的跨度要求，从长到短可分为三类：一是流处理，即基于实时数据流的数据处理（Streaming Data Processing），通常的时间跨度在数百毫秒到数秒之间；二是交互式分析，即基于历史数据的交互式查询（Interactive Query），通常的时间跨度在数十秒到数分钟之间；三是批处理，即复杂的批量数据处理（Batch Data Processing），通常的时间跨度在几分钟到数小时之间[5]。当然，这三类数据处理流程并不一定能完全分开，一般情况下它们的处理要涉及两类组件：Hadoop 和 Spark，这两个组件也是大数据技术重要的核心部分。图 4－1 展示了大数据的核心架构，主要包括 4 个层

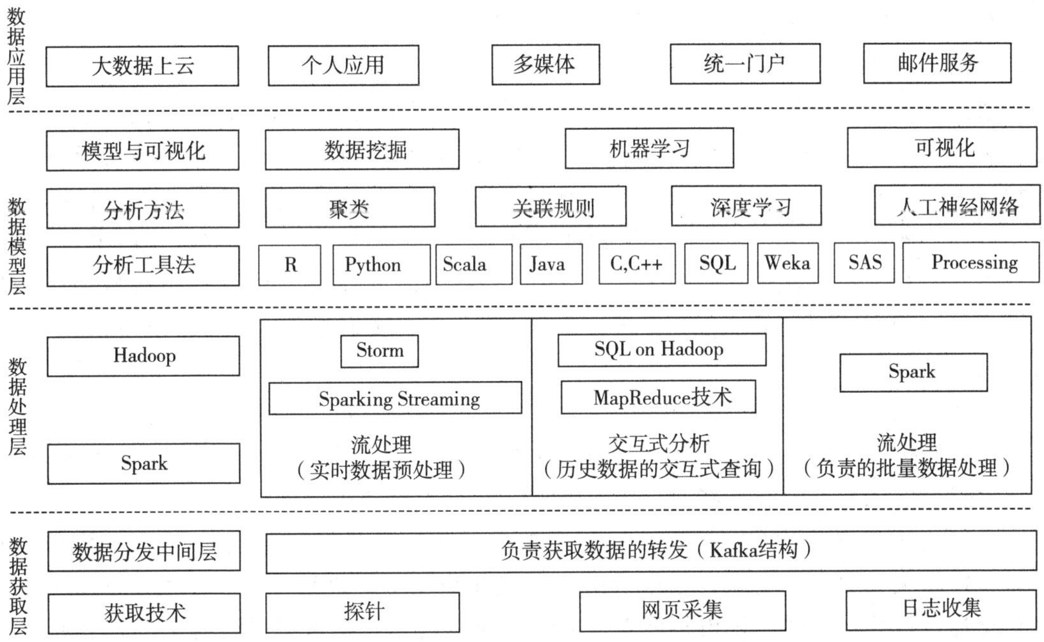


图 4－1　大数据架构

级，即数据获取层、数据处理层、数据模型层和数据应用层。

1. 数据获取层

常见的数据获取方法主要包括两类：①系统日志采集方法。许多互联网企业形成了自身的数据采集方法，可以用在系统日志的采集过程中，如 Hadoop 的 Chukwa、Cloudera 的 Flume、Facebook 的 Scribe 等，这些工具都使用的是分布式结构，可以满足每秒数百 MB 的采集及传输需要。②网络数据采集方法。网络数据采集就是通过网络爬虫以及网络公开 API 的方法在网上获得数据，这种方法将非结构的数据在网页中提取，然后存储在本地的数据文件中，并且通过结构化的存储模式存储起来，可以进行图片、音视频等文件的采集操作，附件可以和正文进行关联，不仅包括网络的相关内容，还包括网络流量的采集，可以使用 DPI 或者 DFI 等管理技术进行处理[6]。

2. 数据处理层

数据处理层包括两个重要架构：Hadoop 架构和 Spark 架构。Hadoop 为开源软件框架，对数据采取分布式处理方式，其主要特征体现为高可靠性、高扩展性、高容错性、低成本及高效性。Hadoop 能够实现一个名为 MapReduce 的简单编程模型[7]。MapReduce 是由 Google 提出来的一种新的数据处理编程模型，可以处理 TB 级以及 TB 级以上的数据工作。MapReduce 主要的优势就是隐藏了编程系统的细节，开发者能够集中全力解决核心问题，并不是关注计算机执行的细节。它继承了函数式以及矢量语言的优点，该编程语言不仅可以用在非结构化中，而且能够用在结构化的数据上，实现查找、知识挖掘、机器语言智能学习等功能。Spark 是目前大数据领域最热门、高效的数据快速分析解决框架。它立足于内存计算，从多迭代批量处理出发，将流计算（Streaming）、图计算（Graph Processing）等不同的模型能够在一个平台中统一起来，通过一致的接口，促进各个框架在内存中进行集成，有利于系统任务得到更好的实现[5,7]。

3. 数据模型层

数据挖掘和机器学习是大数据技术架构中模型层的重要组成部分。数据挖掘是通过算法搜索来获取大量数据中潜在有用的、有效的、最终可理解的信息的过程。机器学习是数据挖掘中的一种重要工具，目前已经成为计算机数据分析技术的创新源头之一。数据模型常用的大数据分析软件包括统计分析软件（如 R 软件、SAS 软件、SPSS 软件等）、数据库软件（如 Oracle 软件、SQLServer 软件等）以及计算机编程软件（如 Java 软件、C 语言等软件）。大数据的分析方法包括统计分析（如聚类、关联规则等）、在线分析处理、情报检索、机器学习等等。

4. 数据应用层

大数据技术怎样服务化是一个值得研究的领域。云计算是大数据应用中不可避免的问题。目前，大数据云服务有两种经典模式：一是托管模式，这种模式的核心是通过云的能力简化了集群的创建、运维等；二是服务化模式，用户不用关心集群、资源等问题，只需将大数据任务交给大数据云即可享受相应服务。大数据应用主要在智慧城市、城市交通、医疗、金融、城市规划等领域中，应用媒介主要是门户网站、个人事务、邮件系统等。

### 4.1.3　大数据在经济领域的应用

1. 宏观经济预测更精准

大数据提供了全方位的经济信息，通过优化传统预测指标或构建新的预测指标，可以在短时间内抓取经济活动的主要信息和发展规律，将能对宏观经济运行提供更精准的预测。比如，通过搜索引擎和网络数据抓取来获取信息进行预测分析，这些预测指标主要包括 GDP 增长率、失业率、通货膨胀、对外贸易、吸收外资等[8]。Cavallo 和 Rigobon 通过抓取网络上公布的多种商品价格数据构建指数来研究美国、阿根廷等 20 多个国家的通货膨胀指数，对比研究结果发现，这种大数据研究方法更为接近真实水平[9]。国内学者的研究起步相对较晚，姜文杰等运用百度指数，通过构建系列模型预测了上海的房价走势[10]；李凤岐等通过百度搜索查询指数对中国的宏观经济指标进行了预测，研究结果虽然存在偏差，但仍与真实值接近[11]。总之，实证表明通过大数据计算来构建的经济预测指标更加贴近现实。

中国房地产
大数据报告（2018）

春节旅游攻略——
大数据教你去哪玩最划算

2. 行业数据挖掘提升企业竞争力

大数据在经济领域的应用还体现在利用行业数据建立产业链的关联，比如挖掘企业自身核心功能与用户特征，以达到优化企业经营及销售的目的。这类问题研究的数据获取不仅仅局限于互联网，还包括来自行业及企业积累的大容量数据。Li 等从 TripAdvisor. com 的上万条评论中总结用户的潜在旅游偏好，进而进一步优化酒店服务[12]。李杰从工业 4.0 视角解读了工业大数据，对大数据的行业应用从价值理念到实践案例进行了系统阐述，他提出大数据的行业应用不仅仅是用于企业系统维护和自身功能提升的信息服务，而是以自身核心功能为基础，利用大数据挖掘新知识并创造竞争力与社会价值[13]。

3. 区域经济数据监测推动政府经济治理

大数据技术可以帮助相关的政府部门更好地对经济金融运行进行管理。中国的地域疆土辽阔，各个省市的经济基础和结构差异较大。通过大数据的分析，政府可以有针对性地制定当地经济发展的规划和政策。根据经济运行大数据和本地各个行业的发展数据，政府部门可以对当地主导产业的发展、相关配套产业的设置、创新资金的分配等进行科学分析、高效指导。

**【案例 4－1】**

**大数据成为数字经济发展的驱动力**

2019 年上半年，大数据产业增长势头强劲，互联网大数据服务、大数据服务（纳入软件产业统计部分）增速突出，均高于全行业平均增长水平。大型互联网公司、政府机构和国企成为业务发展的主要推动者，大数据与电信、金融、医疗、制造业等领域融合应用催生越来越多的新业态、新模式。

在技术层面，大数据产品和服务创新层出不穷。围绕大数据产品及服务创新已成为当下热点，比如腾讯神鸦大数据市场监管平台、联通大数据智慧数，多款大数据产品及服务入选 2019 年数博会十大“黑科技”名单。海量数据的广泛应用推动我国人工智能发展不断加快。

在企业层面，大数据企业持续深化垂直领域的业务布局。国内大数据企业纷纷加快面向垂直领域的大数据业务拓展。其中，从事数据分析与数据服务的企业占比最多，达到 23％。此外，大数据金融、大数据营销、大数据医疗等领域也是企业主要的布局方向。

国内大数据企业生态地图不断完善。最新数据显示，中国大数据相关企业共计5 637家，包括已从事大数据业务的企业2 621家，以及拥有相关专利、著作正在转型中的企业3 016家。上述大数据企业大多分布在沿海地区，以北京、广东、上海最多。

在应用层面，政府数据开放工作加快推进。政府数据开放平台数量和平台开放数据的数量和质量均有大幅提升，政府数据开放平台已经逐渐成为各个地方数字政府建设的标配。政府数据开放平台数量达到 82 个，比去年同期增加 36 个。开放数据集总量迅速增长，2019 年达到62 801个。

## 4.2 数字设备之云计算

### 4.2.1 云计算的内涵和特征

云计算（Cloud Computing）是基于互联网相关服务的增加、使用和交互模式，通常涉及通过互联网来提供动态易扩展且经常是虚拟化的资源。云是一个巨大的虚拟化资源池（由硬件、开发平台和服务等组成），这些资源能动态地根据各种规模的负载进行自动配置，使资源的利用率达到最优化[14]。云是网络、互联网的一种比喻说法。其实云端（Cloud）就代表了互联网（Internet），通过网络的计算能力，取代使用原本安装在电脑上的软件，通过网络来进行各种工作，并在网络上存放资料，也就是将资源存放于庞大的虚拟空间上。通过互联网“云”更多的终端可根据自身个性化需求向数据提供方索取相关资源，“云”不仅是资源的简单汇集，而且是为用户提供了一种新型的信息资源管理机制。

云计算有四个最为显著的特征：第一，安全性强。云计算能够为用户提供最可靠、最安全的数据存储中心，存储在云计算中心的数据像是安装上了最安全的保密锁，根本不需要担心发生数据丢失以及病毒入侵等状况。因为云计算中心有着世界上最专业、最先进的团队来帮助保管信息。只有经过用户的授权，这些数据、资源才能够被指定的人进行下载和使用。第二，设备要求低。云计算对于用户的设备要求较低，只要有需要，就能够享受云计算带来的便利。它不像传统意义上的数据存储中心，需要不断地进行更新，下载数据时也不需要担心病毒而反复进行杀毒。只需要一台笔记本或者一部智能手机，在浏览器中输入地址，就能够通过云计算来获得想要的一切资源。第三，共享性强。只需要网络的支持，通过云计算就能够轻松在多个用户、多个设备中实现资源共享。例如，可以将手机上的联系人以及图片等资源储存到云端，这样既能够释放手机的内存空间，又能够随时随地进行查看，最重要的是当手机丢失时，能够及时、快速地导入新手机中，不用担心更换新手机之后的数据迁移问题。第四，用途广泛。云计算为我们使用网络提供了无限的可能性。当我们来到一个新的城市，因为不熟悉路况而无法找到要到达的目的地时，只需要手机连上网络就能够直接看到自己所在位置的卫星地图以及当前周围的交通情况，还可以通过网络查询附近的餐馆、旅馆以及可以游玩的地方，通过网络规划自己的路线，挑选、预定自己想要入住的宾馆，遇到优美的风景时也可以直接分享给自己的朋友和家人。

### 4.2.2 云计算的主要服务模式

云计算的服务模式仍在不断进化，根据现在最常用的、比较权威的 NIST（National Institute of Standards and Technology，美国国家标准技术研究院）的定义，云计算主要分为三种服务模式，而且其分法是从用户体验的角度出发的：SaaS（Software as a Service——软件即服务）、PaaS（Platform as a Service——平台即服务）、IaaS（Infrastructure as a Service——基础架构即服务），如图 4－2 所示。PaaS 基于 IaaS 实现，SaaS 的服务层次又在 PaaS 之上，三者分别面对不同的需求[15]。

1. 基础架构即服务

第一层称为 IaaS，有时候也为 Hardware－as－a－Service，这层的作用是提供虚拟机或者其他资源作为服务提供给用户。以前如果用户想在办公室或者公司的网站上运行一些企业应用，需要去买服务器，或者别的价格高昂的硬件来控制本地应用，使业务运行起来。但是现在有 IaaS，用户可以将硬件外包给其他服务商。IaaS 公司会提供场外服务器、存储和网络硬件，用户可以租用。节省了维护成本和办公场地，用户可以在任何时候利用这些硬件来运行其应用。

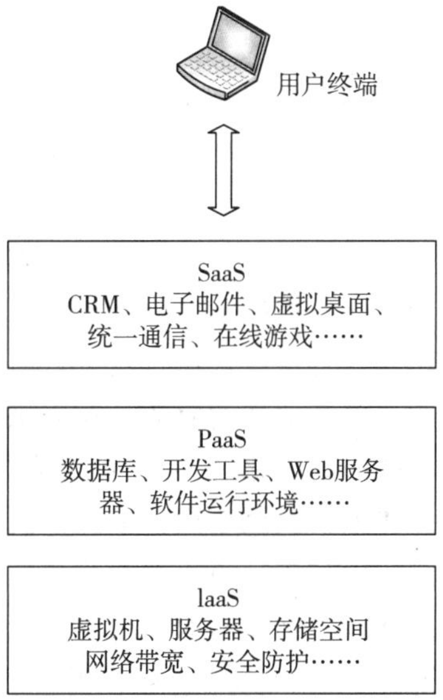


图 4－2 云计算的服务模式

2. 平台即服务

第二层是 PaaS，这层的作用是将一个开发平台作为服务提供给用户。某些时候也称为中间件。用户所有的开发都可以在这一层进行，节省了时间和资源。PaaS 公司在网上提供各种开发和分发应用的解决方案，比如虚拟服务器和操作系统。这可节省用户在硬件上的费用，也让分散的工作室之间的合作变得更加容易。

3. 软件即服务

第三层是 SaaS。这层的作用是将应用作为服务提供给客户。这一层是和用户生活每天接触的一层，大多是通过网页浏览器来接入。任何一个远程服务器上的应用都可以通过网络来运行。用户消费的服务完全是从网页如 Netflix，MOG，GoogleApps，Box. net，Dropbox 或者苹果的 iCloud 那里进入这些分类。尽管这些网页服务是用作商务和娱乐或者两者都有，但这也算是云技术的一部分。

### 4.2.3 云计算服务的应用研究

近年来，中国的云计算市场持续高增长。2018 年，云计算整体市场规模约为 907.1 亿元，其中公有云市场约 382.5 亿元，预计未来 4 年仍将保持快速增长；私有云市场约 524.6 亿元，未来几年将保持稳定增长。

1. 云计算在教育行业中的应用

在教育领域，云计算的潜在价值也得到了很多教育机构的认可。教育云是云计算技术在教育领域的迁移，是未来教育信息化的基础架构，包含了教育信息化所必需的一切软硬件计算资源，这些计算资源虚拟化之后，向教育机构、教育从业人员和学生提供以计算资源为形式的服务[14]。集教育、管理、学习于一体的“云教育”的出现，打破了传统教育的边界，使得不同国籍、不同家庭、不同年龄的孩子都可以接受相同条件的教育；云教育还可以通过视频云对学校具有优势的特色学科进行直播和录播，打破了传统教育时间的限制，便于学生进行长时间和多渠道的知识学习；同时，云教育平台也为学校和学校管理者提供了大量可用于学校管理的服务。云教育平台以其成本低、易管理、易升级、易定制等一系列优点简化了传统教育机构中繁复的行政机构，对教育行业的发展具有促进作用[16]。

2. 云计算在安全行业中的应用

基于“云安全”的防御系统可以使每一台电脑都成为一台可以检测病毒的观测站。在发现病毒侵犯后，“云安全”利用主动防御技术，主动报告发现的病毒的特征以及攻击方式，构成以云计算为核心的全球安全检测平台。相较于传统的单机查杀方式，“云安全”平台的双向反馈机制使得在一台机器报告病毒后，云计算服务器会面向全体客户发送警告，而客户也可以选择自主进行阻断拦截、查杀等操作，或通过“云”获得更加高效地查杀和防范恶意软件的服务。在未来的发展里，云安全的方向主要集中在云计算安全和网络安全设备的“云化”。云计算安全即研究如何更加安全地保障云计算应用的安全，包括云计算整体平台安全、用户层面数据安全、链路传输安全等等。网络安全设备的“云化”则指通过云计算的分布式处理和弹性计算的方式，实现安全系统的云端化，增强安全系统的防护力和安全性，从而提高“云安全”的综合能力[16,17]。

3. 云计算在商业中的应用

(1) 亚马逊云计算平台

2006 年，亚马逊推出了其第一个主要存储服务 Amazon Web Sercices 云计算业务，以网络服务的形式为广大客户提供 IaaS 服务，成为第一个进军云计算市场的电商企业并取得了显著的先发优势。在长时间的应用与发展中，亚马逊 AWS 云计算业务成功开拓了世界市场，在全球范围内共建立了 42 个可用区，而且其业务触角也在不断地延伸，产品包括了计算、存储、开发或管理工具、企业级应用程序等。不仅如此，亚马逊 AWS 业务的服务客户数量早已突破了百万大关，客户类型多样，既有生机勃勃的初创企业，也有运营稳健、资历雄厚的大型企业。亚马逊为这些客户提供优质的云计算业务，主要提供 IaaS 服务，即要求用户按使用量付费，为客户提供所需要的资源，一方面降低了客户信息搜寻以及资源获取成本，另一方面也提高了用户的工作效率。当然，亚马逊 AWS 业务除了提供前期的基础设施建设服务外，还提供了后续的维护等服务。该业务最大的优势在于部署方式的全面性，其能够在全球多个领域进行部署，覆盖范围广，规避了资源或数据移植的不利因素[18]。

亚马逊依托其自身庞大的互联网网站，收集各类用户的数据，以此作为 AWS 业务的支撑，同时还把自身流程等各个板块进行标准化运作，使得各大用户以低廉的价格便可以享有基础设施建设服务。AWS 业务在很大程度上满足了用户的需求，因此成了云计算市场中的利润点，也成为亚马逊集团盈利的新来源。亚马逊 AWS 云计算业务主要有以下优势：其一，亚马逊抢占先机，成了云计算市场的先攻者，作为最早把云计算业务与互联网平台相结合的企业，其比其他云计算企业更快地开拓市场，赢得客户资源；其二，亚马逊在成功开拓了 AWS 业务之后，并没有放弃对技术的追寻，而是致力于推进 IT 基础设施建设，不断地提升自我的存储、计算、处理等能力，这是其保存老客户、引入新客户的关键所在；其三，亚马逊在新的时代形势下大胆开拓，勇于创新，建立了以客户为导向的企业文化理念，不断地提升自我服务水平；其四，亚马逊以低价高质量赢得客户口碑，抢占市场份额，而这也是其在云计算市场长盛不衰的重要原因[5]。

（2）阿里云计算

阿里云已经成为国内云计算领域的领军者。2009 年 4 月，阿里巴巴集团在江苏南京建立“电子商务云计算中心”，这是阿里巴巴云计算的开端，5 个月后，专门从事云计算研发的公司阿里云正式成立。到 2013 年 1 月，阿里云与浙江华通合作，为社会提供云计算服务，内容包括“企业云”“专有云”“桌面云”三方面，这被看做是阿里云计算首次大规模成功的应用。2013 年年底，阿里云筹划进军海外云服务市场。

阿里云有自己的运行平台，其一直致力于云计算公共服务平台。阿里云与计算服务以飞天开放平台为基础，运行方式是程序分布式，整合上千台服务器，把它们融合一体成为一台超级计算机，通过这台超级计算机实现资源共享，通过网络以公共服务的方式提供给用户。目前，飞天开放平台正在利用数以万计的网上资源为客户提供云服务，每天访问量数以亿计，已经非常稳定和成熟。阿里云计算使用开放的云生态系统。在飞天平台上，阿里云联合所有的合作伙伴，把自己的服务不断承载到自己的云平台上，阿里云的服务对象主要针对中小企业创业者，提供的服务无所不包，既包括了账户、天气、支付、翻译等相对简单的云服务，也包括地图、邮件、搜索和云空间这些复杂的云服务[5]。

阿里云养成记

阿里云有独特的服务理念，其把云计算的最根本的目的定位为计算服务，而不是提供软件和服务器，阿里云计算同其他云计算研发企业不同，阿里云不做传统的销售工作，他的运作模式是通过互联网为客户提供计算机服务。在业务层面，阿里云通过发展基础技术，大力拓展服务范围，将以金融核心服务和物流服务为重点，把自己的服务层面拓展到电商、制造业和法律等众多领域；同时在地理布局层面，将利用遍布全球的节点集群，扩大服务至海外，打造全球云计算战略服务平台[18]。

## 4.3 数字传输之物联网

### 4.3.1 物联网概念与特征

2005 年，国际电信联盟首次提出物联网（Internet of Things，IoT）的概念[19]。物联网是新一代信息技术的重要组成部分，也是“信息化”时代的重要发展阶段。物联网就是物物相连的互联网，通过智能感知、识别技术与普适计算等通信感知技术，广泛应用于网络的融合中，也因此被称为继计算机、互联网之后世界信息产业发展的第三次浪潮[20]。物联网是一种传感设备，可以实时地采集互动物体状态，与互联网形成巨大的网络系统。物联网已经广泛运用于食品安全、公共安全、健康监测、智能交通、安防、环保等诸多行业。

物联网的特征体现在以下四点：(1) 融合物理实体。理论上，物理实体是可标识、可感知和可通信的，物联网可以有效融合射频识别技术与传感技术和物理实体。但是，现实社会中物理实体仅部分可标识、可通信。(2) 异构化特征。标识和传感技术融合，形成了智能标识和感知技术。从本质上来讲，不同物理实体的标识与传感器之间连接的底层实现技术也不同，另外，在不同的环境下使用的传感技术也不一样。(3) 海量信息的存储、共享和管理。数据的存储和共享等都是由网络来完成的，物联网会产生海量数据，那么就需要存储和共享以及管理这些海量数据，这就给网络建设带来了很大的难度。(4) 泛在性和普适计算机的结合。人置身于无所不在的网络之中，可以在任何时间、地点，使用任何网络与任何人与物进行信息交换。在物联网中有效融合了物理实体和先进的射频识别与无线传感等技术，可以促使日常生活用品都成为通信对象，促使人与物以及物与物之间的通信得以实现。在物联网中，有效结合了泛在网络，这样就可以无缝连接信息空间和物理空间。

### 4.3.2 物联网关键技术

1. RFID 射频识别技术

RFID 射频识别技术是一种通信技术，可通过无线电讯号识别特定目标并读写相关数据，而无须识别系统与特定目标之间建立机械或光学接触。它相当于物联网的“嘴巴”，负责让物体说话。RFID 射频识别技术主要的表现形式就是 RFID 标签，它具有抗干扰性强（不受恶劣环境的影响）、识别速度快（一般情况下＜100ms 即可完成识别）、安全性高（所有标签数据都会有密码加密）、数据容量大（可扩充到 10K）等优点。主要工作频率有低频、高频以及超高频。目前在许多方面都有其应用，例如仓库物资/物流信息的追踪、医疗信息追踪、固定资产追踪。该技术发展涉及的难点问题是：如何选择最佳工作频率和机密性的保护等，特别是超高频频段的技术应用还不够广泛，技术不够成熟，相关产品价格昂贵，稳定性不高，国际上也没有制定统一的标准。

2. 传感器技术

传感器技术能感受规定的被测量，例如温湿度、电压、电流，并按照一定的规律转换成可用输出信号。它相当于物联网的“耳朵”，负责接收物体“说话”的内容。例如应用于生活中空调制冷剂液位的精确控制、数字医疗捕捉电压信号等。其技术难点在于恶劣环境的考验，当受到自然环境中温度等因素的影响时，传感器会引起零点漂移和灵敏度的变化。同时，传感器的安装方法也要注意，考虑如何克服横向力等问题。

3. 无线网络技术

当物体与物体“交流”的时候，就需要高速、可进行大批量数据传输的无线网络，无线网络的速度决定了设备连接的速度和稳定性。若无线网络的速率太低，就会出现设备反应滞后或者连接失败等问题。目前，我们使用的大部分网络属于 4G，4G 给通信市场带来的变革是十分巨大的，但是在我们即将面世的 5G 面前都不算什么。据悉，5G 的峰值理论传输速度可达每秒数十 GB，可以说一部超高清画质电影可在 1 秒之内下载完成。5G 作为第五代移动通信技术，将把移动市场推到一个全新的高度，而物联网的发展也因其得到很大的突破。我国工信部早在 2015 年年底积极部署并推动 5G 单点测试技术，力争在 2020 年实现 5G 网络的商用。

4. 人工智能技术

人工智能技术是研究、开发用于模拟、延伸和扩展人的智能的理论、方法、技术及应用系统的一门新的技术科学。人工智能虽然也是当前热门研究之一，但是它与物联网密不可分，AI 技术相当于物联网的“大脑”，负责学习与思考，研究领域有智能机器人、虚拟现实技术与应用、工业过程建模与智能控制、机器翻译、知识发现与机器学习等。物联网和人工智能是密不可分的灵魂伴侣，物联网负责将物体连接起来，而人工智能负责将连接起来的物体进行学习，进而使物体实现智能化。

5. 云计算技术

云计算是把一些相关网络技术和计算机发展融合在一起的产物。它提供动态的、可伸缩的、虚拟化的、资源的计算模式，具有十分强大的计算能力，高达每秒 10 万亿次的运算能力，可以模拟核爆炸、预测气候变化和市场发展趋势。同时它也具有超强的存储能力，同样相当于物联网的“大脑”，具有计算和存储能力。云计算是使计算分布在大量的分布式计算机上，意味着计算能力也可以作为一种商品进行流通，就像煤气、水电一样，取用方便，费用低廉。我们经常使用的百度搜索功能就是其应用之一。

### 4.3.3　物联网的应用

物联网能够自主地与物理世界进行交互并作出反应，以完成指定的任务。随着物联网的蓬勃发展，各种跨行业、跨领域的感知设备和终端能够快速接入网络并汇聚在一起，越来越多的智能设备被连接起来，并为用户提供各种各样的智能服务[21]。物联网服务继承和发展了传统Web服务，是传统Web服务通过传感器向物理世界的延伸。物联网服务是指建立在实现特定应用联网的智能设备上的服务。物联网服务推荐就是在物联网的环境下，服务器提取智能设备产生的大量数据，通过对数据进行整理、分析，在服务器中找到满足用户需求的服务并推送给用户的过程。随着无线网络、移动计算与智能设备的发展与普及，物联网服务已广泛应用于不同的领域，如智慧养老、智慧城市、智慧农业等，越来越多的用户依赖于物联网服务来完成其工作与生活事务。

1. 智慧物流

京东智慧物流

智慧物流是新技术应用于物流行业的统称，指的是以物联网、大数据、人工智能等信息技术为支撑，在物流的运输、仓储、包装、装卸、配送等环节实现系统感知、全面分析及处理等功能。智慧物流的实现能大大降低各行业运输的成本，提高运输效率，提升整个物流行业的智能化和自动化水平。物联网应用于物流行业中，主要体现在三方面，即仓储管理、运输监测和智能快递柜。仓储管理：通常采用基于LoRa、NB-IoT等传输网络的物联网仓库管理信息系统，完成收货入库、盘点调拨、拣货出库以及整个系统的数据查询、备份、统计、报表生产及报表管理等任务。运输监测：实时监测货物运输中的车辆行驶情况以及货物运输情况，包括货物位置、状态环境以及车辆的油耗、油量、车速及刹车次数等驾驶行为。智能快递柜：将云计算和物联网等技术结合，实现快件存取和后台中心数据处理，通过RFID或摄像头实时采集、监测货物收发等数据。智慧物流是构建新零售生态闭环的关键一步。当前，新零售充分依托线下实体零售渠道、品牌和服务优势，并将其与新技术新应用有效结合，日益成为互联网巨头寻找业务新增长点的重要突破口。

2. 智慧交通

交通被认为是物联网所有应用场景中最有前景的应用之一。而智能交通是物联网的体现形式，利用先进的信息技术、数据传输技术以及计算机处理技术等，通过集成到交通运输管理体系中，使人、车和路能够紧密配合，改善交通运输环境、保障交通安全以及提高资源利用率。智慧交通应用较多的前五大场景，包括智能公交车、共享单车、汽车联网、智慧停车以及智能红绿灯等。智能公交车：结合公交车辆的运行特点，建设公交智能调度系统，对线路、车辆进行规划调度，实现智能排班。共享单车：运用带有GPS或NB-IoT模块的智能锁，通过App相连，实现精准定位、实时掌控车辆状态等。汽车联网：利用先进的传感器及控制技术等实现自动驾驶或智能驾驶，实时监控车辆运行状态，降低交通事故发生率。智慧停车：通过安装地磁感应，连接进入停车场的智能手机，实现停车自动导航、在线查询车位等功能。智能红绿灯：依据车流量、行人及天气等情况，动态调控灯信号，来控制车流，提高道路承载力。汽车电子标识：采用RFID技术，实现对车辆身份的精准识别、车辆信息的动态采集等功能。充电桩：通过物联网设备，实现充电桩定位、充放电控制、状态监测及统一管理等功能。高速无感收费：通过摄像头识别车牌信息，根据路径信息进行收费，提高通行效率、缩短车辆等候时间等。

3. 智能医疗

智能医疗的两大主要应用场景：医疗可穿戴和数字化医院。在智能医疗领域，新技术的应用必须以人为中心。而物联网技术是数据获取的主要途径，能有效地帮助医院实现对人的智能化管理和对物的智能化管理。对人的智能化管理指的是通过传感器对人的生理状态（如心跳频率、体力消耗、血压高低等）进行捕捉，将他们记录到电子健康文件中，方便个人或医生查阅。医疗可穿戴通过传感器采集人体及周边环境的参数，经传输网络，传到云端，数据处理后，反馈给用户。对物的智能化管理，指的是通过 RFID 技术对医疗物品进行监控与管理，实现医疗设备、用品可视化。将传统的医疗设备进行数字化改造，实现了数字化设备远程管理、远程监控以及电子病历查阅等功能。

4. 智能制造

物联网技术赋能制造业，实现工厂的数字化和智能化改造。制造领域的市场体量巨大，是物联网的一个重要应用领域，主要体现在数字化以及智能化的工厂改造上，包括工厂机械设备监控和工厂的环境监控。通过在设备上加装物联网装备，设备厂商可以远程随时随地对设备进行监控、升级和维护等操作，更好地了解产品的使用状况，完成产品全生命周期的信息收集，指导产品设计和售后服务。而厂房的环境监控主要包括空气温湿度、烟感等情况。数字化工厂的核心特点是：产品的智能化、生产的自动化、信息流和物资流合一。目前，从世界范围看，还没有一家企业宣布建成一座完全数字化的工厂。近些年来，一些企业开始给行业内其他企业提供以生产环节为基础的数字化和智能化工厂改造方案。企业的数字化和智能化改造大体分成四个阶段：自动化生产线与生产装备，设备联网与数据采集，数据的打通与直接应用，数据智能分析与应用。这四个阶段并不按照严格的顺序进行，各阶段也不是孤立的，边界较模糊。

5. 智慧农业

智慧农业指的是利用物联网、人工智能、大数据等现代信息技术与农业进行深度融合，实现农业生产全过程的信息感知、精准管理和智能控制的一种全新的农业生产方式，可实现农业可视化诊断、远程控制以及灾害预警等功能。农业分为农业种植和畜牧养殖两个方面。农业种植分为设施种植（温室大棚）和大田种植，主要包括播种、施肥、灌溉、除草以及病虫害防治等五个部分，以传感器、摄像头和卫星等收集数据，实现数字化和智能机械化发展。当前，数字化的实现多以数据平台服务来呈现，而智能机械化以农机自动驾驶为代表。畜牧养殖主要是将新技术、新理念应用在生产中，包括繁育、饲养以及疾病防疫等，并且应用类型较少，因此用“精细化养殖”定义整体畜牧养殖环节。

## 4.4　数字信息之区块链

### 4.4.1　区块链概念与特征

2008年，化名为“中本聪”（Satoshi Nakamoto）的学者提出了比特币，其是一种无需任何权威机构背书的去中心化的数字货币支付系统[22]。随后人们发现从比特币底层提取出来的区块链技术，不仅能够应用于数字货币，还能够使用户在无需相互信任与可信中介的场景下实现可信的价值传输。为此出现了一批以以太坊（Ethereum）[23]为代表的实现数字资产交易的区块链平台。区块链（Blockchain）技术实现了一个多方共享的全局性单一账本，解决了多方独立记账所带来的数据不一致性问题。区块链是一种去中心化、不可篡改、可追溯、可信的分布式数据库，由互不信任的多方参与者共同维护；每笔交易须经全网大多数参与者验证且达成共识后，才会一致性地记录在全网节点；交易一旦被记录，任何人都无法篡改，从而实现了可信的多方间数据共享，避免了人工对账，消除了中介机构，减少了交易的延迟与费用[24]。

区块链的特征有四点：一是去中心化。区块链技术不依赖第三方机构或硬件设施，没有中心管制。二是开放性。区块链技术是开源的，数据对所有人开放，任何人都可以通过公开接口查询区块链数据和开发相关应用。三是独立性。基于协商一致的规范和协议，所有节点能够在系统内自动安全地验证、交换数据，不需要任何人为的干预。四是安全性。只要不能掌控全部数据节点的51％，就无法肆意操控修改网络数据。五是匿名性。除非有法律规范要求，各节点身份信息无需公开或验证[25]。

### 4.4.2 区块链的核心技术

1. 分布式账本

分布式账本指的是交易记账由分布在不同地方的多个节点共同完成，而且每一个节点记录的是完整的账目，因此它们都可以参与监督交易合法性，同时也可以共同为其作证[26]。跟传统的分布式存储有所不同，区块链的分布式存储的独特性主要体现在两个方面：一是区块链每个节点都按照块链式结构存储完整的数据，传统分布式存储一般是将数据按照一定的规则分成多份进行存储。二是区块链每个节点存储都是独立的、地位等同的，依靠共识机制保证存储的一致性，而传统分布式存储一般是通过中心节点往其他备份节点同步数据。没有任何一个节点可以单独记录账本数据，从而避免了单一记账人被控制或者被贿赂而记假账的可能性。也由于记账节点足够多，理论上讲除非所有的节点被破坏，否则账目就不会丢失，从而保证了账目数据的安全性[26]。

2. 非对称加密

存储在区块链上的交易信息是公开的，但是账户身份信息是高度加密的，只有在数据拥有者授权的情况下才能访问到，从而保证了数据的安全和个人的隐私[27]。

3. 共识机制

共识机制就是所有记账节点之间怎么达成共识，去认定一个记录的有效性，这既是认定的手段，也是防止篡改的手段。区块链提出了四种不同的共识机制，适用于不同的应用场景，在效率和安全性之间取得平衡[27]。区块链的共识机制具备“少数服从多数”以及“人人平等”的特点，其中“少数服从多数”并不完全指节点个数，也可以是计算能力、股权数或者其他的计算机可以比较的特征量。“人人平等”是当节点满足条件时，所有节点都有权优先提出共识结果、直接被其他节点认同后并最后有可能成为最终共识结果。以比特币为例，采用的是工作量证明，只有在控制了全网超过51％的记账节点的情况下，才有可能伪造出一条不存在的记录。当加入区块链的节点足够多的时候，这基本上不可能，从而杜绝了造假的可能[27]。

4. 智能合约

智能合约是基于这些可信的不可篡改的数据，可以自动执行一些预先定义好的规则和条款。以保险为例，如果说每个人的信息（包括医疗信息和风险发生的信息）都是真实可信的，那就很容易在一些标准化的保险产品中，去进行自动化的理赔。在保险公司的日常业务中，虽然交易不像银行和证券行业那样频繁，但是对可信数据的依赖是有增无减的。因此，利用区块链技术，从数据管理的角度切入，能够有效地帮助保险公司提高风险管理能力。

### 4.4.3 区块链的应用

1. 金融领域

区块链在国际汇兑、信用证、股权登记和证券交易所等金融领域有着巨大的潜在价值。将区块链技术应用在金融行业中，能够省去第三方中介环节，实现点对点的直接对接，从而在大大降低成本的同时，快速完成交易支付[28]。比如 Visa 推出基于区块链技术的 Visa B2B Connect，它能为机构提供一种费用更低、更快速和安全的跨境支付方式来处理全球范围的企业对企业的交易。Visa 还联合 Coinbase 推出了首张比特币借记卡，花旗银行则在区块链上测试运行加密货币“花旗币”[28]。

2. 物联网和物流领域

区块链在物联网和物流领域也可以天然结合。通过区块链可以降低物流成本，追溯物品的生产和运送过程，并且提高供应链管理的效率。该领域被认为是区块链一个很有前景的应用方向[29]。区块链通过节点连接的散状网络分层结构，能够在整个网络中实现信息的全面传递，并能够检验信息的准确程度。这种特性一定程度上提高了物联网交易的便利性和智能化。区块链＋大数据的解决方案就利用了大数据的自动筛选过滤模式，在区块链中建立信用资源，可双重提高交易的安全性，并提高物联网交易便利程度，为智能物流模式应用节约时间成本。区块链节点具有十分自由的进出能力，可独立地参与或离开区块链体系，不对整个区块链体系有任何干扰。区块链＋大数据解决方案就利用了大数据的整合能力，促使物联网基础用户拓展更具有方向性，便于在智能物流的分散用户之间实现用户拓展[29]。

3. 公共服务领域

在与民众生产生活息息相关的公共管理、能源、交通等领域，区块链也可以发挥作用。但是，这些领域的中心化特质非常突出，而区块链的一个属性是去中心化。区块链提供的去中心化的完全分布式（DNS，Domain Name System）域名解析服务，通过网络中各个节点之间的点对点数据传输服务能实现域名的查询和解析，可用于确保某个重要的基础设施的操作系统和固件没有被篡改，可以监控软件的状态和完整性，及时发现不良的篡改，并确保使用了物联网技术的系统所传输的数据没有经过篡改[30]。

4. 数字版权领域

通过区块链技术，公司可以对作品进行鉴权，证明文字、视频、音频等作品的存在，保证权属的真实、唯一性。作品在区块链上被确权后，后续交易都会进行实时记录，实现数字版权全生命周期管理，也可作为司法取证中的技术性保障。例如，美国纽约一家创业公司 MineLabs 开发了一个基于区块链的元数据协议，这个名为 Mediachain 的系统利用星际文件系统（IPFS），即用于在去中心化网络上共享数据的对等（P2P）网络协议，实现数字作品版权保护，主要是面向数字图片的版权保护应用[31]。

5. 保险领域

在保险理赔方面，保险机构负责资金归集、投资、理赔，往往管理和运营成本较高。通过智能合约的应用，既无需投保人申请，也无需保险公司批准，只要触发理赔条件，实现保单自动理赔。一个典型的应用案例就是 LenderBot，2016 年由区块链企业 Stratumn、德勤与支付服务商 Lemonway 合作推出，它允许人们通过 Facebook Messenger 的聊天功能，注册定制化的微保险产品，为个人之间交换的高价值物品进行投保，而区块链在贷款合同中代替了第三方角色[32]。

区块链

6. 公益领域

区块链上存储的数据，高可靠且不可篡改，天然适合用在社会公益场景。公益流程中的相关信息，如捐赠项目、募集明细、资金流向、受助人反馈等，均可以存放于区块链上，并且有条件地进行透明公开公示，方便社会监督[33]。

## 4.5 数字智能之人工智能

### 4.5.1 人工智能的概念及分类

人工智能（Artificial Intelligence，AI）是一门研究运用计算机模拟和延伸人脑功能的综合性科学，其假设电脑系统具有人类的知识和行为，并具有学习、推理判断来解决问题、记忆知识和了解人类自然语言的能力[34]。人工智能具有重大社会经济意义，正在持续改变着人们的生活、工作和学习的方式[35]。人工智能得以运行，是建立在大数据的基础之上的。行业内有这样的共识：人工智能的“发动机”是算法，而大数据则为“发动机”源源不断地提供着“燃料”。

李开复、王咏刚在《人工智能》[36]这本书里，将人工智能分为如下几种类型：弱人工智能（Weak AI），也被称作限制领域人工智能（Narrow AI）；应用型人工智能（Applied AI），指的是专注于以智能解决特定领域问题的人工智能；强人工智能（Strong AI），又被称作通用人工智能（Artificial General Intelligence）或完全人工智能（Full AI），指的是可以胜任人类所有工作的人工智能；超人工智能（Super Intelligence）：牛津大学哲学家、未来学家尼克·伯斯特洛姆（Nick Bostrom）将其定义为“在科学创造力、智慧和社交能力等每一方面都比最强的人类大脑聪明很多的智能”。

### 4.5.2 人工智能产业链

总体来看，人工智能行业可分为基础支撑层、技术层和应用层[37]，具体见表 4 - 1 所列。

**表 4－1　人工智能产业链**

| | 核心能力 | 细分领域 | 产业生态搭建 |
|---|---|---|---|
| 基础层 | 计算力 | 芯片、传感器、云计算/大数据 | 以 BAT 为代表的科技巨头开始自建人工智能基础学科实验室，加大研发力度，同时将触角延伸到对基础层创业公司的投资 |
| 技术层 | 技术开发及输出 | 计算机视觉、自然语言处理、语言识别、机器学习 | 截至目前，包括腾讯、百度、阿里在内的多个企业已经构建自己的人工智能平台，希望在人工智能时代延续自己的产业优势 |
| 应用层 | 商业化的解决方案 | 机器人、无人机、自动驾驶、智能客服、智能物流、客户画像等 | 占据着数据优势，巨头公司开始搭建自己针对应用层的开源平台 |

资料来源：百度指数、德勤研究。

1. 基础层

作为人工智能发展的基础，以芯片为载体的计算力是人工智能发展水平的重要衡量标准。从市场角度来看，对人工智能芯片的需求主要来自训练、云端和终端推断三个方面，由此形成了包括训练、云端和终端人工智能芯片市场。基础层提供计算力，主要包含人工智能芯片、传感器、大数据及云计算。其中芯片具有极高的技术门槛，且生态搭建已基本成型。目前该层级的主要贡献者是 Nvidia、Mobileye 和英特尔在内的国际科技巨头。中国在基础层的实力相对薄弱。

2. 技术层

技术层解决具体类别问题。这一层级主要依托运算平台和数据资源进行海量识别训练和机器学习建模，开发面向不同领域的应用技术，包括语音识别、自然语言处理、计算机视觉和机器学习技术。科技巨头谷歌、IBM、亚马逊、苹果、阿里、百度等都在该层级深度布局。中国人工智能技术层在近年发展迅速，目前发展主要聚焦于计算机视觉、语音识别和语言技术处理领域。除了百度、阿里巴巴和腾讯（BAT）在内的科技企业之外，出现了如商汤、科大讯飞等诸多独角兽公司。清华大学数据显示，计算机视觉、语音、自然语言处理是中国市场规模最大的三个应用方向，分别占比 34.9%、24.8%和 21%。

3. 应用层

应用层解决实践问题，是人工智能技术针对行业提供产品、服务和解决方案，其核心是商业化。应用层企业将人工智能技术集成到自己的产品和服务，从特定行业或场景切入。未来，场景数据完整（信息化程度原本比较高的行业或者数据洼地行业），反哺机制清晰，追求效率动力比较强的场景或将率先实现人工智能的大规模商业化。从全球来看，Facebook、苹果将重心集中在了应用层，先后在语音识别、图像识别、智能助理等领域进行了布局。得益于人工智能的全球开源社区，这个层级的门槛相对较低。从行业来看，人工智能已经在医疗、健康、金融、教育、安防等多个垂直领域得到应用。目前，应用层的企业规模和数量在中国人工智能层级分布中占比最大，具体信息见表 4－2 所列。

表 4-2　中国人工智能技术应用

| 技术 | 内涵 | 应用场景 | 代表企业 | 挑战 |
| --- | --- | --- | --- | --- |
| 计算机视觉 | 计算机替代人眼对目标进行识别、跟踪和测量的机器视觉 | 智能家居<br>语音视觉交互 AR、VR<br>电商搜图购物<br>标签分类检索<br>美颜特效<br>智能安防<br>直播监管<br>视频平台营销<br>三维分析 | 旷视科技<br>格灵深瞳<br>地平线机器人<br>Minieye<br>摩图科技 | 产业链：主要集中在中下游的技术提供层和场景应用层，在训练数据、计算力和算法框架上没有中国企业涉足<br>业务：B 端同质化，主要集中在人脸和图像识别 |
| 自然语言处理 | 理解文本词汇的含义，理解这个词语在语句、篇章中所代表的意思 | 搜索引擎：知识图谱、深度问答、推荐引导<br>机器翻译：预料处理、模型处理、翻译方法 | 出门问问 | 技术：数据量直接影响语义理解技术的准确性<br>应用：新场景开发和技术人才储备上存在断档 |
| 语音识别 | 通过信号处理和识别技术让机器自动识别和理解人类口书的语言，并转换成文本和命令 | 智能电视<br>智能车载<br>电话呼叫中心<br>语音助手<br>智能移动终端 | 思必驰<br>云知声 | 技术：降噪与视觉结合以及方言口音目前是语音识别在技术上面临的三大挑战。此外，语音识别的目的是将语音信号转化为文本，而该识别的准确率并不如指纹、虹膜识别 |
| 机器学习 | 模拟人脑进行分析学习的神经网络 | 压缩技术<br>安防（视觉）<br>数据中心（视觉和语音）<br>智能家居<br>ADAS 摄像头和软件<br>公共安全 | 第四范式<br>寒武纪科技<br>深鉴科技<br>云天励飞 | 技术：数据标注价格高，移动设备限制较大<br>数据：需要基于海量的数据学习和推断 |

资料来源：百度指数、德勤研究。

### 4.5.3　人工智能给未来经济带来的影响

人工智能特别是机器人的广泛运用，一方面将取代部分普通劳动力，造成大规模的失业潮；另一方面将会挤压技术工人，造成部分知识失业。同时，人工智能也将带来一系列的伦理问题，在某些领域人类与人工智能相处的问题引发了争议。新鲜事物的出现总会带来正反两个方面的影响，从积极作用的角度来看，它将大幅度提高工业生产效率，促使经济增长和工业转型，促使商业模式的创新[38]。

1. *消极影响*

随着人工智能的发展，在工业生产中，智能机器人将替代部分劳动力。机器人的智能化和操作精准度非常高，可以替代优秀的产业工人，且一个机器人可以替代几个产业工人，这就会造成部分产业工人的失业。莱斯大学计算机工程教授摩西·瓦迪曾预测，到2045 年，人类失业率将超出 50%。人工智能除了在工业生产中应用之外，还可以从事其他活动，如在一些危险或者人们不愿从事的工作中大展身手，像火灾现场勘察、救援，危险品处置等。从整体上看，人工智能取代劳动力的趋势是不可阻挡的，如何解决伴随着人工智能兴盛所带来的失业问题，将是未来面临的一个重要问题。

2. 积极影响

人工智能可以提高工业生产效率，促使经济增长。一方面，具有智能的机器人其生产效率远远高于人工生产效率，使得整体生产效率大幅提升，给企业带来巨大利润。机器人的使用也节约了用工成本，进一步扩大利润空间。另一方面，人工智能除了带动自身技术发展外，还能带动人工智能 AI 技术向周边领域，如教育、金融、家电、自动驾驶等拓展，AI 技术带动未来的经济发展将不再是单一领域的发展，而是连接多领域共同发展，从点到面，促进企业经济增长，也带动着社会经济共同增长。

人工智能促使商业模式创新和传统产业转型。技术发展和商业模式创新一直都是相辅相成的，人工智能发展会进一步推动商业模式创新。新的技术出现，企业将改变自身经营管理模式，以适应新的技术变革与市场需求。这种不断地创新将提高企业的竞争力，给企业带来更广的市场，实现转型升级，为客户创造出新的价值。因此，新技术对于传统行业的重构，最可能的场景将是传统企业和 AI 技术企业基于各自的优势，合作创新。如汽车行业与人工智能结合，打造便利于广大顾客的自动驾驶汽车，实现真正意义上的人车合一。

人工智能

**【案例 4－2】**

## 中国人工智能行业发展趋势

人工智能将提升社会劳动生产率，特别是在有效降低劳动成本、优化产品和服务、创造新市场和就业等方面为人类的生产和生活带来革命性的转变。据 Sage 预测，到 2030 年人工智能的出现将为全球 GDP 带来额外 14%的提升，相当于 15.7 万亿美元的增长。全球范围内越来越多的政府和企业组织逐渐认识到人工智能在经济和战略上的重要性，并从国家战略和商业活动上涉足人工智能。全球人工智能市场将在未来几年经历现象级的增长。据推算，世界人工智能市场将在 2020 年达到6 800亿元人民币，复合增长率达 26.2%。

自 2015 年以来，中国人工智能产业发展迅速，市场规模逐年攀升。中国人工智能规模从 2015 年到 2018 年的复合平均增长率为 54.6%，2018 年市场规模已达到 415.5 亿元。据预测，到 2020 年，中国人工智能的市场规模将达到 710 亿元。

**思考题**

1. 大数据在推动新经济发展的重要性体现在哪里？
2. 物联网如何助力“中国制造 2025”？

3. 人工智能如何能成为新经济发展的驱动力？

**参考文献**

[1] 田海平．“不明所以”的人类道德进步——大数据认知旨趣从“知识域”向“道德域”拓展之可能 [J]．社会科学战线，2016（9）：1－8.

[2] 维克托·迈尔-舍恩伯格，肯尼思·库克耶．大数据时代生活，工作与思维的大变革 [M]. 杭州：浙江人民出版社，2012：12－13.

[3] 麦肯锡．麦肯希大数据指南 [M]. 北京：机械工业出版社，2016：25－30.

[4] Michael Wessler. Big Data Analytics for Dummies [M]. New Jersey：John Wiley & Sons，Inc. 2013：75－97.

[5] 朱洁，罗华霖．大数据架构详解：从数据获取到深度学习 [M]. 北京：电子工业出版社，2016：7－9.

[6] 李华杰，史丹，马丽梅．基于大数据方法的经济研究：前沿进展与研究综述 [J]. 经济学家，2018，(6)：96－104.

[7] EMC Education Services. 数据科学与大数据分析 [M]. 曹逾等译．北京：人民邮电出版社，2016：4－12.

[8] 马丽梅，史丹，高志远，等．大数据技术及其行业应用：基于铁路领域的概念框架研究 [J]. 北京交通大学学报（社会科学版），2019，18（3）：58－67.

[9] CavalloA，RigobonR. The billion price project：Using online prices for measurement and research [J]. Journal of Economic Perspective，2016，30（2）：151－178.

[10] 姜文杰，赖一飞，王恺．基于百度指数的房地产价格相关性研究 [J]. 统计与决策，2016（2）：90－93.

[11] 李凤岐，李光明．基于搜索行为的经济指标预测方法 [J]. 计算机工程与应用，2017，53（6）：215－222.

[12] Li Y，Arora S，Youtie J，et al. Using web mining to explore Triple Helix influences on growth in small and mid-sizefirms [J]. Technovation，2016，76－77：3－14.

[13] 李杰．工业大数据——工业 4.0 时代的工业转型与价值创造 [M]. 邱伯华等译. 北京：机械工业出版社，2015：160－175.

[14] 章泽昂，邬家炜．基于云计算的教育信息化平台的研究 [J]. 中国远程教育，2010（6）：66－69＋80.

[15] Youseff L，Butrico M，DaSilva D. Towarda unified ontology of cloud computing [J]. Grid Computing Environments Workshop，2008. GCE'08：1－10.

[16] 樊帆，康兵义．浅谈云计算在实际生活中的应用 [J]. 科学技术创新，2019（21）：65－66.

[17] 何明，沈军．云计算安全测评体系研究 [J]. 电信科学，2014，30（2）：98－102.

[18] 张雯慧．云计算行业 L 公司商业模式研究 [D]. 北京：北京邮电大学，2019：23－26.

[19] Presser M，BarnaghiP，EurichM，etal. The sensei project：Integrating the

physical world with the digital world of the network of the future [J]. IEEE Communications Magazine, 2009, 47 (4): 1 - 4.

[20] Chen E T. The internet of things: Opportunities, issues, and challenges [M]. The Internet of Things in the Modern Business Environment, 2017: 167 - 187.

[21] Han S N, CrespiN. Semantic service provisioning for smart objects: Integrating to tapplications into the Web [J]. Future Generation Computer Systems, 2017, 76: 180 - 197.

[22] Nakamoto S. Bitcoin: Apeer-to-peer electronic cash system. White Paper, 2008: 1 - 9.

[23] ButerinV . Anext-generation smart contract and decentralized application platform. White Paper, 2014 (1): 1 - 36.

[24] 邵奇峰，张召，朱燕超，等．企业级区块链技术综述 [J]. 软件学报，2019，30 (9)：2571 - 2592.

[25] 姚忠将，葛敬国．关于区块链原理及应用的综述 [J]. 科研信息化技术与应用，2017，8 (2)：3 - 17.

[26] 阿迪瓦特·德什潘德，凯瑟琳·斯图尔特，路易斯·列皮特，等．理解分布式账本技术/区块链——挑战、机遇和未来标准 [J]. 信息安全与通信保密，2017 (12)：22 - 31.

[27] 朱岩，甘国华，邓迪，等．区块链关键技术中的安全性研究 [J]. 信息安全研究 2016，2 (12)：1090 - 1097.

[28] 王硕．区块链技术在金融领域的研究现状及创新趋势分析 [J]. 上海金融，2016 (2)：26 - 29.

[29] 徐艺娜．基于区块链与物联网对智能物流产业应用的解决方案分析 [J]. 数码世界，2018 (4)：604 - 605.

[30] 虹萍．区块链技术及在公共管理领域中的应用初探 [J]. 南方农机，2018，49 (23)：37 - 38＋43.

[31] 吴健，高力，朱静宁．基于区块链技术的数字版权保护 [J]. 广播电视信息，2016 (7)：60 - 62.

[32] 井一荻．区块链在互助保险领域中的应用价值研究 [J]. 现代经济信息，2018 (6)：350 - 351.

[33] 苏恒．区块链技术在公益扶贫领域应用的思考和实践 [J]. 中国金融电脑，2017 (7)：11 - 15.

[34] 喻国明，郭超凯，王美莹，等．人工智能驱动下的智能传媒运作范式的考察——兼介美联社的智媒实践 [J]. 江淮论坛，2017 (3)：143 - 138＋15.

[35] 廖方圆，陈剑锋，甘植旺．人工智能驱动的关键信息基础设施防御研究综述 [J]. 计算机工程，2019，45 (7)：181 - 187＋193.

[36] 李开复，王咏刚．人工智能 [M]．北京：文化发展出版社，2017：38 - 56.

[37] 德勤中国．中国人工智能行业综述 [J]. 科技中国，2019 (1)：63 - 77.

[38] 王英杰．对人工智能与未来商业模式的探讨 [J]. 中国商论，2017 (17)：132 -133.

# 第5章　新经济下的金融科技

金融变革从未停止。一方面，金融不断顺应经济和社会发展的需求变化，表现出很强的内生动力和变革能力，吸收一切有利的因素，如技术变革、管理创新和制度的变迁等，来推动行业深度发展。另一方面，资本天生的逐利性和金融市场的快速传播信息特点相结合，使得任何创新带来的价值很快在金融业得到传导与普及。当前，网络信息技术已经与经济社会的各领域产生了深度融合，其中以大数据、云计算、人工智能、移动支付等为代表的新技术对人们的生产、消费等行为产生了重要的影响。而金融业作为技术密集型行业，也很快吸收这些新技术，对传统的金融业态和运营模式等进行了深刻的改造，形成了新一轮的金融变革——金融科技，开启了金融业的新时代主题。基于此，本章将探讨新经济下未来金融业的发展方向——金融科技。

## 5.1　金融科技的兴起

### 5.1.1　金融科技的定义

金融科技（Fintech）是指由大数据、云计算、物联网、区块链、人工智能等信息技术引发的金融行业变革，促使传统金融业务与新兴信息技术高度融合，产生新的金融生态、金融服务模式和金融产品等。金融是经济发展不可或缺的组成部分，而科技是产业创新的手段，两者深度融合形成的金融科技已成为金融行业最热门的产业之一，也是金融未来发展方向之一。

### 5.1.2　信息技术在金融行业的应用发展

随着现代技术的发展，当前金融业已完全成为一个信息技术密集型产业，其构成的基石主要有三块：信息、技术和制度。在信息技术的发展历程中，出现许多重大的变革事件，如早期电报的发明，以及后来电话、计算机等产生，乃至今天的互联网、移动互联网等出现，每一次信息技术的变革都对金融业产生了深刻的影响，金融业的模式也随着不断发生变化。尤其是近些年，大数据、云计算、区块链、社交网媒体、人工智能等信息技术的不断涌现，对信息获取方法、传播途径和加工利用方式产生了重要的影响，信息获取和处理成本也大幅减少，资源的配置效率等获得大幅提升，资金需求、双方信息不对称这个金融本质问题得到大幅缓解，因此这些新技术对金融业产生了深远的影响。

1. 早期金融后台业务的电子化（20世纪70年代前）

在信息技术广泛应用之前，金融体系的运转对人工作业依赖程度非常高。经济社会的高速发展产生了巨大的资金流动，相应形成了对资金的交易记录、支付和结算等方面的大量需求，而金融后台人工处理的低效却成为金融发展的瓶颈，金融市场的作用也因此受到了极大的限制。

1946 年世界上第一台数字计算机 ENIAC 诞生了，其处理数据的速度、精确度和效率让人为之惊叹，金融从业者敏锐认识到了信息技术可以作为未来提高金融体系运转速度和效率的首选工具，金融业开启了与新生信息技术长期的结合之路。最早的结合发生在 1955 年，位于美国旧金山的美国银行引进 IBM 702 型计算机，将其应用于账务处理、报表编制等会计事务，拉开了银行电子化的序幕。在电子计算机的帮助下，金融从业者无需再进行重复的劳动，开始从繁重的手工作业中解放出来，而效率却得以成倍的提高。更重要的是电子计算机的运用显著减少了人工失误带来的损失，受到了金融业广泛的欢迎，金融业开始进入计算机时代。

与此同时，为了进一步满足自主化的需求，当时美国的商业银行不但陆续引入电子计算机，而且还根据业务的需求自主开发了一系列的应用软件。1955 年美国斯坦福研究所向大众演示了电子记录机会计系统——ERMA，开启了计算机代替手工支票处理的先河。为进一步提高银行处理数据效率，在 1956 年，美国银行业协会建议使用磁墨水字符识别（MICR，magnetic ink character recognition）作为标准的支票处理方法。为进一步推广该技术的应用，1958 年美国银行业协会对 MICR 进行了进一步规范，在上述基础上规定了 MICR 编码标准的字形和字符大小，构建了可以在银行业务系统通用的处理支票器语言，最终实现了处理支票业务的电子化，并在银行大幅推广和应用[1]。在该技术帮助下，商业银行处理支票的效率和准确率有了大幅提升，技术开发人员开始成为商业银行的急需人才。

从此信息技术开始成为金融业变革的重要因素之一，尤其是金融后台的业务处理，信息技术对其效率的提升可谓史无前例，从银行的支付结算系统、会计系统、资金转账系统到证券市场的电子交易系统，信息技术带来的优势显而易见。然而受当时的科技水平限制，计算机在银行中应用范围仍比较有限，主要集中在金融后台，以提高银行记账的效率、降低经营成本等为主。但这次科技与金融的成功融合，让金融行业者看到新技术在金融领域中应用的广泛前景，为后面信息技术与金融的进一步融合发展奠定了基础。

2. 中期的金融前台的电子化

进入 20 世纪 80 年代后，随着经济和金融的进一步发展，金融业的空前繁荣带来了巨大的业务量，即使后台业务高度电子化也难以满足金融业与日俱增的需求。一方面，银行柜台客户流量增大，而很多人排队仅仅是为了办一笔小额存取款业务或者是查询账户余额，柜台工作人员疲于应付大量顾客同质化的需求；另一方面，顾客也感受到金融服务质量不高，银行单纯依靠扩大业务网点、增加银行柜台人员来减少顾客排队和抢占市场，显然难以奏效。在此背景下，自助银行服务开始出现，各大商业银行开始广泛部署自动柜员机（ATM）。1967 年第一台 ATM 机出现在英国伦敦，由于其具有便捷、成本较低等优点其数量开始成几何式增长，服务的质量也大幅提高，例如可以满足人们全天候的取款需求，无需任何人员的帮助，自行通过 ATM 完成。随着 ATM 的逐渐普及，金融业的前台业务开始突飞猛进。

除现金存储业务外，银行支付领域也开始尝试电子化。20 世纪 80 年代末，建立在电子数据交换基础上的电子资金转账、电子钱包智能卡（POS 机）等新金融产品相继问世，人们的消费无需携带现金，只需刷银行卡即可完成支付结算。这一电子支付渠道大获成功，尽管传统网点的交易比重大幅下降，但交易额度却大幅提升。金融前台业务的电子化极大地节约了金融业的人力资源成本，例如在 1960—1980 年，美国商业银行的雇员人数从 64 万增加到 148 万，此后的增长几乎停顿，但是银行同期总资产率却保持着 5%的速度增长。可见，金融前台业务电子化对银行降低经营成本、提高效率和增加效益起到了良好的推动作用，信息技术的应用再一次带动了金融业的腾飞。

3. 网络金融的发展

万维网的发明，标志着信息技术开始进入了互联网时代。金融业作为最早引入信息技术的行业之一，也开始积极从互联网渠道拓展新业务。一方面，所有银行纷纷搭建自己的网上银行平台，在该平台上人们可以随时随地享受柜台前所有的银行服务，大大提升了服务的便捷性，真正实现了跨越空间。另一方面，证券行业的电子化也开始到来，1999 年美林证券推出了 ML Direct 和 Unlimited Advantage，该互联网经纪业务获得了巨大成功，成为信息技术与金融业务融合的典型案例，进一步刺激了其他证券公司电子化业务。2001 年 6 月，网上银行遍及 180 多个国家，连接了 1 亿多台计算机，拥有 5 亿多用户，真正实现了全球银行的网络化。

在此基础上，新型的银行模型出现，成立了没有实体营业网点的纯粹的网上银行和网上证券等金融机构，如最早在 1994 年 4 月成立的 SFNB（美国安全第一网络银行），该银行是一家真正意义上的网络银行，不受实体银行模式的限制，任何客户不受时间和地理空间的限制，只要拥有该公司的网络账户就能享受其便捷、高质量的服务。另一家具有代表性的公司是 E*Trade，在 1996 年重组为一家纯网络金融服务公司，直接向投资者提供在线证券交易服务，迅速引起了资本市场的关注并在当年的 8 月成功登录纳斯达克；到 2000 年，该公司成为仅次于嘉信理财和宏达理财的美国第三大券商，其提供同等服务下的佣金费率最低，目前已是美国最大的投资机构。从上述可以看出，信息技术让金融业产生了重大的变革。

### 5.1.3 金融科技的产生

尽管金融科技是“金融＋科技”，然而单纯的金融与科技结合并不能产生金融科技。实际上，技术变革、国家制度的改革以及金融需求爆发，这三股力量共同推进了基础金融的进一步发展，推动了金融科技产业的蓬勃发展。

1. 技术的变革

实际上，科技不仅是提升金融效率的工具，在网络出现之后，计算机、互联网等 IT 浪潮开始深度融合到金融业中，以业务重构和产品创新等方式，加速推动金融业的转型，产生了新的金融业方向。与此同时，随着大数据、云计算、区块链、人工智能等新兴技术逐渐从概念走向应用，很快产生了规模效应，促使了金融新业态的出现[2]。2016 年，Gartner 咨询公司公布了一年一度的新兴技术发展情况，其中区块链、智能数据挖掘、机器学习等榜上有名。这些新技术革命赋予了商业世界无限的想象空间，能够有效降低金融业务的运营成本，提高业务开展效率和客户体验，覆盖更加广泛的人群，为金融科技的再一次腾飞提供了技术支持与契机。

2. 制度的改革

金融作为现代经济的核心，一直以来也是监管的重地，监管制度的一举一动都关系到金融业的发展。在全球范围内，面对金融科技的发展趋势，各国政府也在积极调整监管策略，希望能够与时俱进地探索出适应本国金融科技发展的监管模式。目前主流的监管模式有两类[3]：第一类是以美国政府为代表的限制性监管，采用了功能性监管，牢牢抓住金融科技中金融本质，将金融科技涉及的业务按其功能进行分类，然后按该类别纳入现有金融监管体系。第二类是以英国、新加坡为代表的主动性监管，指对从事金融创新的机构在确保消费者权益的前提下，可以提交申请，并按照政府特定的程序进行审批，取得有限的授权后，政府允许金融科技创新机构在规定的范围内进行试运行，同时政府会监控该测试过程，并对运行的过程和结果进行评估，在此基础上判定是否给予正式的监管授权。作为全球金融科技发展最迅速的中国，其监管部门对金融科技一直都是采取鼓励和支持的态度，政府已经多次颁布政策来支持科技与金融的深度融合，支持金融企业探索新技术在金融领域应用，开放和包容的监管环境为中国金融科技的繁荣提供了良好的制度基础。

整体来看，全球政府都在积极鼓励金融科技创新的基础上，通过政策法规进一步推动市场秩序建设和行业的健康发展。多国政府对金融科技的监管已全面展开，银行理财、保险资金等诸多领域已尝试建立相关的法律法规，这不仅利于金融市场的资金规范，而且能促使金融科技在严格监管的主基调中不断发展和正规化。

3. 金融新需求的爆发

随着全球经济的发展，金融需求日益旺盛，传统金融机构对金融服务的供给力度仍然不足，特别是个人和小型企业的金融需求一直未被有效满足。在个人需求领域，传统的金融机构缺乏对其风险的定价能力，很难为其提供与信用风险相匹配的贷款服务，这样的问题在个人理财市场也十分严重，而传统的金融机构大都服务于资产较高的人群，使得大部分中低资产人群的财富管理需求存在空白地带。在小型企业领域，传统的金融机构在面对较高经营成本和较低利润的小微企业时，不仅烦琐的信贷审批流程对银行来说成本较高，而且面临着较大的风险，因此这些企业的资金需求无法得到满足，但这部分企业往往是资金需求的主体，随着互联网技术的发展，这部分企业的需求能够充分地释放和爆发。例如，波士顿咨询公司 BCG 报告显示[4]，截至 2015 年年底，仅仅在中国个人可投资金融资产总额约为 113 万亿，到 2020 年年底，该总额将达到 200 万亿元，年均复合增长率在 12%左右，社会财富积累以及人们传统“重储蓄、轻投资”观念的改变，有效刺激了社会整体对金融服务的需求。然而面临着日益旺盛的金融需求，传统金融机构对金融服务的供给力度仍然不足，特别是中低净值个人和小微企业的金融需求长期以来未被有效满足，巨大的服务真空地带为金融科技带来机会。

## 5.2　金融科技的特点

与传统金融服务相比，金融科技在利润产生的方式、资产的结构、创新的形式、管理的模式等方面有了优化，使金融行业产生以下新特征[5,6]：

1. 低利润率

一般来说一个新的产业在兴起的时候，必须依靠大量的投入，几乎很难很快产生利润，同样低利润率也是金融科技公司的重要特征之一。在平台商业模式下，流量是重要的利润来源，只有有流量才能吸引人们的关注，因此平台的用户规模必须达到一个特定的门槛，才能引发足够强度的网络效应吸引新的用户加入，然而人气的积累也需要一定的时间。在网络效应的正向循环作用下，用户规模有望实现持续高速增长，只有这样才能使得整个平台能够自行运转与维持，该用户规模门槛被称为“临界数量”。但在由于用户规模的增加到临界数量需要一定的时间，使得平台在运营前期需承担较高的沉没成本，如研发创新、大规模的广告营销、用户补贴等，其通常在用户规模突破临界数量后才能实现大量盈利。同时，用户的多边属性，导致平台的各类服务及产品的生命周期都较短。只有平台持续创新，不断花钱创造出新的产品，吸引用户，才能形成有效的、持续的用户锁定。因此，金融科技公司不得不更多重视资源投入的效率，而不是将考核重点放在企业的收入或盈利水平上，整体上只能维持相当低的利润率。

2. 轻资产

因金融科技公司利润率低，为了生存发展的需要，只能选择轻资产的规模增长路径，同时信息技术的发展也为金融科技公司的轻资产发展创造了条件。这里的“轻资产”不仅指金融科技公司只需要很低的固定资产或者固定成本就能开展业务，还指其成本随业务规模的边际递减使得其能够以低利润率支持大规模的发展。此外，也正因为其资产轻，转变的边际成本较低，使得其战略选择、组织架构、业务发展更加灵活，让其发展专注于核心业务，从而易于创新创造。

3. 高创新

金融科技公司主要是以互联网为依托，创新是其唯一生产和发展渠道，其低利润率和轻资产的特性在客观上也为其营造了易于创新的土壤。它们可集中将各种前沿技术与理念拿到金融领域去试验、试错，无需过多关注固定资产等，从而快速迭代产品，推出具有破坏性创新的产品，这已经超越了传统金融定义下的金融市场与产品层面的“金融创新”。

4. 规模易扩大

轻资产使得金融科技公司一般入门和起步门槛较低，因此需要集中力量毫不保留地发挥网络效应，通过该渠道获得快速增长的能力，并且由于其采用的创新技术使得其业务规模爆炸性增长但不必付出对应的成本，同时其边际成本呈现递减，进一步促使其规模快速增长。引起注意的是，为了生存，金融科技公司必须采用能够支持业务快速增长的技术，即使这项技术创新很强，但如果不能或者需要长时间形成快速增长的潜力，金融科技公司也不会采纳该项技术，故而金融科技公司的创新本质上是技术必须能够达到能立即投入到市场中，是应用层面的资源整合，而不是在基础层面进行创新。

5. 易合规

金融科技公司快速上规模的技术优势是高创新，但由于其资产轻，在抵御风险的能力方面较弱，金融科技公司必须面对如何在创新收益与合规成本之间权衡。同时需要降低法律合规和风险管理成本，也可以通过技术创新满足。这也说明优质金融科技公司不仅有业务增长的技术优势，而且应有易于监管合规的技术优势，这种技术也能够边际递减合规管理的成本。合规不再源自金融机构的外部约束压力，而是真正内生化为金融机构的发展动力，这将是金融科技所做出的重大制度创新。

## 5.3　金融科技的应用

### 5.3.1　大数据在金融领域的应用

大数据分析除了在互联网中的广泛应用，在金融和经济中的应用更加广泛。金融行业应用系统的实时性要求非常高，积累了非常多的客户交易数据，金融行业大数据的应用主要体现在金融业务创新、改善营销模式、金融服务中的大数据应用、金融欺诈监测等方面。

1. 金融业务创新

互联网金融是当前金融业务的开拓创新，即利用互联网技术、大数据思维进行的金融业务再造。这种创新主要表现在两个方面：一是金融机构依靠现代互联网技术和思维进行自我变革，如商业银行逐渐拓展的互联网金融业务；二是互联网企业跨界开展金融服务，如阿里金融、腾讯金融、百度金融、京东金融等[8]。金融机构是将其金融业务逐步搭载在互联网平台上，而互联网企业是以互联网技术平台为优势加载金融业务，二者不断趋同，但各有优势。

不断涌现的新型互联网金融机构，进一步推进了金融业的创新，同时大大拓宽了金融业的空间和发展领域，促使金融业的许多方面发生了巨变，推动着金融业在许多方面由不可能走向可能、由不完备走向完备，解决了很多前所未有的问题，如在小额贷款和中小企业融资领域的 P2P 和众筹融资模式[9]。而金融业面临众多前所未有的跨界竞争对手，市场格局、业务流程将发生巨大改变，未来的金融业将开展新一轮围绕大数据的 IT 建设投资。目前中国的金融行业数据量已经超过 100TB，非结构化数据迅速增长。中国金融行业正在步入大数据时代的初级阶段。

互联网金融数字科技

优秀的数据分析能力是当今金融市场创新的关键，资本管理、交易执行、安全和反欺诈等相关的数据洞察力，成为金融企业运作和发展的核心竞争力。因此，互联网金融不仅是互联网、大数据等技术在金融领域的应用，更是基于大数据思维而创造出的新的金融业态。

2. 改善营销模式

对于当今的金融机构来说，能够利用大数据准确快速地分析客户特征，进而区别与传统营销模式，快速锁定商机，很有可能决定了企业竞争力和分水岭，落后的企业很有可能要付出一定的代价。例如，银行对客户的分层往往是依据客户交易做粗略的划分，如存款超过 50 万元人民币为 VIP 客户。但这种分类不够细致，根据这种简单的分类对客户做的广告并没有起到很好的营销作用，而且客户还会产生一种被“强迫推销”的感觉。

3. 金融服务中的大数据应用

除了利用大数据技术与方法对金融业务进行创新之外，对于金融中的服务也可以利用大数据方法与技术进行优化，从而改善客户满意度。比如花旗银行通过收集客户对信用卡的质量反馈和功能需求，来进行信用卡服务满意度的评价。基于质量反馈数据和功能需求数据，建立了质量功能来进行信用卡满意度分析，并用于服务的优化和改进。目前这方面应用主要集中在以下两个领域：

（1）客户行为分析

对于金融机构来说，利用大数据方法与技术对客户行为特征进行分析，从而更好地提供个性化服务，不但可以提高客户满意度，还可以从中获益。如招商银行利用客户刷卡、存取款、电子银行转账、微信评论（连接到腾讯公司的数据）等行为数据的研究，每周给顾客发送针对性广告信息，里面有顾客可能感兴趣的产品和优惠信息，从而增加客户消费。

（2）加快理赔速度

对于金融机构，另外一个可以明显改善客户满意度的环节就是保险的理赔速度。保险公司的理赔审核机制高度依赖人为的判断和处理时间，审核人员需仔细留意申请案件是否有诈保迹象，若发现可疑案件还得转给其他部门进步评估。这就导致理赔流程拉得很长，影响保户满意度。典型如 IPCC（Infinity Property and Casualty Corp）公司，这是一家汽车保险公司，为了遏制诈领保险金的增长趋势，决定运用一套根据事故数据来预测分析机制加强诈保侦测，提升理赔的速度、效率和准确率，从而改进理赔服务。在新的理赔系统中，IPCC 仿效信用审核评分的方法建立起一套专门评估理赔申请案件“诈保率”的评分机制，一旦发现可疑案件，系统就会按照事先设定的业务规则，把案件转交给负责调查的人员。由于新系统的实施，IPCC 把阻止诈保的成功率从 50%提高到 88%。IPCC 还采用文本挖掘技术，分析警方对交通事故的调查报告、伤者医疗记录和其他文件中的内容，检查描述上有何矛盾或可疑之处。总之，IPCC 利用大数据分析方法大幅度提高了理赔的审理速度和准确度。

4. 金融欺诈监测

金融欺诈监测对银行的业务至关重要，直接关系到银行策略的制定。例如，通过对客户的教育水平、收入情况、居住地区负债率等进行大数据分析，可以评估用户的风险等级，将贷款发放给风险等级较低的客户。目前这方面的应用主要集中在以下三个方面：

（1）金融欺诈行为监测和预防

账户欺诈会对金融秩序造成重大影响。在许多情况下，可以通过账户的行为模式监测到欺诈，在某些情况下，这种行为甚至跨越多个金融系统。例如，“空头支票”需要钱在两个独立账户之间来回快速转账。特定形式的经济欺诈牵涉两个人合谋经纪人以不断抬高的价格售出证券，直到不知情的第三方受骗购买证券，使欺诈的经纪人能够快速退出。金融网站链接分析也能帮助监测电子银行的欺诈。

（2）金融风险分析

为评价金融风险很多数据源可以调用，如来自客户经理服务、手机银行、电话银行等方面的数据，也包括来自监管和信用评价部门的数据，在一定的风险分析模型下，帮助金融机构预测金融风险。如一笔预期贷款的风险数据分析，数据源范围就包括偿付历史、信用报告、就业数据和财务资产披露内容等。

（3）风险预测

征信机构益百利根据个人信用卡交易记录数据，预测个人的收入情况和支付能力。中英人寿保险公司根据个人信用报告和消费行为分析，来找到可能患有高血压、糖尿病和抑郁症的人，发现客户健康隐患。

### 5.3.2　云计算在金融中的应用——金融云

金融云通过提供科技支撑，使中小微金融机构更加专注于金融业务的创新发展，实现集约化、规模化和专业化发展，促进金融业务与信息科技的合作共赢。同时虚拟化、可扩展性、可靠性和经济性使金融云提供更强的计算能力和服务能力，为金融创新提供技术和信息支持，降低中小微金融机构的金融服务门槛，推动普惠金融发展[10]。

云计算虚拟化技术带来了物理资源的重复使用和能耗节约等优势，推动了这一技术的快速应用。同时随着国家安全战略在金融行业的实施，传统金融机构不断探索分布式架构和开源技术应用，减少或摆脱了对国外控制的技术和产品依赖。新兴互联网企业为应对具备突发性、高并发性等特点的互联网业务，率先向分布式架构转型，探索应用分布式云架构和开源技术，实现快速扩展、高冗余、自主可控。如阿里、腾讯等根据自身业务发展经验，开始构建金融公有云，尝试为中小微金融机构提供金融云服务。

可以根据云计算和金融行业的特点，建立金融云标准体系，内容包括基础、技术产品等通信标准，以及能体现金融业务特点的服务、安全、应用等标准。具体来说，金融云标准体系包括通用类、安全类、服务类以及应用类共四大类。其中，通用类标准包括基础设施、软件硬件、网络架构等技术产品方面的标准，这些标准专业性强，主要依赖信息产业及主管部门已有或正在研制的相关标准，金融行业作为应用部门直接应用已有的通用标准。而服务类、安全类、应用类标准，将直接体现金融业特点和个性化需求，需要组织力量进行研究。

金融云服务标准是在参考已有的涉及云服务设计、部署、交付、运营和采购，以及云平台间的数据迁移等通用的相关标准的基础上，重点聚焦金融云服务准入、资质，服务能力、质量评估，交易异常的责任分担、赔付等内容，保证金融行业重点关注的业务连续性、可靠性等。其中，满足了金融云服务的准入、资质要求可增强金融云服务的可信性；服务能力要求和质量评估可增强金融云服务的可靠性；交易异常的责任分担解决业务正常开展面临的保障问题。金融云服务标准体系是标准体系的重要内容，需要重点投入精力研制。

在金融云安全标准制定中，对安全技术和产品标准、安全基础标准等通用标准直接应用已有标准，而体现金融业特色的云安全标准主要围绕数据安全和隐私保护、可信服务研制金融与安全标准。如敏感数据的定义，私人信息的安全保护和披露、传输、存储加密，云密码服务，数据损毁、丢弃的处置，数据一致性保护和校验等。金融云安全标准是顺利开展金融云服务的基础，科学、合理和实用的金融云标准体系建设是大规模开展金融云服务的前提。

### 5.3.3　区块链在金融中的应用

1. 金融服务领域

金融服务是区块链技术的最早应用领域。在早期的支付领域，跨境金融机构间的对账、清算、结算的成本较高，很多情况下需要人工直接干预，这使得用户端和金融机构后台业务端产生高昂的费用，小额支付业务几乎没有生存的空间。区块链技术的应用可以解决上述的问题，其可追溯性和难以复制性以及安全性，降低金融机构间的对账成本，几乎不存在争端，因此显著提高了支付业务的处理效率[11]。此外，区块链技术的应用带来了成本和效率优势，这是以往传统金融技术无法比拟的，使小额跨境支付等类似的领域成为常规的支付方式，在一定程度上有助于实现普惠金融，进一步推进了金融的应用空间。例如，2016 年 8 月，微众银行联合上海华瑞银行推出微粒贷机构间对账平台，这也是国内首个在生产环境中运行的银行业联盟链应用场景，该平台解决了金融机构之间的对账成本问题。随后，洛阳银行、长沙银行也相继接入机构间对账平台，通过区块链技术，优化微粒贷业务中的机构间对账流程，实现了准实时对账、提高运营效率、降低运营成本等目标。

2. 公益资金运用领域

由于其可追溯性，区块链技术在公益资金运用领域也大有可为[12]。例如，国内最大的金融科技公司——蚂蚁金服涉及区块链的首个应用场景就是公益，帮助一群听障儿童获得一笔善款，区块链技术可以让每一笔善款都可以追踪到其用处，促进公益更加开放透明。

3. 金融监管领域

在金融监管领域，区块链技术也可以有着广泛的应用。2017 年金融区块链合作联盟（深圳）发布的《金融区块链底层平台 FISCOBCO 白皮书》认为，区块链为金融监管机构提供了一致且易于审计的数据，通过对机构间区块链的数据分析，能够比传统审计流程更快更精确地监管金融业务，可以认为几乎每一笔金融业务都处在监管的视线中。例如在反洗钱场景中，每个账号的余额和交易记录都是可追踪的，每笔交易的任何一个环节都不会脱离监管视线，这将极大提高反洗钱的力度。

4. 数字货币领域

在数字货币领域，区块链大有作为，早期的区块链 1.0 主要针对数字货币，现在也发展得如火如荼；区块链 2.0 针对智能合约，目前已在金融市场开始应用；区块链 3.0 适用的场景将会更多，不仅仅在金融领域。尽管区块链确实能解决很多领域存在的问题，但区块链也有很多适用条件。比如，区块链技术去中心化的特点适合多方参与的场景，如果只是单边或双边参与价值就不大。由于需要每个节点都去核对，对数据的存储要求比较高，区块链技术也不适用那些高频交易的活动。

区块链比特币大数据高科技
互联网金融虚拟币

比特币虚拟交易

### 5.3.4　人工智能在金融领域的应用

1. 智能投顾

智能投顾（Robo-Advisor），又称机器人投顾，是指运用大数据、云计算和人工智能等技术将现代资产组合理论等其他金融投资理论应用到投资模型中，并根据客户的风险偏好、财务状况和投资规划，为客户生成自动化、个性化和智能化的理财方案。简单来说，是借助人工智能的技术，通过投顾机器人帮助投资者实现自动投资顾问的一种新型投资理财和资产管理模式。

实际上，智能投顾就是投顾机器人逐渐替代金融投顾专家，担任人们的理财顾问。在过去，金融投资顾问的工作相当于金融产品和用户之间的纽带和桥梁，其会有效结合用户的消费特征和金融产品的特征，为用户提供最合适的金融理财产品，制订最优的理财配置方案。而如今，智能投顾则是借助人工智能等技术来连接金融产品和用户。可以看到，智能投顾是对专业理财顾问的模拟，在灵活性上可能比金融投顾专家要差，但也有其独特的优势，主要表现在：第一，专业高效。与金融投顾专家相比，智能投顾更高效。在用户端，智能投顾通过网络的留存大数据为用户进行画像，即通过计算机采集用户的基本信息、风险偏好和投资目标等，然后进行综合评估，从而快速得到用户的投资人画像。在资产端，平台可自动处理金融产品及市场的相关数据，亦可迅速得到分析结果，生成投资组合建议。第二，降低门槛。传统机构投资顾问主要针对高净值客户，以一对一的顾问模式展开，目标客户覆盖范围有限，服务成本较高。而智能投顾拥有着互联网的优势，从而有效节省了人力成本，大大降低了服务门槛，可有效覆盖中产及以下的普通投资者。第三，避免人为因素干扰。传统投顾模式下，投资顾问人为做决策。如何避免人性上贪婪和恐惧的弱点是投顾过程中的重要挑战，尤其在遇到市场剧烈波动时，更难以控制情绪的干扰，而智能投顾则可全程由机器参与，由机器根据预先设定的止盈或者止损点位及时提醒投资者进行操作，可在一定程度上避免人为因素的干扰。

2. 智能客服

智能客服，是指一种能够使用自然语言与用户进行交流来解决用户关于产品或服务问题的人工智能信息系统。该系统通过自然语言理解、机器学习技术在内的多项智能人机交互技术，能够识别并理解用户以文字或语音形式提出的问题，通过语义分析理解用户意图，并以人性化的方式与用户沟通，向用户提供信息咨询等相关服务。

金融服务业的本质决定了大量的客户运营需求。客服是企业与用户直接沟通的出口，对企业吸引客户至关重要，不仅需要良好的专业解决问题的能力，还要有很好的营销能力和良好的沟通交流等多种素质。随着行业的同质化程度越来越高，客服在各个行业中起到的作用越来越大，尤其是金融行业，客户的服务必不可少，好的客服可以提升客户满意度，展示企业形象。但是客服行业人员素质却参差不齐，拥有高素质的客服非常短缺而且人力成本较高，而智能客服无疑是兼顾成本、效率与服务质量的一个折中选择，可以很好地解决金融机构在客服方面的难点，大大节省成本、提高客户服务效率及满意度。人工智能可以用于自然语言的理解和智能以及对知识库的储存和识别，基于此的智能客服机器人可以理解客户平常谈话的内容，能够与其交流，并在储存和识别智能知识库的基础上对客户的问题进行答案搜索，将搜索的结果通过自然语言的方式进行回复。智能客服的知识库内容储存丰富，较人工客服知识服务能力更强，而且不存在遗忘和情绪等问题，所以会给客户带来更加高效、准确、专业的客服体验。此外，更重要的是，智能客服相对于人工客服的高效性特点，为服务流程优化提供了更多的可操作空间，从而改变原有的营销和服务模式，使之更加精准化、智能化和人性化。

3. 智能投研

智能投研，是指利用大数据和人工智能技术，将数据、信息和决策进行智能整合，并实现数据之间的智能化关联，从而自动化地完成信息的收集、清洗、分析和决策的投研过程，提高投研者工作效率和投资能力。对于金融机构来说，由于人工智能技术的引入，将使得传统投研的各个环节发生一定的优化和革新，解放大量基础的投研信息搜集类工作，而前期信息搜集的耗时性和不全面，也是传统投研中较为主要的缺陷。此外，通过结构化、模型化的处理方式，智能投研也提升了金融市场海量原始数据的效用和价值。

与人工投研相比，智能投研虽然在分析判断的灵活性上还有一定的局限性，目前无法完全取代人工，但在辅助人工、提升效率效果上具有高效、智能和客观等明显的优势。具体来说，第一，高效。相对于传统的人工投研，分析师花费大量的时间去搜集、分析、计算、呈现结果，智能投研利用程序化的方式让机器来读取大量的资料，自动完成分析和计算，并且把结果按模板生成研报。整个过程节省了大量繁杂的人力劳动，提升了投研的效率。此外，机器相对于人具有更强的逻辑能力，在处理复杂问题时，往往比人更高效。第二，智能。智能投研系统通过建立数据模型将企业财务、市场等静态数据关联到分析逻辑之中，实现多维度综合评估；同时，能够实现跨公司、跨行业的动态数据关联。基于海量结构化和非结构化的数据，通过知识图谱和深度学习算法，智能投研可以发现事件与事件之间关联的关系，实现从数据到信息再到决策的进一步转化。此外，深度学习算法的应用又赋予了系统自我学习、自我优化的能力，通过市场表现对投研决策的反复验证，不断培育机器的投研经验。第三，客观。智能投研从数据采集到数据处理、分析、生成投资决策，整个过程均由机器自动完成，属于市场数据的客观呈现，可以有效避免人的主观情绪对投资决策的影响。

4. 智能风控

智能风控，是指运用大数据、云计算和人工智能等技术，构建智能风险管理体系，以数据驱动的方式完善信贷风控、反欺诈、反洗钱、交易监控、保险理赔等环节，从而提高金融机构的业务效率和安全性。从金融本质上看，智能风控利用技术工具或手段对风控流程的优化。在智能风控概念中，“智能”是技术手段，“风控”是最终目的，采用新算法、新模型、新规则和新工具，将风险控制在目标区间范围内。

风险作为金融行业的固有特性，与金融业务相伴而生，风险防控是传统金融机构面临的核心问题。传统金融机构和互联网消费金融公司的风控环节中，普遍存在信息不对称、成本高、时效性差、效率低等问题，传统的风控手段已经难以满足个人消费旺盛引发的信贷增长和长久以来被传统金融机构忽视的长尾用户的贷款需求。

智能风控与传统风险控制的最大不同在于风控理念和风控手段的差异。在理念方面，传统的风控理念“因循守旧”，而智能风控理念是秉持“以客户为核心”，利用大数据和算法，通过智能分析和智能决策缩短风控流程时间，提升风控效率，改变客户对风控的以往印象，提升客户的使用体验。在风控手段方面，大数据的运用是智能风控强调的重点。数据是关键，其不仅是智能风控的基础，也是金融科技的基础。海量数据是实施风控精准度的基础支撑，如果数据量过少、范围较窄，容易造成风险评估出现偏差，难以实现智能风控达成预期效果。大数据技术的应用，可以突破传统金融信贷中信息不足的关键瓶颈，通过加大数据采集深度和广度来采集和挖掘包括个人基本信息、社会关系、行为习惯、设备安全等方方面面，从而多角度、多层次地提供可供特征化的基础数据。

在上述基础上通过整合多元繁杂的数据，进而对数据进行分类和排序等程序完成数据清洗，从而获得结构化、有效的数据信息，然后运用数据挖掘算法模型挖掘和分析有效信息，多视角分析风险因子，可初步完成识别对用户风险的判断。这里以信贷业务为例，传统信贷流程中存在欺诈和信用风险、申请流程烦琐、审批时间长等问题，通过运用人工智能相关技术，可以从多维的海量数据中深度挖掘关键信息，找出借款人与其他实体之间的关联，从贷前、贷中、贷后各个环节提升风险识别的精准程度，使用智能催收技术可以替代 40%～50%的人力，为金融机构节省人工成本。同时利用人工智能技术可以使得小额贷款的审批时效从过去的几天缩短至 3～5 分钟，进一步提升客户体验。

### 5.3.5　移动支付在金融领域的应用

1. 人脸支付

在过去几年移动支付快速发展，支付方式多种多样，如 NFC 支付、二维码支付和指纹支付等[13]。随着人脸识别技术的成熟和人们越来越重视便捷安全的支付，人脸支付出现在大众视野中。人脸支付，即基于人脸识别技术的新型支付方式，将用户面部信息与支付系统相关联，通过拍照把获取的图像信息与数据库中事先采集的存储信息进行比对来完成认证。

人脸支付最早出现在国外。2013 年 7 月，芬兰公司 Uniqul 推出全球首个基于面部识别技术的人脸支付系统。在该系统中，消费者通过注册，同时录入自己的面部信息，将该信息与支付系统相关联，然后通过该系统进行消费结账。在消费结账时，消费者将自己的面部对准收银台 POS 机屏幕上的摄像头，由系统自动拍照，然后扫描消费者面部，再把图像信息与数据库中的存储信息进行对比，等到身份信息显示出来准确无误后，消费者点击显示屏上确认即完成支付，极其快捷方便。国内人脸识别出现相对晚一些，马云在 2015 年向德国总理默克尔展示人脸支付时，消费者开始意识和使用人脸支付。目前，我国人脸支付技术尚未大规模落地应用，但在刷脸登录和刷脸取款方面已经开始应用该技术。目前人脸支付的流程可分为四个步骤：刷脸确认、账户确认、输入密码和完成支付，其中密码的输入可以像支付宝目前的应用一样，消费者可以选择一定的额度内刷脸免密支付。

2. 聚合支付

支付宝和微信二维码支付大获成功，并开始迅速席卷各线下商铺，各大机构都开始瞄准该领域，开启了自己的移动支付系统，从传统的银行、银联到各大商家如京东、百度、苏宁等，都纷纷推出了自己的第三方移动支付系统和终端。推广时采用各种优惠措施来吸引用户，使得商户的收银台被一个个二维码所占领。然而太多的支付方式让大量商户和消费者无所适从。在第三方支付快速发展的大背景下，移动端支付表现出“碎片化”的趋势，集中多种支付方式满足客户需求，“聚合”所有的支付方式成为大势所趋。这就是聚合支付的背景和来源，又称第四方支付平台，它通过聚合各种第三方支付平台包括银联体系第三方支付公司、微信、支付宝以及其他的支付方式，通过统一的软硬件平台来承载，给商家或者个人来提供支付服务。简单来说，聚合支付就是把多个支付通道聚合在一起。例如现在流行的掌柜埋单，该终端就聚合了微信支付、支付宝支付、QQ钱包支付、百度钱包支付、翼支付、银联支付六大主流支付方式。聚合支付终端不进行资金清算，因此没有支付牌照的要求，只是完成支付环节的信息流转和商户操作的中间承载平台，主要集合包括银联、支付宝、微信等主流支付方式的基础上，降低商户接入成本，提高了运营效率，具有中立性、灵活性、便捷性等特点。聚合支付的出现可以说是各种支付终端的集合点，也是商家众望所归，解决了消费者和商户的痛点。消费者无需为种类繁多的二维码而应接不暇，商家可以通过聚合支付为消费者提供更好的支付体验。

最新智慧银行
移动金融购物

### 5.3.6 P2P与众筹

1. P2P

与传统银行相比，P2P是信息中介，而银行是金融中介。利用负债杠杆进行经营是银行的基本盈利模式，而P2P平台是不需要负债的，它仅仅通过提供借款人的信息来撮合投资者和借款人从而促进交易达成。在我国，P2P平台业务具有很明显的普惠金融的特征[14]。在我国利率未完全市场化的背景下，信贷配给的规律导致了金融排斥，大多数小微企业和个人很难获得银行的信贷。而P2P平台则相对容易得多。P2P平台的利率定价是一个接近市场化的定价，借款人在平台发布信息，平台审核信息真实性，然后发布借款人信息，投资者只要愿意投资，借款人即可获得借款，借款的门槛较低。

2. 众筹

众筹模式的融资主要是在筹资者、众筹平台运营方和大众投资者三者之间发生关系。首先筹资者也是资金的使用者对资金的用途需要有明确说明，并准备好相关材料提交给众筹平台，详细说明自己的产品、创意或需求等情况，设定筹资模式、筹资期限、目标筹资额和预期回报形式[15]。在此之后，众筹平台会审核筹资者提交的相关材料，不同的项目审核的标准不尽相同。出于对风险的考虑，平台在审核过程中都会要求筹资者提交相关技能的证明证书、筹资者本身的履历经验证明、一份完整的商业计划书以及筹资者目前的财务状况等材料。如果平台最终未通过审核项目，那么筹资失败，而筹资者的众筹融资活动也将停止；如果通过了平台的审核，平台会将项目的完整信息上传到线上供投资者选择。为了增强项目的吸引力和融资成功的可能性，筹资者做好项目的宣传文案，平台也会上传该文案来吸引投资者。投资者看到平台提供的项目后，会对项目进行考察，选择是否投资该项目。最后，如果项目在截止期限之内能成功筹集到预先设定的目标资金，那么该次融资过程成功，之后平台在收取了相关的服务费之后将资金转给筹资者，筹资者用筹到的资金继续进行预先设定相关项目，在该项目结束后按照约定的回报形式将回报支付给投资者，至此一次完整的众筹过程结束。但是如果在预定的筹资期限截止之前项目未成功筹到预期设定的筹资目标，那么此次融资过程同样宣告失败，相关款项退还给投资者。

## 5.4　金融科技的未来发展趋势

1. 技术逐渐成熟，涌现大规模应用

经过最近几年的快速发展，以互联网金融为代表的金融科技 1.0 展现着令人向往的发展前景，以大数据、云计算、人工智能新兴技术为代表的金融科技 2.0 正进一步深入金融行业。不过目前金融科技 2.0 相对来说还处于早期阶段，从应用的角度来看，它们与金融的结合还处于快速发展与试错阶段，但其快速发展的态势已无法阻挡。

2. 金融科技公司的大量崛起

尽管目前金融科技还处于起步阶段，但其快速的发展已让其成为人们竞相追逐的目标，越来越多的人才和资源投入到金融科技产业，越来越多的公司将自己定位为金融科技公司。这些涌现的新兴金融科技公司将推出更成熟的金融科技产品，同时将进一步推动传统金融的变革。

3. 轻资产化

轻资产化是目前不少金融科技公司近两年正在做的事情，重视技术与金融的结合，通过技术对金融功能重新塑造以及技术对金融效率的提高和风险的降低。与此同时，相关的金融科技公司都在加速降低金融资产所占比重，重新定位公司的功能，将公司定位为信息中介或科技赋能，减少直接从事金融业务，降低金融和监管风险，如蚂蚁金服、百度、京东等纷纷表态专注做好科技，服务金融机构。

4. 金融公司与科技结合更加紧密

“余额宝”的诞生对金融科技类型公司来说具有非常重要的意义，传统金融机构开始越来越意识到科技对于金融的变革作用，采取与科技公司合作的模式，金融机构能大幅度提高获取客户的能力和加大使用平台客户的转化率，给传统的业务模式上带来颠覆性变革。从行业角度来看，金融机构与科技公司合作，除了通过科技为金融发挥金融机构风险控制方面专业优势外，还能更多在精细度方面获得提升。主要体现在以下几个方面。

大数据风控已成为趋势。银行的数据众多，但数据的结构非常单一，并且这些数据相互隔离，因而无法形成对用户的完整画像。来自京东金融数据显示[7]，截至 2017 年年末，京东已经构建了 60 万多个风控变量，500 多个风控模型，5 000多个风险策略，实现对 3 亿多用户进行信用风险评估。金融公司与科技企业的合作，可以获取客户更全面和更精确的画像，将消费数据与金融数据相结合，从而实现数据价值最大化。

智能投顾快速发展。利用量化投资模型，在客户给定的投资目标、收入、风险规避程度等情况下，为客户打造专业、理性和适合个体的投资组合。

区块链技术在支付清算、资产交易、供应链金融等领域给传统业务模式带来颠覆性影响。目前全球多个国家都运用了 Ripple 支付系统，而该系统正是基于区块链基础之上，同时该技术还实现跨境支付，已成为主流的模式之一，可以在美元、欧元、人民币、比特币等主要货币或加密货币之间转账，京东与工信部、农业农村部、国家质检总局等部门在运用区块链基础上搭建的防伪平台——京东区块链防伪追溯平台，安妮股份开发利用区块链对版权进行保护——数字版权区块链系统，还有利用区块链进行仲裁的技术——微众银行联合广州仲裁委等共同研发了基于区块链的仲裁链等等。从上述应用中可以看到目前区块链已经是一种成熟的技术且能和商业模式完美契合，在金融、物联网、知识产权、食品安全等行业都可以形成较为完整的产业链。

机器学习、自然语言处理、知识图谱等人工智能技术在金融量化交易中有很多应用，生物特征识别在金融领域也有着广泛的应用。

5. 金融监管趋严

金融科技本质上还是金融行业，对其监管是必不可少的。非银行金融机构包括影子银行、资产管理业和金融控股公司等监管政策正在细化和加强，这些监管压缩了金融科技依托生存的环境。同时，金融的监管与科技之间也存在内生性，监管与科技的结合形成的监管科技（RegTech）将会更加广泛地运用到金融科技监管领域，开始改变以往的被动应对风险的方式转为主动预防风险。

**【案例 5－1】**

## 《大鱼海棠》众筹

在《大鱼海棠》之前，中国众筹网站的存在感并不强烈。《大鱼海棠》的众筹活动对于国产动画业界而言是一个划时代的事件。在今天看来，《大鱼海棠》的众筹金额其实并不特别巨大。截至 2013 年 8 月 1 日，该片共筹得 158.25 万元人民币。但是在当时这一金额已经创造了国内动漫产业在众筹平台上的筹资纪录。

《大鱼海棠》的众筹模式分为前期的启动资金众筹及后续的周边衍生品众筹。《大鱼海棠》的创作在 2010 年时因后续资金未到位而暂停，后于 2013 年 6 月至 8 月通过众筹网站“点名时间”发布产品介绍，面向社会有梯度地募集资金（从 10 元到 50 万元），求助金额高达 120 万元。出人意料的是，这一举措获得了丰厚的支持和回报，引发巨大反响：《大鱼海棠》45 天里获得支持人数超过3 500人，总募集金额达 158 万元，顺利完成既定的众筹目标。2013 年的这次众筹引起了光线传媒总裁王长田的注意，并在同年 11 月正式投资电影及彼岸天团队，使得影片制作重新走上了正轨。2016 年 7 月 8 日，《大鱼海棠》正式全国上映，该片首日票房达7 460万元，打破了中国国产动画首日票房纪录，最后总票房合计 5.65 亿元。在动画上映的同时，淘宝众筹开设了《大鱼海棠》专题，推出超过 20 种官方授权衍生品。该众筹项目由光线、彼岸天、阿里鱼共同合作上线，内容涵盖符合鞋包、玩具手办、家居用品、乐器、3C 数码、食品等类目。从整体上看，在开启衍生品众筹的两周时间里，《大鱼海棠》完成了 300 多万元的周边销售，吸引了超过22 000人次参与众筹。周边产品众筹是目前较为成功的一种众筹方式。最近上映的国产动画电影《罗小黑战记》，与国内近年来积累了一定人气的《非人哉》系列也发起过周边众筹。截止到2019年10月4日，《罗小黑战记》已经募集到了339万多元，达成当初筹款目标的6 781.14%。

国产动画电影《大圣归来》以截至上映一个月后7亿多的票房，超越2011年美国动画电影《功夫熊猫2》6.17亿中国市场票房纪录，成为当时中国市场最卖座的动画电影。与之同样吸引眼球的是标注在电影片尾的89位众筹出品人，他们以少则一两万元，多则数十万元出资，合计投入780万元，兑付时预计可获得本息约3 000万元，相当于人均净赚25万元。而他们的贡献远不止780万，影片上映之初他们就贡献了200多场包场，部分投资人还在北京、上海等地为该片提供了长时间的免费户外广告。从导演的采访显示，他们的这次众筹行为并不仅仅是为了筹集资金，其实他们可以从银行以及基金融资解决资金问题。但是他们仍旧选择了众筹的方式，因为他们还想借此解决宣发的问题。动画电影《大圣归来》没有明星，导演又非常年轻，在这种情况下，普通的宣传方式效果可能不会很理想。他们选择众筹以吸引粉丝，通过核心的种子用户，再去刺激种子用户核心朋友圈，涉及很多社交软件的一级朋友圈和二级朋友圈，形成“自来水”的局面。

## 思考题

1. 中小微企业如何通过金融科技解决融资难的问题？
2. 金融科技对现有的资本市场带来了哪些冲击？
3. 金融科技对欧美等发达国家与中国影响的异同点有哪些？

## 参考文献

[1] 黄武扬．金融机具的“尴尬”与机遇［J］．中国金融电脑，2004（11）：84－87.

[2] 陈卫伟，宋良荣，刘雨欣．我国金融科技发展现状及推动因素分析［J］．生产力研究，2018（1）：33－38.

[3] 刘倩．金融科技数据风险监管的国际经验及借鉴［J］．新金融，2019（10）：53－58.

[4] 罗皓翰．海外资产配置正火信托公司争抢QDⅡ［J］．中国信用卡，2016（12）：60－63.

[5] 曹汉平．新时代，金融科技的新特征与新选择［J］．中国信用卡，2018（2）：20－23.

[6] 赵鹞．Fintech的特征、兴起、功能及风险研究［J］．金融监管研究，2016（9）：57－70.

[7] 李颖．金融科技内涵、趋势与路径［J］．海南金融，2018（11）：23－28.

[8] 徐宗本，冯芷艳，郭迅华，等．大数据驱动的管理与决策前沿课题［J］．管理世界，2014（11）：158－163.

[9] 李一行，霍学文．发展互联网金融，提升金融核心竞争力［J］．上海经济，2013（9）：46－47.

[10] 赵义斌，沈一飞．金融云发展面临的问题及应对策略研究［J］．金融电子化，2015（11）：75－76.

[11] 史真真. 区块链技术及其在我国金融领域应用的策略研究 [J]. 现代商业，2019 (9)：94-97.

[12] 陈秀惠. 区块链的未来会成为又一个“互联网+”吗? [J]. 计算机与网络，2018，44 (17)：36-37.

[13] 陈步华，陈戈，庄一嵘，等. 人工智能在运营商中的主要应用场景探讨 [J]. 广东通信技术，2018，38 (3)：2-4.

[14] 黄健青. 我国 P2P 网络借贷平台声誉机制研究 [D]. 北京：对外经济贸易大学，2017.

[15] 李荷雨. 电影产业的众筹模式研究——以《大鱼海棠》为例 [J]. 科技创业月刊，2017，30 (4)：39-43.

# 第 6 章　新经济下的数字贸易

数字贸易是新经济发展中贸易领域的重中之重。就数字贸易产生的理论基础而言，数字贸易的产生得益于数字经济的发展与数字要素的开发。就数字贸易产生的技术基础而言，一方面，数字技术通过降低运输和存贮成本从而降低贸易成本；另一方面，数字贸易的诞生也拓展了我们的贸易标的、贸易对象和贸易方式，并推动了国际贸易分工。就数字贸易产生的现实基础而言，“互联网＋”模式的广泛运用与市场制度的不断完善为数字贸易提供了肥沃的土壤。就数字贸易的定义而言，虽然各国对其内涵的界定略有差别，但是都认同其有广义、狭义之分。所谓狭义的数字贸易是指，通过运用现代信息技术，以提供数字化的传统贸易产品或者诸如图书音像等数字产品为目的，实现交易标的数字化、交易过程数字化的新型贸易模式。就数字贸易的特点而言，交易过程的虚拟化与交易参与者的体系化是其区别传统贸易的显著特点。就数字贸易的影响而言，除拓展了贸易模式之外，其还具有提高居民福利与促进就业等经济影响。

## 6.1　数字贸易的兴起

### 6.1.1　数字贸易产生的理论基础

1. 数字经济的产生

数字经济是信息革命的产物，并逐步成为全球经济的重要内容。全球数字经济的市场份额主要由视频游戏、视频点播、电子出版和电子音乐几大块占据，如图 6－1 所示。就我国而言，数字经济规模已达到 31.3 万亿元，占 GDP 总量的 34.8%，数字经济领域提供就业岗位为 1.91 亿个。在第二届数字中国建设峰会上发布的《数字中国建设发展报告（2018 年）》透露出我国数字经济发展的强劲势头，2018 年上半年，我国数字经济中的电子商务、网络视频等信息消费领域不断释放发展活力，工业互联网、远程医疗等产业的融合拓宽了数字经济发展新空间，5G 等新一代信息技术为数字经济发展增添了新动力①。可见，中国将推进“数字中国”建设，发展分享经济，支持基于互联网的各类创新，通过发展跨境电子商务、建设信息经济示范区等，促进世界范围内投资和贸易发展，推动全球数字经济发展②。

1G 到 5G 发展史

① 福州新闻网，《数字中国建设发展报告（2018 年）》：www.szzg.gov.cn/2019/szzg/gzdt/201905/t20190508_4871748.htm

② 新华网，《习近平在第二届世界互联网大会开幕式上的讲话（全文）》：www.xinhuanet.com//politics/2015-12/16/c_1117481089.htm

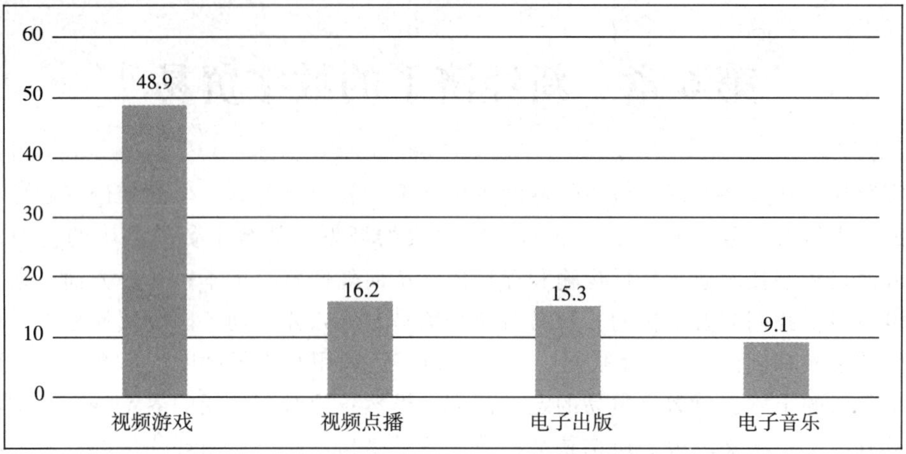


图 6-1　全球数字内容的市场份额

数据来源："数字媒体"，2016 年，409. https://www.statista.com/statistics/226530/mobile-payment-transaction-volume-forecast/；IFPI，全球音乐报告，2016 年，8-13，http://www.ifpi.no/flere-nyheter/item/110-ifpi-global-music-report-2016

**【案例 6-1】**

## 新一轮信息革命对生产方式的影响

新一轮信息革命对生产方式的深刻影响，表现为信息化带来的产业技术路线革命性变化和商业模式突破性创新，进而形成信息技术驱动下的产业范式变迁、企业组织形态重构以及就业和消费方式变化。当前，新一轮信息革命的图景尚未完全展开，对人类生产方式的影响尚不能精准预知。但是，至少以下两个方面的影响将是巨大而深刻的。

生产方式智能化。互联网作为创新最活跃、赋能最显著的产业，正加速向各产业尤其是制造业产业链、供应链、价值链渗透，推动制造业发生深刻变革。网络化协同、个性化定制、服务化延伸、智能化生产正在成为“新制造”的共同特点。生产领域的技术变革和商业模式创新还推动人类生活方式和社会领域的数字化智能化转型，智慧交通、智慧医疗、数字化学习、智能家居等正在孕育兴起。

产业形态数字化。随着信息化深入发展，我们正在经历从管理数字化、业务数字化向产业数字化转变的阶段。数字化不仅促进形成新的产业形态，而且推动传统产业向更高级产业形态转型升级。可以预见，未来大部分产业将成为数字化产业或与数字化技术深度融合，数据将成为企业的战略性资产和价值创造的重要来源。

第一，信息消费解放了数字经济的生产力。电商巨头加速下沉，三四线城市及农村成为信息消费新蓝海，以拼多多为代表的聚焦下沉市场的电商平台在短期内逆袭增长。农村电商潜力不断释放，2019 年第一季度，我国农村网络零售额达 3 576 亿元，同比增长 19.7%，高于全国增速。《2019 中国网络视听发展报告》显示，网络视频已成为第二大互联网应用，其中，短视频成为网络视频消费新形态，2019 年第一季度，我国短视频月活跃用户规模突破 8 亿户。而随着信息消费水平的不断升级，网络视频付费用户比例不断上升，会员付费成为视频行业主流的盈利模式，付费用户在总体网络视频用户中的占比过半。网络外卖平台生态加速拓展，外卖服务从餐饮向专送等领域拓展，激发用户潜在的消费需求。在线教育形态日益丰富，截至 2019 年 3 月底，我国在线教育活跃用户已经突破 35 000万户①。此外，可穿戴设备消费需求加速释放，在 2019 年第一季度全球可穿戴设备出货量排名中，小米和华为列第二与第三位，市场占比高于去年同期[1]。

第二，产业融合拓宽数字经济发展新空间。信息技术与传统行业的碰撞融合，推动着各行业数字化转型的步伐。截至 2019 年 3 月底，我国工业互联网 App 的数量已经超过 7 万个，重点工业互联网平台平均设备连接数达到 59 万。随着工业互联网应用的不断深入，工业企业转型升级的效果显著。2019 年 5 月，《数字乡村发展战略纲要》印发，提出推动农业数字化转型②。当前，大数据、人工智能等信息技术逐渐在农业种植和农产品加工等领域得到应用，无人驾驶插秧机、无人驾驶授粉机、无人驾驶喷雾机等出现在农田里。"数字农场""农业大脑"等应用也在促进农业生产转型升级中大显身手。服务业数字化不断深入。2019 年上半年，基于 5G 技术的远程医疗在各地先后开展，加速推进医疗数字化的进程；无人机、无人车、机器人等新技术大大提升了物流配送的效率，开启了智慧物流新市场。2019 年 7 月，国务院常务会议提出加快支持平台经济健康发展的措施，提出发展"互联网＋服务业"，可以预见，服务业数字化转型的步伐将继续加速，为数字经济发展提供更广阔的空间。2017 年 12 月 8 日，习近平总书记在中共中央政治局第二次集体学习时强调，大数据发展日新月异，我们应该审时度势、精心谋划、超前布局、力争主动，深入了解大数据发展现状和趋势及其对经济社会发展的影响，分析我国大数据发展取得的成绩和存在的问题，推动实施国家大数据战略，加快完善数字基础设施，推进数据资源整合和开放共享，保障数据安全，加快建设数字中国，更好地服务我国经济社会发展和人民生活改善[1]。

第三，要素组合推动数字经济发展新模式。与农业经济、工业经济一样，数字经济也需要生产要素的投入。但是与以往不同的是，这些要素都是以数字化的形式呈现。首先，数据成为经济增长的新要素。数据是"未来的新石油"，甚至被认为已经超过石油的价值，成为数字经济中的"通货"。数据如同资本与劳动力一样，已成为数字时代的生产要素。数据正在驱动社会经济与科技研发等领域的创新发展。其次，以数字化为蓝本的基础设施建设成为社会发展的新基础。工业时代的"铁公机"（铁路、公路和机场）正在逐渐被云计算替代，而后者将以信息基础设施的形式构成社会发展的必要基础设施。值得一提的是，数字基础设施既包括了以传递信息为蓝本的基础设施建设，也包括了对传统基础设施（例如公路、公园）的数字化改造。最后，对数字技能的掌握成为消费者的新要求。传统经济时代，对消费者的技能并没有过多的要求，但是在数字化时代，数字素养成为劳动者必备的技能。数字技能人才的短缺成为企业难以发展的瓶颈，具有高数字素质的人才成为企业追捧的对象。数字素养被看做是劳动者从事生产的基本能力，所以，提高数字素养有利于社会进行数字化的生产[2]。

① 人民日报，《短视频何以"快生长"》：https：//baijiahao. baidu. com/s? id＝1634808691533644824&wfr＝spider&for＝pc

② 新华社，2019《数字乡村发展战略纲要》全文：https：//www. tuliu. com/read－101404. html

2. 跨境电商的发展

跨境电子商务是指通过网络技术实现商品跨境交易的商业活动。跨境电子商务所独有的数字支付和交易服务拓展了传统电子商务的应用范围。不可否认的是网络是跨境电子商务的基石，而欧美国家依然是跨境消费目的地热门地区。

第一，全球跨境电子商务发展迅速。排行第二的跨境在线消费热门目的地是德国，全球约10%的海淘者购买过德国的商品。美国市场是英国电子商务业务的最大市场。在2017年，来自美国的海淘者从英国购买了价值约125亿英镑的商品，与上一年同期相比有所增长。全球投资数据反映了近期电子商务的大幅增长。在2010—2015年，对电子商务平台（B2B和B2C）的投资集中在中国（100亿美元）、美国（98亿美元）和印度（56亿美元），三者合计占全球362亿美元投资总额的三分之二。在其他大型市场中，德国（28亿美元）和英国（UK）（12亿美元）也获得了大量的电子商务投资。全球电子商务平台投资包括已建立平台的后期支出，例如印度尼西亚的Tokopedia以及印度的Flipkart、Quickr和Snapdeal。同时，美国许多创新数字公司得到了电子商务初创企业中最早期的资金（种子/天使投资）[3]。

第二，B2B和B2C是跨境电子商务的主要形式。在线网络被广泛用于制作和接收订单、付款。对于某些服务，交付也可以在线进行，或者就商品而言，也可以通过物流网络进行实物处理。基于平台的跨境电子商务交易模型取决于五个关键要素：可以在线访问的消费者信息和网站；包含有效搜索功能的电子商务平台；能够可靠地访问客户和市场的商业企业；可用于验证和执行交易的财务/支付服务；可以将商品从卖方转移到客户的快递和物流服务提供商。随着企业和个人消费者越来越多地使用B2B、B2C和C2C，每个电子商务领域的交易量都在迅速增长。由于许多市场的消费者已经通过智能手机完成了大部分产品检索，因此也越来越多地使用移动技术来完成交易。在所有电子商务类别中，越来越多的移动终端设备正在推动行业发展。B2B电子商务已经从相对昂贵且效率低下的商业模式升级到了由数字支付服务推动的基于云的现代平台。同时，随着消费者越来越多地在线购物，B2C电子商务正在改变着全球零售业的销售模式。企业和消费者都越来越多地使用数字支付进行日常交易，从而在全球市场上实现了跨境电子商务的巨大发展。此外，数字支付使无银行账户的个体可以参与电子商务，并有助于刺激发展中市场的经济增长。使用诸如区块链和数字签名之类技术的电子记录正在促进世界范围内的数字支付，从而促进了电子商务的进一步发展。快递和物流服务也是跨境电子商务行业，它们使电子商务得以扩展，尤其是B2C和C2C电子商务，因为它们响应了对小包装交付日益增长的需求。尽管B2B电子商务的规模远远大于B2C，但新技术尚未在此领域取得进展：许多公司继续使用较旧的技术，例如电子数据交换，而不是B2C电子商务中使用的基于Web或基于云的平台。在数字支付服务、区块链技术的应用以及数字签名的引入方面也取得了长足的发展。物流和快递公司提供的服务对于跨境电子商务的成功至关重要，该行业本身也在采用数字技术[4]。

第三，从事跨境贸易的电子商务公司面临许多挑战。对于B2C公司而言，这些挑战更为突出，因为该细分市场中的供应商主要是个人运营商或中小型企业（SME），它们可能没有能力处理与国际贸易有关的许多问题，包括外币支付、海关程序和物流。尽管如此，基于平台的跨境贸易可帮助中小型企业显著扩大其市场范围，并因其经济发展潜力而备受关注。通过平台进行基于网络的商务可降低中小型企业出口的壁垒，从而实现企业克服缺乏专用的信息和通信技术（ICT）基础设施以及对市场或国际贸易规则和流程的了解不足的问题。一些世界上最大、发展最快的电子商务公司，包括 B2B 和 B2C 平台如亚马逊、阿里巴巴、eBay 和 Etsy 都在刺激中小企业的跨境贸易增长。他们通过减少与卖方和消费者之间的实际距离相关的成本，促进信息共享和信任以及促进付款和物流来做到这一点。这些公司和无数其他在线电子商务平台的出现，则消除了各种规模的公司投资开发自己的电子商务硬件和软件的需求。随着电子商务降低了进入壁垒，国际市场变得更具竞争力，消费者享有更多选择和商业力量[5]。

### 6.1.2　数字贸易产生的技术基础

1. 数字技术与数字贸易

以新一代电子和计算机技术为主要代表的电子通信技术日新月异，电子科技正在深刻地改变传统的工业生产和生活组织方式。数字技术的发展可能在未来会对我们的国际贸易服务标的、贸易服务对象和国际贸易的方式产生重大的影响。互联网和数字贸易技术的广泛普及和采用极大地改变了不同国家的贸易服务以及货物的贸易方式和结构，并重新定义了贸易过程中的知识产权。因为互联网技术的进步令越来越多的服务和货物能够直接通过网络进行线上直接购买并通过数字贸易方式实现跨境的供给。这种方式除了极大地方便服务与货物贸易，还可以拓展销量。通过数字技术在网络上进行交易的产品和服务还逐渐取代了传统的货物贸易[6]。

第一，5G 技术的诞生与发展。5G 技术作为信息通信工程的未来，将引领我国开启一个万物互联的信息数字化新经济时代，对于建设新一代制造工业强国和新一代网络通信强国、打造新一代智慧城市型社会、发展新一代数字服务型经济具有重要的战略意义。根据中国信息通信研究院测算，到 2025 年，5G 将拉动中国数字经济增长 15.2 万亿元。一方面，5G 的商用化将推动数字产业化发展。据预测，中国 5G 投资总额将达 1.2 万亿元，从 5G 基础设施建设到设备终端的研发以及相关服务，5G 将开辟数字产业化的新蓝海。2019 年上半年，运营商和通信设备制造企业纷纷推出 5G 终端上市计划。另一方面，5G 将加速产业数字化的步伐。新一代信息技术让无人驾驶、远程医疗、智慧农业等变为现实，5G 与 AI、AR、大数据、区块链等技术的结合，将为产业数字化添加无限可能。如今，5G 医疗急救车已经在自然灾害救援中投入使用，实现院前诊断提前救治；5G 智能巡检机器人已经活跃在大型工厂的车间里，实现自动巡航精准监测。估计到 2025 年，5G 将拉动其他产业增长 11.9 万亿元。

**【案例 6-2】**

#### 第五代移动通信技术

第五代移动通信技术（5th generation mobile networks or 5th generation wireless systems or 5th-Generation，简称 5G）是最新一代蜂窝移动通信技术，是 4G（LTE-A、

WiMax)、3G（UMTS、LTE）和2G（GSM）系统后的延伸。5G的性能目标是高数据速率、减少延迟、节省能源、降低成本、提高系统容量和大规模设备连接。

2019年6月6日，工信部正式向中国电信、中国移动、中国联通、中国广电发放5G商用牌照，中国正式进入5G商用元年。

2019年7月23日，中兴通信发布首款5G手机中兴天机Axon 10 Pro 5G。

2019年11月1日，三大运营商将正式上线5G商用套餐。业内人士表示，电信运营商推出5G商用套餐意味着5G由此进入正式商用阶段，表明运营商第一步的5G网络建设基本到位。

第二，智能终端的诞生。过去十年中，全球智能手机持有量极速上升，其通用连接性使得商品消费、信息获取和沟通的方式彻底变革。主要新兴市场中，其持有量呈指数级增长，且增长空间巨大，体现在全球仍有38.5亿人尚未能联网。智能终端的应用十分广泛，例如，新一代可大批量生产的低成本卫星连接技术（近地轨道（LEO）卫星）可在全球范围内提供互联网传输。人工智能（AI）（机器学习（ML）和深度学习（DL）等）近年来也取得了重大进展，这一重要基础技术将推动自动驾驶汽车（AV）、智能工厂、机器人、自动化医疗诊断等方面发展，必将对整体经济产生重大影响。虚拟现实（VR）和增强现实（AR）技术可能在企业和社交/娱乐领域呈现很高的实用性，更真实的远程会议将减少个体的旅途劳顿，工人可接受虚拟情境培训并确保其人身安全。自动驾驶汽车现处于个人交通的测试阶段，但已应用于其他领域，如地形侦察、站点视察甚至电子商务的零售交付。自动驾驶可能改变居民的出行方式，人们不再需要拥有汽车，通勤将更加便利。面向消费者和企业的物联网（IoT）（所有设备通过互联网相互通信）使得设备可协同工作，提高效率。在消费领域，物联网可以是任何东西，如就变质农产品发送数据的冰箱，或连接到车辆的交通信号灯。据估计，到2025年，基于物联网的软件和服务每年可以带来高达11.1万亿美元的收益。移动支付一直处于上升趋势，应用程序（App）和各种平台，如中国的支付宝、美国的Venmo和肯尼亚的MPesa，在移动支付方面处于领先地位，并将加速朝向没有现金的世界迈进。区块链（分布式电子分类总账技术）的应用已有多项试验。除加密货币外，该技术还在航运等多个领域试图消除纸质踪迹，有效降低高达20%的成本。3D打印可能彻底改变全球贸易前景，推动制造业外包、服务贸易比重上升。3D打印技术可实现定制产品的现代化制造，可应用于航空部门、金融地产部门以及医疗器械等部门[7]。

2.“互联网+”与数字贸易

数字贸易中的许多创新都是基于互联网，互联网信息技术扩展了数字贸易模式，提高了贸易效率和贸易收益，有效实现了数字贸易利益的最大化。

第一，贸易场地的延伸和运营方式的拓展。传统贸易需要经过多轮磋商与谈判，但是交易双方地区的分离性，使得这一过程通常采用电话与视频通信的方式得以实现。然而，无论采用哪种方式，都会存在一定程度上的信息缺失，从而造成交易时间的延长等意外。当“互联网+”时代来临，大部分的商品交易都能实现无纸化，并且交易的完成不再需要进行面对面商谈，而是仅仅通过互联网就可以完成从商品的要约到收货确认的整个流程（图6-2）。这不仅减少了交易时间，还能够增强信息传递的准确性。跨境电

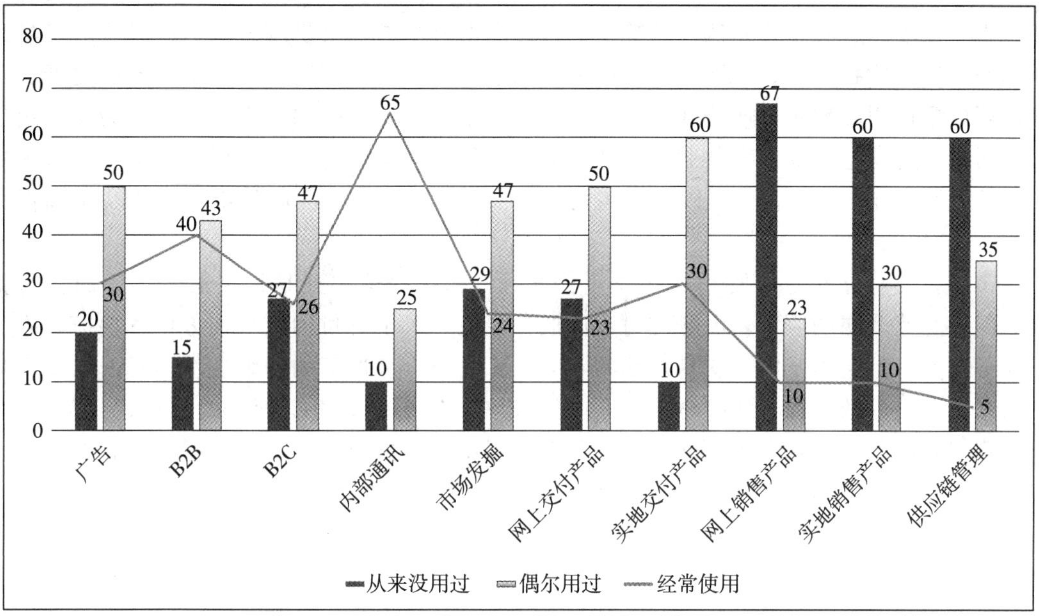


图 6－2　美国数字化企业使用互联网的频率

数据来源：USITC calculations of weighted responses to the commission questionnaire, Digital Trade in the U. S. and Global Economies, Part 2, 22－51. https://www.usitc.gov/press_room/news_release/2013/er0815ll1.htm

商具有个性化、全球化的特点，能够实现全球产品的高效率交易，是自由贸易方式在全球的实践。从 2011 年起，跨境电商平稳增长，全球购的新模式成为外贸新潮流，阿里巴巴旗下的全球速卖通便是一个成功的案例，它集合了订单、支付与物流，通过支付宝国际账户实现电子商务的交易活动。不可否认的是，中国商品的物美价廉使得其成为世界上第一出口大国，而中国商品的出口多是通过跨境电子商务的形式实现的，这都归功于互联网在外贸中的应用，使人们在自己国家就可以获得境外商品的信息同时能够买到境外商品，这在很大程度上促进了国际上买卖双方交易的达成率。近几年跨境交易平台陆续出现，从最开始的亚马逊，到之后的全球购，这些平台为卖家提供了更为便捷的国际贸易渠道[8]。

第二，资源分享和运作模式的革新。通过互联网的引入，买方如果想获得产品信息，不再需要通过纸质媒介接收信息。资源分享从单一传递变为了信息公开，大大提升了信息传递的效率。卖方也不需要一对一地与买方进行交流，只需要将资源共享，并且注重消费者的个性化要求，便可将产品信息全面完整地展现给买方。这不仅降低了买方获取产品信息的成本，也使得信息传递更加及时。许多关于国际贸易的信息是可以共享的，这不仅有助于公司了解市场的行情，做出正确的判断，还可以减少因信息缺失导致的不必要损失。信息的可得性推动了市场主体间的竞争，进而刺激行业整体服务质量的提高，外贸出口企业在“互联网＋”的赋能下，靠先进的技术、周到的服务、客户的切实体验去真正发展企业[8]。

第三，信息获取与处理的便利性增强。卖家借由互联网可以尽快匹配自己的贸易伙伴，因为互联网解决了贸易伙伴选择中的信息不对称问题，交易双方能够同时获取市场最新动态，获得货物配置、物流等方面的准确消息，能够最大限度地实现信息同步更新。互联网可以帮助中小型企业便捷地办理通关手续，节省企业的时间成本。互联网为企业提供报关报检与跨境电商等十多类服务，使企业可以快速通关。目前，各城市已建立“贸速通出口综合服务平台”，不仅可以为企业的境外销售提供运输协助服务，还可以缩减报关流程[8]。

第四，支付方式更加便利与多样化。汇付、托收和信用证是运用最为广泛的交付方式，但随着互联网的应用，电子支付逐渐成为主流。电子支付因其更加方便、快捷，降低了财务成本。但是由于电子交易环境的不完善，其安全性远不如传统支付。对于电子商务贸易来说，交易的远程化使得电子支付利大于弊，因为它省去了烦琐的流程，并且支付、到账都很及时。越来越多的国际支付平台在国际市场上出现，几乎每个国家都有自己的支付平台，比如美国的 Paypal、欧洲的 Moneybooker 等。

第五，扩展了传统的贸易标的。互联网技术的采用改变了商品的交易结构，更加注重交易中的知识产权。其中对于服务行业的影响更加明显，例如远程机器人可能开辟了服务贸易的新方式。互联网技术让定制产品与个性化产品需求成为可能。互联网技术的发展可能从根本上改变了知识产权的地位，因为互联网技术的使用，降低了产品的制作与复制成本。书籍的交易不再是物理性的转移，而是通过知识产权交易获得阅读该书的权利。并且知识产权增加了国际贸易的多样性。值得一提的是，互联网技术可能强化了拥有技能和资本的重要性。

第六，更加细化了国际分工。互联网技术对全球价值链贸易有着深远的影响。一方面，互联网降低了通信、交通与物流成本；另一方面，互联网技术增强了中间环节的易得性。互联网技术加速了全球价值链的升级，并且智能自动化扩展了市场，使得本国的消费市场更具潜力[8]。

### 6.1.3 数字贸易产生的现实基础

1. 市场环境与数字贸易

数字贸易的市场环境是指孕育数字贸易的城市环境与公共服务设施。数字贸易得益于新兴经济体的持续城市化及城市化在就业、服务获取和创新方面创造的机遇。但城市也面临许多挑战：拥堵、污染和住房短缺对社会平等的损害等。技术进步有助于城市克服这些挑战。但许多地方政府资金紧张且难以获取资金，故应推动 PPP（Public-Private Partnerships）发展，同时绿色债券市场也将发挥作用。自动驾驶汽车可能改变人们在城市中移动的方式及城市的布局。WEF 的交通仿真模型表明，共享的自动驾驶汽车能够减少道路交通流量，将居民直接带到工作地点而防止堵塞。但重要的是，其实现可能需耗时多年，而此期间，若市中心以自动驾驶汽车取代公共交通工具，拥堵情况可能会变得更糟。城市的大部分排放来自交通

美国、欧盟以及中国对数字贸易的战略

和建筑物，新技术有助于减少排放而改善城市空气质量，如通过提高效率，创造更好更快的公共交通方案或通过开发清洁能源供应，其影响在全球污染最严重的城市（主要位于印度和中国，尤其是大城市）可能最为显著。全球许多城市都在努力解决住房短缺问题。3D 打印的新发展可以在削减建造房屋所需的成本和时间方面发挥重要作用。美国 ICON 等公司现在可以在 24 小时内“打印”房屋，建筑总成本降至4 000美元左右。这意味着公司可与非营利组织一道建立整体社区，为那些没有住房的人提供住房。据估计，再过 10 年，住房建设成本可能下降 40%。许多政府工作已经成熟，可以实现自动化。如果通过传感器和技术的开发可以使最简单的服务提供（如垃圾收集或废物管理）更有效率，政府将能够在相同支出水平上实现更多目标。这将推动政府架构精简，财政可转向医疗保健和教育等一线服务；自动化还可以在推动财务整合、政府债务存量管理方面发挥关键作用[9]。

技术影响下，通胀的驱动因素正在发生变化，通胀的主导影响因素不再是需求因素，而转变为供给侧因素。商品通胀率占总体 CPI 的 40%～60%，随着技术带来供给侧改善进而压低核心商品通胀率至近于零，要维持近于 2%的总体 CPI，服务业通胀率须达到 4%左右；后者主要受工资影响，但技术发展意味着工资增长高于近年水平似乎不太可能。因此，需调整对通胀的考量方式。就特定的经济增长率，技术革新可能使通胀率较以前更低。那么，通胀目标制是否依然有效？或许如 BIS 的克劳迪奥・博里奥所倡议的，未来通胀目标制或将进一步放松，央行将不得不开始考虑替代目标或关注更广泛的数据集。

技术对就业的威胁可能意味着低技能和中等技能工种的工资增长率下降，但某些行业和工种生产率可能提高，因此可能会出现更广泛的收入不平等。尽管劳动力供给紧张，但全球工资增长仍相对缓慢。自动化威胁着中低技术工种劳动力的议价能力，而工人技能无法与工作相匹配也导致潜在生产率提高并未带来工资增长。同时，工资增长在各部门间的分化更严重，那些生产率提高不足的部门工资增长往往最快。技术对生产率的影响是其影响劳动力市场的一个重要方面。某些核心行业突显了人工智能等技术应用如何使工人远离琐细工作而专注于更高价值的工作。此时，劳动生产率将提高，工资也将相应提高。如医药行业，深度学习技术正被用于改善诊断，因其可获得更多患者数据。使用人工智能工具来执行报告，可将医生解放出来，免于因疲劳、注意力分散或沟通不清楚而造成的约 2%的错误率，转而去完成机器无法完成的重要工作，做出治疗决定并就报告结果同患者进行沟通。教育部门也可从自动化中受益匪浅，让教师专注于其工作中的人文因素。一些律师事务所也在使用大数据和机器学习技术来对低阶的工作进行自动化并提高准确性。但整体上，全球生产率增长仍然低迷，2012 年以来主要发达经济体年化生产率的增长低于 1%，这可能是由于新技术投资不足及未能正确地使用新技术。部分学者认为可能是因现今各项创新不如先前技术进步那样深刻，然而，充分利用新技术确实可更显著地推动生产率的提高。技术发展要产生一定经济影响是需要时间的。自动化的潜力受到了技能不匹配的限制，到 2020 年，所有员工中 54%的人需要接受一定程度的重新培训，19%的员工需要接受 6 个月或更长时间的培训。现在也许正处于可以充分利用新技术的有利时机，自动化在未来可能真正提高生产率水平[9]。

2. 市场制度与数字贸易

市场制度是影响贸易模式的重要因素。一方面，数字化会增强制度优势。对于法律制度较为完善的地区，数字化会增加法律监管的广度，可以运用数字化技术提高案件的侦破率。另一方面，对数字基础设施的建设离不开金融制度的支持。但是，数字化也有可能会稀释制度。例如数字化的普及使得不再需要过多的人力投入，可能会造成执法人员的懈怠，降低民众对法律的需求。数字贸易中对知识产权格外看中，这可能源于很多数字化的产品可以被较低成本的复制，因而知识产权保护可以增强国家的吸引力[10]。

数字贸易的规则源于 WTO 组织对当前数字贸易规则的缺失。包括尚未达成的电子传输关税协议、尚未对电子数字产品贸易形态的定性、尚未明晰界定数字贸易服务模式及分类等。产生问题的原因：一方面是电子商务本身贸易规则与 WTO 现有规则有冲突。另一方面是发达国家与发展中国家对待数字贸易的立场不一。毫无疑问，WTO 规则下数字贸易规则缺失对全球数字贸易发展是十分不利的，促使各国开始积极寻求非 WTO 规则外的数字贸易规则制定。从当前情况来看，开展数字贸易的多个国家和地区都在通过双边或多边谈判制定数字贸易相关规则。基于发展中国家与发达国家分歧较大，发展中国家不愿意像农业谈判那样做出让步，而发达国家也有意绕开 WTO 规则约束，在 WTO 规则下的数字贸易规则制定很有可能直接宣告流产。这种带有全球性、普惠性的数字贸易规则缺失，将会是全球数字贸易发展面临的最大挑战。

**【案例 6－3】**

在《2015 年双年度国会贸易优先事项和责任追究法》中，美国对数字贸易和跨境数据流动的贸易谈判目标做出了明确规定：一是确保世贸组织、双边和区域贸易协定中的现有义务、规则、纪律和承诺，适用于货物和服务中的数字贸易以及数据跨境流动；二是确保电子传送的货物和服务在贸易规则下所获待遇不低于以物理形式传送的类似产品，并且对于数字贸易中货物和服务的分类尽可能确保自由贸易待遇的最大化，完全囊括现有贸易和新型贸易；三是确保政府避免实施阻碍数字贸易、限制数据跨境流动、要求数据本地存储或处理的相关措施；四是在出于合法政策目的实施上述一至三中的措施时，取得承诺确保管制的最小化、非歧视性、透明性，促进开放市场环境的建立，以及延续世贸组织关于电子传输免征关税的备忘录。

TPP 数字贸易规则是过去十多年来全球数字贸易大发展和贸易规则不断完善的一个缩影，其对数字贸易的定义在逐渐得到各国的认可。TPP 制定的数字贸易规则主要是提出了数字产品和贸易自由与开放核心理念，具体包括对数字贸易持鼓励态度、加强对消费者隐私保护、加强对数字贸易及数据领域保护主义限制以及对开放互联网的支持等。总的来说，TPP 有关数字贸易的规则是目前最为齐全、规范的，内容与措施都比较具体。虽然特朗普政府宣布退出了 TPP，其规则依然表现出比较明显的美国特色。如对数字贸易自由的支持，明显具有贸易权大于主权的倾向，这样的规则不仅中国难以接受，欧盟国家也提出了异议[11]。

# 6.2　数字贸易的特点

## 6.2.1　数字贸易的定义

1. 世界贸易组织的定义

世界贸易组织并没有采用“数字贸易”这种表述，而将其定义为“通过网络销售或交付货物和服务”。这一定义早在 1998 年第二次部长会议设立的“电子商务工作计划”中就被提出了，但随后近 20 年的时间里该议题却未得到充分重视。目前世界贸易组织（WTO）中的各类文件都开始使用数字贸易的概念。笔者认为，WTO 对数字贸易的理解较为宽泛，只强调了其电子化的交付方式，并没有关注贸易的内容。并且规定跨境购买是数字贸易的主要方式。联合国贸易和发展会议认为，数字贸易涉及搭配实物商品以及以数字方式提供的无形（数字）产品和服务。联合国贸易和发展会议的定义有以下两个方面的特点：第一，对使用技术的界定。世界银行和世界贸易组织虽然提及了数字贸易是“数字化的贸易”，但没有指出该数字化技术的具体表现形式，这使得上述定义在实际运用时缺乏明确的技术指导。而联合国贸易与发展会议的定义明确了这种“数字化技术”实际上是对计算机技术的一种拓展运用，通过计算机的端口链接各个交易主体。第二，对贸易货品的界定。世界银行和世界贸易组织认为数字贸易的标的物是传统货物与服务，但是对传统货物的界定比较模糊，而联合国贸易与发展会议中明确了传统货物为实物货物与非实物货物[12]。

2. 美国的定义

2013 年美国国际贸易委员会（USITC）在《美国和全球经济中的数字贸易》第一次报告中指出，数字贸易是指能够采用在线支付的方式获得的服务与产品。包括音乐、书籍等数字化内容，社交媒体，搜索引擎与移动 App 等数字化服务产品。在第二次报告中，USITC 将数字贸易界定为“基于互联网的技术的国内和国际贸易”。同时界定了美国的七大类数字化密集型行业包括：内容行业、数字通信行业、金融和保险行业、制造业、零售交易、批发交易以及部分其他服务业。报告的第二部分认为数字传输内容、通过云端传输数据服务也是数字贸易，并且将物联网和 3D 打印作为数字贸易的形式。2017 年，美国贸易代表办公室（USTR）发布的《数字贸易的主要障碍》报告认为“数字贸易”包括实现制造业升级所必需的平台以及通过互联网进行的商业活动[13]。

**【案例 6－4】**

美国国际贸易委员会（USITC）在《美国和全球经济中的数字贸易》（第二次报告）中对“数字贸易”的定义是：“互联网以及基于互联网的技术在产品和服务的订购、生产或交付中扮演重要角色的国内和国际贸易。”而美国贸易代表办公室（USTR）认为，数字贸易是一个广泛的概念，不仅包括消费产品在互联网上的销售以及在线服务的提供，还包括实现全球价值链的数据流、实现智能制造的服务以及无数其他平台和应用。这就使得数字贸易中要探讨的规则比传统的货物和服务贸易要更广泛、更复杂、更具不确定性。

3. 中国的定义

中国商务部认为，数字贸易是采用网络技术，通过数据交换实现电子交易的商业模式。并且数字贸易因其专业化程度高，客观上造成了不同人群、不同国家、不同地域发展不平衡。同时又因为数字贸易实时的跨境交易特征，更涉及跨国安全新问题，给国际合作、多边贸易体系带来了新问题，知识产权保护也变得更为复杂，各国保护主义将更严重。夏杰长（2019）认为，数字贸易的核心技术是互联网，目的是提供数字化信息，标的是信息化产品[14]。马述忠（2018）认为，数字贸易的载体是网络技术，贸易标的是数字化的产品与服务，目的是实现互联网的升级转型最终实现智能制造的商业活动[13]。相对于前者，后者的定义更加具体、客观，能够较为全面地刻画数字贸易的理论内涵与范围。

可以看出，美国对数字贸易的理解虽然较为全面，但是不同组织之间差异较大，并且没有建立数字贸易的统计体系。同时，美国对数字贸易的定义符合其国内对于新贸易模式的探求，但是这一定义并非适合所有国家。笔者认为，对数字贸易进行定义，就必须明确数字产品，一般意义上，数字产品包括了计算机程序与数码产品以及可被编码的其他产品。美国与韩国签订的自贸区协定中将数字产品划分为两类：一类是原产货物，即储存在载体中的数字产品；另一类是被有形产品所承载的经电子传输的数字产品。这里的有形产品使得数字产品可以被复制以及传达。但是数字产品并不是金融产品，两者在交付时存在显著的差异。

综上所述，数字贸易可以分为狭义数字贸易与广义数字贸易。所谓狭义的数字贸易是指，采用电子信息技术与数据交换技术，为交易方提供数字化产品以及服务的新型贸易模式。所谓广义的数字贸易是指，运用互联网技术实现贸易标的在生产、销售、运输、交易过程中数字化的商业模式。相对于狭义定义而言，广义的定义扩展了数字贸易标的的范围。本书主要从广义的角度来介绍数字贸易的发展以及相关问题。

### 6.2.2 数字贸易的特征

1. 内在属性

交易过程的虚拟化。数字贸易交易过程的虚拟化表现在三个方面：首先是交易介质的虚拟化，表现在无论是生产过程还是交易过程中，都使用数字化知识与信息作为传输介质，实现无纸化以及交易承载物的非实物化，即介质要素的非实物化；其次，交易平台的虚拟化，相对于传统贸易的面对面交易，数字交易是在虚拟化的互联网平台上进行，该平台负责交易的运作以及保障交易的安全，即交易平台的非实物化；最后，交易方式的虚拟化，不同于传统贸易中的纸币交易，数字贸易的交易通常使用电子支付的方式，即交易方式的非实物化。

交易资源的集中化。其一，交易资源的组织性。在数字贸易中，交易资源通过交易平台形成集聚，降低了信息的找寻成本。互联网企业常常采用平台化的运行模式，其中以淘宝为典型。不仅如此，传统企业也会借由平台吸收外部资源，提高自己的创新能力。其二，交易资源的集约化。数字贸易的便利性，使得生产要素较容易集聚，从而实现要素节约型技术进步，带动要素的集约型投入。劳动密集型企业发展智能化，通过互联网平台，有效地减少了交易中的信息不对称，使得交易效率得到了提升。

交易个体的广泛化。其一，市场进入门槛降低。数字贸易使得传统贸易中的空间限制、准入门槛等不再成为阻碍贸易的因素。数字贸易可以转变贸易弱势群体的地位，使其广泛地参与贸易活动中，并且从贸易中获利。其二，市场标准化程度降低。数字贸易拉近了消费者与生产者之间的距离，使得个性化的需求得以在贸易中获得满足。单一标准的产品很难在市场中获利，而定制化产品与服务可能是新一轮数字贸易竞争的决定因素。之前的长尾产品（原来不受重视的销量小但种类多的产品或服务）可能成为数字贸易的重要标的。

交易参与者的体系化。传统贸易背景下，只有生产者与消费者之间需要订立合同，完成契约。但是在数字贸易的背景下，因为中介方的加入，使得平台、交易双方都需要遵守一定的规章约束，在这一体系下，彼此之间的联系加强了，形成一个互利共赢的生态体系。例如将产品链与资金链进行整合，为产品的生产融资与销售提供一站式服务，使得贸易能够融入电子商务数据服务合作体系，建立贸易发展的新态势[13]。

2. 外部属性

交易技术的前瞻化。数字贸易以信息通信技术、数字交换技术以及互联网技术作为技术支撑。大数据、云技术与移动互联网不仅扩宽了数字贸易的范围，而且还降低了贸易的成本。交易技术的进步，使得数字贸易得以产生，也使得数字化的传统贸易变得更加便捷。例如，交易技术的演进拓展了传统贸易的采购方式，使得原先的面对面采购逐渐被网上的企业对企业采购所取代。并且原先需要手工操作的工序通过制造智能化实现劳动力的解放。同时，交易技术使得过往的交易数据得以保存，有利于企业依据过往的数据进行交易判断，大大降低了交易过程中的道德风险与逆向选择。随着数据基础设施的不断完善，数字服务提供商为数字贸易的诞生提供了现实基础，无论是电子手段的捕获还是形成传送数据的中心，交易技术都使得消费者可以直接接触这些数据，并通过一定的数据分析比较不同产品之间的差异。此外，个人终端与数据基础设施的对接也大大降低了商业使用成本，扩大了贸易的范围。

交易运用的普适化。其一，数字贸易可以运用到传统制造行业。制造行业的智能化是数字贸易带来的重要历史变革。制造行业的智能化不仅是指诸如汽车行业、高端设备制造业等资本密集型行业从生产到销售的智能化，还应该包括诸如纺织行业等劳动密集型行业的智能化。数字贸易不再单单是实现商品的交换，而更应该承担起智能制造的重任。通过数字的传递，可以为产品的研发提供更多的外部智力支持，最终实现全社会生产的智能化升级。其二，数字贸易拓展了供应链。今天的供应链是通过市场营销、产品开发、制造和分销，并最终落到客户手中的一系列基本上离散的、孤立的步骤。数字化打通了这些墙壁，形成一根链条，变成一个完全集成的生态系统，对所有参与者，从原材料、零部件供应商，到这些供应品和成品的运输商，以及最终的客户都得到满足。这个网络将取决于一些关键技术：综合规划和执行系统、物流可视性、自主物流、智能采购和仓储、备件管理和高级分析。结果将使公司能够对供应链中断做出反应，甚至可以预测它们，通过对网络进行全面建模，创建“假设”情景，并随着条件变化实时调整供应链。数字供应“网络”一旦建成一组件即将开始发展一数字供应“网络”将提供新的弹性和响应度，那些首先成功的公司能够为客户提供最高效和透明的服务交付[13]。

### 6.2.3 数字贸易与传统贸易的比较

1. 相同之处

第一，贸易的需求本质相同。贸易的本质是货物交易，在古代自给自足的社会中，随着生产技术的提高，开始有了生产盈余，人们在满足了自身的生活需要后，会通过货货交换的方式满足其对另一货品的需求，以达到分工的专业化和商品的多样化。即使在今天，贸易的物物交换本质仍然没有发生变化，对数字贸易而言，也存在数字化产品、数字化服务与数字化生产要素的时空转移，因而这并没有改变贸易作为交换活动的本质。

第二，贸易的理论基础相同。比较优势理论是贸易的理论基础。相对于绝对优势而言，比较优势诠释了即使在“没有优势的”情况下，通过专业性分工，每个地区也能获利的经济现象。这一理论总结了贸易发生的动因，并将这一动因归结于各个地区的成本优势。因此，专业化的生产可以使得每个地区的社会福利提高，这也是数字贸易的动因。

第三，贸易对资源的要求相同。数字贸易，一是促进资源的流通。贸易通过价格机制，有效地配置了流动性的资源，并通过资源的流动，平衡各个地区的供求关系。二是促进信息的共享。确保信息的获取与传递过程中不存在不对称的现象，进而实现信息的有效传播与利用，并保证了信息的即时性与准确性。三是推动产业的发展。一方面有利于产业的技术进步，使得交易群体较为便利地获取对方技术；另一方面，促进资源在合理的产业结构上得到利用。产业的发展需要高密度的资源流，通过资源的流动，产业可以及时获取外部知识，推动产业创新[13]。

**【案例 6－5】**

敦煌网是全球领先的在线外贸交易平台。其 CEO 王树彤是中国最早的电子商务行动者之一，1999 年参与创立卓越网并出任第一任 CEO，2004 年创立敦煌网。

敦煌网是国内首个为中小企业提供 B2B 网上交易的网站。它采取佣金制，2019 年 2 月 20 日起对新注册卖家开始收取费用（只在买卖双方交易成功后收取费用）。Paypal 交易平台数据显示，敦煌网是在线外贸交易额中亚太排名第一、全球排名第六的电子商务网站，其在 2011 年的交易达到 100 亿规模。

作为中小额 B2B 海外电子商务的创新者，敦煌网采用 EDM（电子邮件营销）的营销模式低成本高效率地拓展海外市场，自建的 DHgate 平台，为海外用户提供了高质量的商品信息，用户可以自由订阅英文 EDM 商品信息，第一时间了解市场最新供应情况。2011 年在深圳设立华南总部的敦煌网将在深圳部署物流相关工作。敦煌网 CEO 王树彤曾赴深圳与有关方面洽谈此事，但她在接受《南方日报》采访时称具体计划还不便透露。2013 年，敦煌网新推出的外贸开放平台实质上是一个外贸服务开放平台，而敦煌网此举应该是在试探外贸 B2B “中大额”交易。通过开放的服务拉拢中大型的制造企业，最终引导它们在线上交易。

2. 不同之处

第一，贸易的产生背景不同。重商主义的发展以及工业革命的前期孕育了传统贸易。交通运输方式的改变以及新的生产方式的出现大大促进了劳动分工，正是在这种情况下，传统贸易得以诞生。但是只有当信息技术普遍运用于我们的生活之中，数字技术将引导第四次工业革命并带来生产方式的进一步变革以及生产资料的进一步丰富才会诞生数字贸易。

第二，贸易的经济影响不同。传统贸易促进了各国利用比较优势进行生产分工，同时利用规模效应与范围经济扩大生产，在一定程度上通过降低成本的方式推动了经济的发展。但是传统的贸易较容易产生价值链锁定效应，造成贸易主体地位的禁锢。而数字贸易将改变目前的全球分工体系。一方面，数字贸易中的劳动分工会打破原有的价值体系，使得各地区在新的贸易浪潮下重新定位，进而再次构建全球范围的贸易分布结构。另一方面，数字贸易要求更有效率的政府治理体系与法律体系，进而对数字贸易这一新兴领域进行监管。值得一提的是，数字贸易还会改变原先的供应链，提升供应链效率。

第三，贸易的交易过程不同。其一，交易周期不同。传统贸易受到价格的影响较为强烈，本身抵御汇率风险的能力有限，因而经济波动对其影响更大。但是数字贸易中的不确定性被数字技术所吸收，使得原先的地理距离等空间限制不再成为制约贸易的重要因素。其二，贸易的行为主体不同。生产者与消费者构成了传统贸易的主要参与者，但是缺少面对面直接交易。数字贸易融合了第三方交易平台，使得交易主体可以进行即时通话，保证了信息传递的有效性。并且数字贸易更加注重消费者的多样化需求。其三，贸易的交易标的不同。一般来说，数字贸易的贸易标的更加广泛，包含了数字化的产品、生产要素以及通过互联网提供服务等。其四，交易的方式不同。传统贸易需要场所以及纸质凭证，但是数字贸易实现无纸化交易[13]。

## 6.3　数字贸易的影响

### 6.3.1　数字贸易影响的统计方法

学界对于统计经济影响的方法通常有两种：一种是自上而下的统计方法，另一种是自下而上的统计方法。所谓自上而下的统计方法是指由政府领导的统计部门，以固定指标与内容的方式对经济活动进行的量化分析；所谓自下而上的统计方法是指由民间组织为主，以调查问卷的方式，采取面对面访谈或者回收问卷的方法收集数据。尽管后一种调查统计方式存在样本量小以及统计样本片面的缺点，但是却可以保证数据的真实性。鉴于数字贸易的特殊性，现在尚没有统计年鉴公布过关于数字贸易的统计数据，这使得对数字贸易的影响分析还停留在定性描述层面[15]。

数字贸易在国民生活中起到重要的作用，也时刻影响着居民的生活，一般而言，数字贸易一是通过出口贸易量的增加推动了国内生产总值的增长；二是通过增加数字化产业的雇佣需求推动了社会就业的增加；三是通过降低价格与增加向消费者提供商品和服务的多样性来促进消费福利的增加；四是通过提高货物的交付效率促进了出口的增加，尤其是服务出口的增加；五是通过改善中小企业商业环境，使其更好地融入跨国供应链中；六是增加研发投入，提高产出效率。

对于数字贸易经济影响的认识要摆脱两个误区：一个是经济活动的复杂性使得较难准

确度量数字贸易对经济增长的净效应，因而我们只能粗略地判断数字贸易对经济是否有贡献，却不能准确度量该贡献的大小，更为准确地度量依赖于清楚地界定数字贸易的成本与收益的范围；二是即使数字贸易对经济增长有贡献，也不能概化地认为数字贸易促进了经济增长，因为数字技术的运用可能带来了其他经济部门增长的减少。换句话说，采用数字化技术的部门可能与采用传统技术的部门之间互为替代关系。例如，新数字技术的运用使得新兴产业就业增长，但是会使传统部门的就业下降。

### 6.3.2 数字贸易的宏观影响

1. 对国内生产总值的影响

依据支出法核算的国内生产总值是由三个方面组成的，分别是投资、消费与对外贸易，其中数字贸易通过改变“对外贸易”的体量与结构，对国内生产总值产生影响。通常情况下，衡量国内生产总值贡献最常用的方法便是基于会计理论的支出核算法，在这一核算体系下，数字贸易天然地与国内生产总值相关。

针对发达国家的学术研究以及业界报告均指出，数字贸易对经济增长有着重要的贡献。随着数字技术深入居民的日常生活，数字贸易的影响范围已经不仅包括贸易行业，其正在深刻影响包括消费行业、私人投资行业、公共支出行业以及基础设施建设行业等其他行业。截至 2009 年年底，美国全年人均国内生产总值增加了 500 美元，其中数字贸易大约贡献了其中的 3.8%，即人均 19 美元。麦肯锡的研究报告使用的是政府主导与民间组织调查相结合的数据收集方式，即先计算各个部门支出的总量数据，然后根据一定的比例计算出该支出与数字贸易相关的部分。例如，为了估算电子设备行业的数字化销售部分，会首先计算出电子设备行业总体的支出，然后基于互联网上使用该产品的时间与使用该产品的总时间之比为比率计算电子设备行业的数字化支出额。另外一项比较有说服力的报告——波士顿咨询公司的研究报告指出，数字化技术为美国 2009 年的国内生产总值的增长贡献了约5 300亿美元，约占当年美国国内生产总值的 3.5%。2010 年数字化经济的产值占美国国内生产总值的 4.7%。针对全球 G20 国家，韩国、瑞典、巴西、中国等国超过4 800家中小企业的调查数据显示，数字技术的使用使得中小企业的盈利增长约为 10%。该份报告的数据收集采用的是面对面访谈的方式，虽然保证了数据的真实性，但因为调查样本较少，可能存在高估或者低估数字经济作用的情况[16]。

2. 对就业的影响

数字贸易对就业的影响大致可以分为两个方面：一种观点认为数字贸易创造了就业(美国国际贸易委员会总结了数字贸易对劳动市场的影响，见表 6-1 所列)。例如数字贸易使得数字化产品产业蓬勃发展，推动了使用数字技术作为主要生产手段行业的用工需求。麦肯锡的研究报告指出，数字贸易平均创造了 2.6 个工作机会。另一种观点则认为数字贸易毁灭了就业，造成就业岗位的减少。因为数字化的运用必然造成技术的更替，使得依旧使用旧技术生产的部门雇佣需求减少。学界大部分认同数字贸易对雇佣需求有正向的推动作用，也就是说数字贸易在一定程度上创造了就业。针对全球 G20 国家，韩国、瑞典、巴西、中国等国超过4 800家中小企业的调查数据显示，2011 年数字化技术的运用导致传统行业就业岗位每减少一个单位，就会在信息技术行业创造约 2.4 个就业岗位。麦肯锡研究报告指出，数字化技术的运用不仅增加了直接就业，还增加了间接就业。该报告基于与数字化技术相关工作的工资单情况统计了相关行业的收入与岗位，以此计算直接就业情况，然后通过应用来自美国劳工部的行业就业数据拟合一个就业乘数用来计算间接就业。据估计，在 2007—2011 年，社交平台产业，如 Facebook、Twitter 以及 YouTube 等企业共增加了365 000个就业岗位，而这些产业的支持服务部门，例如数字化内容提供商的营销、编程和导航等部门增加了245 000个就业岗位[17]。

**表 6－1　数字贸易对劳动市场的影响**

| 经济产出 | 固定劳动效应 | 混合劳动效应 |
| --- | --- | --- |
| 实际工资 | 5.0 | 4.5 |
| 平均就业 | 0.0 | 1.8 |
| 实际 GDP | 3.4 | 4.8 |
| 通信业生产率 | 7.3 | 8.7 |
| 金融业生产率 | 8.2 | 9.9 |
| 贸易业生产率 | 5.3 | 6.8 |
| 服务业生产率 | 8.0 | 9.5 |
| 制造业生产率 | 0.1 | 1.2 |

数据来源：USITC calculations of weighted responses to the commission questionnaire，Digital Trade in the U. S. and Global Economies，Part 2，71.

https：//www. usitc. gov/press _ room/news _ release/2013/er0815ll1. htm

3. 对贸易出口的影响

数字贸易对出口的影响分为推动出口总量的增加以及促进出口结构的升级。第一，数字贸易增加了贸易出口的总量。数字贸易对贸易出口量的推动作用突出表现在两个方面：一方面，数字贸易增加了服务贸易的出口。服务贸易既是“服务”也是“贸易”。一般来说，服务贸易分为信息服务、工程服务、销售服务、教育与医疗服务以及金融服务等 12 大类。按照数字贸易的定义，数字贸易至少与服务贸易中的通信服务以及娱乐、文化服务相关，因而数字贸易的发展丰富了服务贸易的内容。另一方面，数字贸易增加了商品贸易的出口量。按照数字贸易的分类，数字贸易中的软件贸易以及跨境电商商务模式的运用推动了商品贸易的发展。

第二，数字贸易带来了贸易结构的转型升级。所谓的贸易结构升级是指，在出口贸易中，服务贸易、技术贸易等附加值较高的产品或者服务贸易量的增长以及所占贸易比重的上升。以服务贸易为例，中国信息技术平台的使用促进了服务贸易量的增加，这不仅得益于服务贸易范围的扩大，还得益于服务贸易产值的增长。2011—2016 年，中国私营部门提供的服务出口量增加了 193%，私营部门的服务出口额增长了 117%，据估算仅 2016 年，中国的私人服务出口总额就已经达到3 240亿美元。数字时代的到来使数字贸易成为当前和未来的重要贸易领域，数字化的运用与人工智能产业的蓬勃发展推动数字贸易的贸易量与贸易额的快速增长[18]。

4. 对营商环境的影响

好的运营环境是一个国家和地区提高综合竞争力的重要方面。第一，数字贸易有利于优化法治环境。数字贸易建立在ICT（信息与通信技术）基础上，专业化程度高，客观上造成了不同产业、不同国家、不同地域之间的监管不平等问题。各个地区、产业以及国家对知识产权保护程度的要求并不相同。数字贸易标的物的可复制性以及产品信息的透明性造成了其较容易发生知识产权纠纷，使得各行为主体之间的知识产权保护变得更为复杂，各国保护主义将更严重。而数字贸易的发展必将推动各国、各地区之间知识产权保护相关法律法规的完善。

第二，数字贸易有利于优化制度环境。数字贸易在各国、各地区发展的不平衡主要因为各行为主体的制度环境并不一样。因为数字贸易实时的跨境交易特征，更涉及跨国安全新问题，给国际合作、多边贸易制度建设带来了新问题。数字贸易领域日渐多元化，但整体上仍然存在制度体系不完善、内外贸逐步融合的相关规则与法律调整滞后等问题，客观上造成了数字贸易的监管难、服务难，跨部门、跨机构管理与服务的结构性调整难。数字贸易的发展必将推动相关法律法规的完善。其一，国际数字贸易规则不断完善。数字贸易所依仗的WTO、WCO等国际机构，区域经济合作组织和多边贸易框架体系，有利于国际数字贸易规则的制定及FTA数字贸易谈判的主动权与参与权的争取，可以减少贸易壁垒带来的数字贸易发展阻碍。其二，推动了政府主导与民间共同参与国际数字贸易规则的制定。由于数字贸易与普通贸易不同，很大程度上数字贸易是建立在平台的基础上，往往实际的数字贸易规则转化或嵌入在平台的规则之中。因此，数字贸易需要同时借助政府平台建设与民间市场控制来优化制度环境。如亚马逊、谷歌等，实际上是通过平台服务规则而掌握着该领域的数字贸易规则。政府应重视培育与大力扶持民间国际化市场综合服务平台，帮助平台实现数字贸易规则的自主政策主张，将认识提升到相当于扶持侨联侨社作用一样的高度。

### 6.3.3 数字贸易的微观影响

1. 对消费福利的影响

消费福利是一种特殊的商业福利，一般是指消费者在获得产品或者服务本身价值利益后，其额外获得的收益。于数字贸易而言，数字贸易的经济影响可以分为可计算的部分与不可计算的部分，其中上文所提到的国内生产总值与就业是可被计算的部分，而消费者福利属于不可被计算的部分，因为并没有度量消费者福利的相关指标与计算方法。

虽然数字贸易可以为消费者创造巨大的经济利益，但是这种利益往往是不可被准确计算出来的。那么数字化技术为何会增加消费福利呢？一方面，数字化技术的运用使得消费者可以免费使用相关产品或者免费体验相关服务。在现实生活中，大量的数字内容是对消费者免费提供的。换句话说，数字化产品的盈利并不是通过向用户收费的方式获取的，其主要通过运营商向平台支付的广告费用来获取收益。这类商业模式并不能有效度量出消费者的在线支出数额，因而不能量化数字内容的经济价值。另一方面，数字化技术的运用使得价格信息更加透明。虽然大部分数字化的内容对用户都是免费提供的，但是也有一些附加项目是对用户收费的，这些收费的项目构成了数字化产品或者服务的核心竞争力。用户在享受这些产品或者服务的时候，可以清楚地了解相关内容的价格信息。换句话说，数字化技术的运用除了可以向消费者提供免费的服务之外，数字化技术还有利于价格信息的传播。消费者可以借由数字化技术更加便捷的比较商品之间的价格，这种信息传递之间的便利在某种程度上加剧了生产者之间的竞争，刺激了生产厂商的创新，使得具有前瞻眼光的生产厂商能够在价格战中脱颖而出，并推动产品价格进一步持续走低。此外，数字化技术还增加了产品的种类，这可能表现在两个方面：一是数字化技术的运用增加了生产厂商的多样化供给，数字化技术使得原本只能以实物方式供给的产品可以线上提供；二是数字化技术拓展了厂商的生产技术，数控软件的使用不仅提高了生产效率，还进一步推动了技术组合，丰富了产品的种类。

数字贸易中消费者福利增加的一个典型案例是，书籍的电子化使得读者可以免费阅读在线书籍，从而获得福利的增加。据估算，书籍的电子化节约了消费者大概 7 亿美元的支出，换句话说，使得消费者的福利增加了近 7 亿美元。书籍数字化带来消费者福利增加的一个重要渠道就是电子书带来的资源节约与可循环利用。当然，数字贸易对消费福利增加的正向影响还局限于对纸质书籍消费的减少所带来的支出的减少。在估算了数字化技术运用对消费者的正向影响后，数字贸易对消费者福利的增加以每年超过3 000美元的趋势增长，这一数值约占消费者收入的 2%。

那么如何对消费者福利进行量化度量呢？通常情况下使用消费者对数字化服务的支付意愿来间接度量数字贸易的消费福利。对数字化服务的支付意愿通常包括两个方面：一个是对收费性的数字化产品或者服务的支付意愿；另一个是对网费的支付意愿。前者强调了支付意愿的多样化、差别化、个性化以及非标准化，较难准确度量数字贸易的消费福利，而后者强调了支付意愿的标准化、普及化以及支付数额的一致性。在实际运用的过程中，通常使用 VIP 收费来度量前者，使用网费来度量后者。就网费而言，典型性的家庭愿意每月支付 100 元左右以获得较为有保障的网络服务，如果想提升网速，则消费者需要每月支付 300～400 元以获得更为舒适的网络体验。但是随着宽带网络的普及，中国的网络收费也逐渐降低，部分运营商开始推出办理手机入网免费送宽带的业务。就 VIP 收费而言，消费者的支付意愿受到其教育水平、收入以及在线体验等的影响。一般情况下，教育水平越高、技术专业性越强以及收入较高的用户群体，对数字化产品的差异性消费需求就越多。麦肯锡在 2015 年报告中也指出，消费者可以从数字技术中获利。该项研究将消费者剩余，即消费者福利看做是消费者访问互联网时的经济价值与消费者访问互联网设备和内容所要支付的费用之间的差异。他们发现，25 岁以下的消费者使用互联网可以获得超过每年3 000美元的价值，25～54 岁的消费者使用互联网可以获得每年超过1 000美元的收益，而 54 岁以上的消费者每年可以获得超过3 500美元的收益[19]。

2. 对企业生产率的影响

所谓生产率是指生产单位产品所消耗的资源。提高生产率的方式有两种：一种是通过开发包含工艺创新的产品创新得以实现；另一种是通过降低生产成本的方式得以实现。美国国际贸易委员会总结了数字贸易对行业生产率的影响，见表 6 - 2 所列。由于数字贸易是建立在科学技术（特别是 ICT 技术）基础上，技术人员的专业化特征，使得这些人群的多数人缺乏行业规范思维，容易造成资源的浪费或者重复开发的情况。并且从事数字贸易的技术人员成分结构复杂，文化程度差异较大，虽然客观上提升了数字贸易门槛，但也造成了技术人员沟通成本的增加。因而对于数字贸易是否提高了企业的创新成功率以及减少了企业的运营成本尚存争议，但不可否认的是，数字贸易激励了新技术的运用以及节省了资源搜索与匹配的时间。

**表 6-2　数字贸易对行业生产率的影响**　　（比重%）

| 行业 | 生产率降低 15%以上 | 生产率降低 15%以下 | 生产率不发生改变 | 生产率增加 15%以下 | 生产率增加 15%以上 |
|---|---|---|---|---|---|
| 通信 | 67.2 | 27.6 | 3.8 | 0.5 | 0.9 |
| 金融 | 54.0 | 30.1 | 15.0 | 0.4 | 0.6 |
| 贸易 | 46.2 | 34.7 | 15.7 | 3.0 | 0.5 |
| 服务 | 60.7 | 24.6 | 12.6 | 1.2 | 1.0 |
| 制造 | 43.6 | 37.9 | 15.4 | 2.1 | 1.1 |

数据来源：USITC calculations of weighted responses to the commission questionnaire，Digital Trade in the U. S. and Global Economies，Part 2，68.

https：//www. usitc. gov/press _ room/news _ release/2013/er0815ll1. htm

第一，数字贸易推动了创新。数字贸易影响全球经济的重要方式是通过产品创新淘汰旧的、过时的产品从而推动世界经济的发展。几乎所有的数字化产品和服务都是在过去的十年中出现的，这意味着在未来的几年里，数字化产品和服务的发展可能会带来新一波的科技革命，也预示着新一轮产品周期的到来。当然，数字贸易对创新的最大贡献可能不仅仅是提供超前的产品，也包括对生产传统产品新方式的运用，而这种新方式使得产品也是独一无二的。数字贸易推动创新的主要方式是加速人工智能技术的应用，而人工智能下的创新有利于地区生产率的提升。人工智能技术的优势不同于信息化或简单数字化的无纸化传输及随意调用的功能，而是在于机器的自主识别与自主解读功能。由于数字贸易具有跨文化、跨法律体系的特征，大量涉及不同文化与不同规则、法律的理解与解读的问题，不仅耗费大量的人力物力，也为主观性选择（包括恶意主观）创造了机会。所以，人工智能的深度介入，一方面通过大幅度降低人工成本，提升数字贸易的竞争力；另一方面加强了数字贸易影响评估和对策研究的准确性。

第二，数字贸易还可以通过降低成本来提高企业的生产率。信息技术显著的特点就是增加了信息传递的频率，降低了信息传递的成本。由于信息不对称造成的道德风险是企业运营成本的重要组成部分，信息技术投资便是通过降低企业运营成本的方式使得企业得以集中资源用于生产性活动。信息技术投资深刻影响了全球经济生产率的发展，其中最为重要的信息技术投资便是互联网以及宽带的使用。由于互联网以及宽带的使用，1996—2007年的12年间，经合组织国家人均年劳动增长率相比增加0.9%～1.5%。在信息技术密集型国家中，每100个人增加一条宽带线路，将提高生产率约0.1%。无独有偶，在1995—2000年的6年间，随着美国电信公司的宽带采用率的增加，其生产率也相应地增加。一方面可能因为企业通过信息技术的支持，加速了新产品的研发；另一方面，信息技术推动了信息的无纸化传播，在节约所使用资源的基础上也降低了信息的传递成本。

第三，数字贸易还可以通过互联网的搜索技术影响地区的劳动生产率。包括谷歌搜索、百度搜索在内的一系列搜索引擎都可以通过创造价值的方式提高劳动生产率。这些价值是指信息搜索技术所带来的价值，包括节省搜索时间、价格公开透明、人与产品的更好匹配、新业务新产品的出现、信息比较等。这种价值创造本质上还是节约信息成本的一种方式，但与直接的信息技术支持不同的是，信息技术的运用并不直接作用于生产率，而是通过创造价值的方式推动生产率的增长。换句话说，数字贸易既可能通过技术的运用对提升生产率有直接的影响，也可能通过价值创造的方式对提升生产率有间接的影响。2009年，这些搜索技术为美国创造了约2 420亿美元的价值，其中包括 730 亿美元的生产率提高收益。在对在线搜索引擎与离线图书馆资源进行比较后，人们更有可能在互联网上找到问题的答案并更快地找到答案[20]。

正如前文所说，数字贸易并不一定推动企业生产率的提高。换句话说，数字贸易对全球生产率的提升作用较为有限。一方面，数字贸易对生产率增长的贡献较小并且侧重于短期的增长。一般而言，数字贸易才兴起不足十年的时间并且数字技术更新换代较快，很难产生对经济影响的长期效应。数字贸易作为贸易的一种新兴方式，所占贸易的比重也较小，相对于投资与消费，其对经济的影响也较小。另一方面，数字贸易可能对运用信息技术的行业生产率有显著的提升作用，但是对非信息化的产业帮助不大。例如传统的手工制造业以及农业，数字贸易可能并不能显著提高这些产业的生产率，这主要因为这些产业的创新难度较大，加上部分产业的标准化生产，很难有新的技术突破。另外，数字技术的运用也有可能分散个体的注意力，从而降低了个体的生产率。

数字贸易开创美好未来

**思考题**

1. 数字贸易与传统贸易的区别与联系有哪些?
2. 数字贸易对经济增长的影响是什么?
3. 试比较不同国家、地区之间对数字贸易定义的差别。

**参考文献**

[1] 吴勇毅．数字经济强势崛起引领产业转型升级 [J]. 上海信息化，2017 (9)：10 - 15.

[2] 张雪玲，焦月霞．中国数字经济发展指数及其应用初探 [J]. 浙江社会科学，2017 (4)：32 - 40.

[3] 金虹，林晓伟．我国跨境电子商务的发展模式与策略建议 [J]. 宏观经济研究，2015 (9)：40 - 49.

[4] Weber R H. Digital Trade and E-Commerce：Challenges and Opportunities of the Asia-Pacific Regionalism [J]. 2015，10 (2)：321 - 347.

[5] Shuzhong Ma，Jiwen Guo，Hongsheng Zhang. Policy Analysis and Development Evaluation of Digital Trade：An International Comparison [J]. China & World

Economics，2019，27（3）：49－75.

[6] 陈超凡，刘浩．全球数字贸易发展态势、限制因素及中国对策 [J]. 理论学刊，2018（5）：50－57.

[7] 鲁帆．移动智能终端发展趋势研究 [J]. 现代传播（中国传媒大学学报），2011（11）：145－146.

[8] 戴俊杰．“互联网＋”背景下国际贸易创新路径研究 [J]. 商场现代化，2018（1）：52－53.

[9] 沈玉良，李海英，李墨丝．数字贸易发展趋势与中国的策略选择 [J]. 全球化，2018（7）：29－41＋135.

[10] 王晶．发达国家数字贸易治理经验及启示 [J]. 开放导报，2016（2）：50－54.

[11] 沈玉良，金晓梅．数字产品、全球价值链与国际贸易规则 [J]. 上海师范大学学报（哲学社会科学版），2017（1）：90－99.

[12] 伊万·沙拉法诺夫，白树强．WTO视角下数字产品贸易合作机制研究——基于数字贸易发展现状及壁垒研究 [J]. 国际贸易问题，2018（2）：23－34.

[13] 马述忠，房超，梁银锋．数字贸易及其时代价值与研究展望 [J]. 国际贸易问题，2018（10）：16－30.

[14] 夏杰长．数字贸易的缘起、国际经验与发展策略 [J]. 北京工商大学学报（社会科学版），2018，33（5）：5－14.

[15] 张磊，徐琳．全球价值链分工下国际贸易统计研究 [J]. 世界经济研究，2013（2）：48－53.

[16] OECD. Towards a G20 Initiative on Measuring Digital Trade：Mapping Challenges and Framing the Way Forward [R]. Paris：OECD，2016：1－10.

[17] OECD. Measuring Digital Trade：Towards A Conceptual Framework [R]. Paris：OECD，2017：67－71.

[18] Nicholson J R，Noonan R. Digital Economy and Cross-Border Trade：The Value of Digitally-Deliverable Services [R]. U. S. Department of Commerce，2016：259－280.

[19] United States International Trade Commission. Digital Trade in the U. S. and Global Economies，Part 1 [R]. Washington D. C.：USITC Publication，2014（3）：109－138.

[20] United States International Trade Commission. Digital Trade in the U. S. and Global Economies，Part 2 [R]. Washington D. C.：USITC Publication，2014：67－72.

# 第 7 章　新经济下的共享经济

共享经济作为全球新一轮科技革命和产业变革下涌现的新业态新模式，正在加快驱动资产权属、组织形态、就业模式和消费方式的革新。推动共享经济发展，将有效提高社会资源利用效率，便利人民群众生活，对推进供给侧结构性改革，落实创新驱动发展战略，进一步促进大众创业万众创新，培育经济发展新动能，具有重要意义。

## 7.1　共享经济的兴起

### 7.1.1　共享经济产生的背景

1. 交换经济导致新的供需矛盾

科技的发展与应用带来了生产成本与交易成本的大幅下降，产品供应能力快速提升，然而消费者需求没有被充分开发，这种生产与需求的不对称增长导致产能过剩。2008 年金融危机爆发，导致全球市场需求大幅萎缩，产能利用率创新低，进一步加剧了产能过剩。与此同时，失业率攀升导致可支配收入锐减，开源节流的消费观达成共识。人们开始认识到，传统交换经济面对新技术导致的供需矛盾难有作为，而共享经济可以弥补其不足，因此共享经济作为传统交换经济有效的补充而得以出现[1]。

2. 环境危机呼唤减少能源消费

粗放型的经济增长导致了严重的生态环境危机，进而危及人们的生命健康。历史上恶性环境污染事件时有发生，如马斯河谷烟雾事件（1930 年）、伦敦烟雾事件（1952 年）、骨痛病事件（1955 年）、印度博帕尔事件（1984 年）、剧毒物污染莱茵河事件（1986 年）等。2019 年发布的《全球空气状况》显示，全球因长期暴露于室内外空气污染，导致死于中风、肺癌、糖尿病和慢性肺病的人数高达 500 万。对于能源危机和环境污染危机，人们长期以来寄希望于科技进步来解决，但收效甚微。在此背景下，共享经济开始得到关注，其作为传统经济的有效补充，可以通过共享减少不必要的能耗与消费，从根本上减少环境污染。

3. 传统价值观面临更新迭代

传统的拥有财富多寡的价值观在新生的“90 后”一代被颠覆，他们更愿意只拥有物品的使用权，而不在意其所属权。最新的《中国互联网络发展状况统计报告》显示，截至 2019 年 6 月，我国网民规模达 8.54 亿人，以青少年、青年和中年群体为主。追求个性化、标新立异、注重共享成为主要消费需求，催生了共享经济模式。共享经济的大量出现，又使得这种全新的消费观在新生一代中传播，继而带动全体消费者，传统的价值观面临更新迭代。

4. 技术支撑共享经济落地

据国际电信联盟 2018 年估计，随着移动互联网技术的推广与使用，全球“移动宽带”用户数将超过 50 亿人。截至 2019 年 6 月，中国手机即时通信用户规模达 8.21 亿。一方面，手机等移动通信设备的普及为共享经济提供了载体；另一方面，新的大数据、云计算、物联网等技术的更新换代，可以聚合分散的、小规模的共享行为，克服了供需匹配中的诸多难点。可见，新技术的应用使共享经济的发生与发展成为可能[1]。

### 7.1.2 共享经济的概念提出

共享经济也称作“分享经济”“协同消费”。1978 年，马科斯·费尔逊（Marcus Felson）和琼·斯潘思（Joe Spaeth）在论文《社群结构与协同消费》中首次提出共享经济的理念。该论文分析了阿莫斯·霍利的共生合作，即为了满足人们可持续发展需求，提出一种既可以满足日常需求，又可以与他人建立关系的协同消费概念[2]。这一概念得到了其他学者的关注，雷切尔·波茨曼（Rachel Botsman）和鲁斯·罗杰斯（Roo Rofgers）合写的专著《我的就是你的：协作消费的崛起》，继续延伸了协同消费的理念，认为消费者的需求从拥有私有物品，继而转移到满足使用需求，新的消费模式出现了[3]。《中国分享经济发展报告》（2016 年）认为，分享经济是利用互联网等现代技术手段，分享巨大数量的分散化、碎片化的闲置资源，满足消费者多样化需求的经济活动总和[4]。《中国共享经济行业及用户研究报告》（艾瑞咨询，2017 年）进一步指出，共享经济是指基于互联网、大数据等现代技术，将海量分散化的闲置资源聚类整合并有效共享，主要体现形式为暂时性转移使用权，也包括转让剩余所有权，以及分享时空、技能等无形资产，是一种新型经济形态和资源配置方式[1]。

对比中西方共享经济概念，发现一般都包括使用权、闲置物品、过剩产能、技术支持等概念。西方学者如 Robin Chase 和 Rachel Botsman 等，更侧重社会学视角进行分析，强调社会整群性，即赋权、人性和人际关系，普遍认为外来资本侵入、忽略协作历史和单纯迷信技术会导致共享经济偏离社群需求和人际关系需求的初衷[5]。而中国学者则更多地从经济学视角进行探究。荣朝和教授提出的共享经济概念[6]是典型的中国式共享经济概念，一方面，不再强调“闲置资源”，因为从现实情况来看，在中国式共享经济中存在大量的非闲置资源，如全新的自行车、胶囊旅馆等；另一方面，不同于从常规的时空视角入手，共享经济强调“物信关系匹配”对“时空结构”的改变，那么闲置资源的使用效率会呈现差异化，这也解释了中国的共享经济是资本入侵的共享经济。具体的中西方共享经济概念分析见表 7－1 所列。

**表 7－1 共享经济的概念**

| | 概念 | 核心 |
|---|---|---|
| Jeremy Rifkin<br>（US. 2014） | 共享经济是边际成本趋零化的产物，是市场经济与社会经济的混合物 | 更多的同情心，更少的物质感 |
| Robin Chase<br>（US，2015） | 人人共享模式三要素：过剩产能、共享平台、人人参与 | 赋权，与其他经济模式的区别：自主性、独立性 |
| Rachel Botsman<br>（UK，2015） | 协作经济包括协作消费，协作消费的核心是共享。共享包括全部 P2P 和部分 B2C。共享经济是个人未充分使用的资产或服务的共享，免费或收费 | 赋权，人际关系，人性 |

（续表）

| | 概　念 | 核　心 |
|---|---|---|
| Kevin Kelly（US，2016） | 数字社会主义是借助网络通信技术和互联网开展的全球一体化经济的无形服务。经济层面的数字社会主义就是共享经济 | 共享与租赁无本质区别；共享实现了即需即时使用；个人自主性，反中央集权；去中心化 |
| Alex Stephany（UK. 2016） | 共享经济是指能使社会群体（social group）通过互联网利用未被充分利用的资本，进而减少对这类资本所有权的需求，即向社会群体重新分配过剩产能 | 核心是互惠，旨在提高效率、体验人性和实现资源有效利用的共同愿景 |
| Russel Belk | 共享经济是新型的商业模式，是通过个体资产所有权和使用权的共享，实现市场经济发展的新途径 | 判断标准是所有权变更，亲社会意愿、有介质的交易行为 |
| 姜奇平 | 共享经济是比市场更高效的资源配置方式 | 资本可复制，使用权、所有权分离 |
| 荣朝和（2018） | 共享经济时空概念：不同主体在不改变资源所有权的前提下，借助信息化手段在新的时空结构中实现共用，通过改善了的匹配物信关系提高资源的使用效率 | 中国式（资本侵入式）共享经济概念；强调物信关系和时空结构；不强调闲置资源 |
| 孙　凯　王振飞　鄢章华（2019） | 共享经济是依托互联网技术平台，个体或组织间将闲置的、未被充分利用的资源的所有权或使用权转移，在客观上提升社会福利的经济活动总和 | 所有权或使用权转移；提升社会福利 |

资料来源：文献整理。

### 7.1.3　共享经济的早期成功案例

最早的共享经济可以追溯到2000年罗宾·蔡斯开创的先河。她创立的Zipcar共享租车服务被大家一致认为是早期共享经济的成功案例。Zipcar的运作理念为：客户可以在线或通过电话预定在某个时段使用某辆车；预定信息通过无线网络发送到汽车上；Zipcar会员可通过会员卡打开预定的汽车；用完之后，用户将汽车返还公司，在将其锁好后，计费便会停止。办理租车仅需要30秒钟便可完成，而且只有承租人可以使用汽车。所以，Zipcar的服务完全是一种自助且自主的服务，瞬间便可完成。Zipcar通过互联网共享平台等技术，将交易成本大幅缩减，使得传统的获利方式发生改变，更多关注的是使用频率。一辆车的使用频率越高，所获得的收益就越多[7]。

2008年成立的爱彼迎（Airbnb），完全源于个人闲置资源，使其再利用。它是一家联系旅游人士和家有空房出租的房主的服务型网站，它可以为用户提供多样的住宿信息。最起初的原因是举办会议而使本地酒店业的客房紧张起来，Airbnb创始人抓住这个商机，选择将自己的空置房间、沙发、充气床垫等临时租给参会者过夜，并供应早餐，从此逐步发展成为拥有覆盖全世界房源的实时在线共享房屋平台。Airbnb本身并不拥有房屋的所有权，只是将房东和房客聚集在爱彼迎平台上，房客按照需求查找房源，查看他人的体验评价，预订房间，最终入住并完成评价，一次交易完成了。房东通过出租闲置的住宿空间以获取收益，房客获得优惠的、个性化、本地化的居住体验，平台从中扣除一定服务费用，三方受益。与这个共享模式类似的Uber，成立于2009年，也是不购置车辆，而是招徕拥有闲置座位的车主加入Uber平台，一旦消费者有出行需求，就可以向其提供服务，通过定位系统和最优算法，将乘客和车主进行精确匹配，根据实时供需情况定价，车主赚得车费，乘客在最短时间体验低价服务，平台收取一定的服务费，同样三方获利。

共享经济的行为模式快速地从企业传播到个人，并在中国蔓延生根。资源盈余和省钱需求是共享经济初始的动力，将传统经济中的部分因素推向共享经济[8]。随着共享单车在我国获得成功，其他行业也纷纷加入共享经济大潮。滴滴打车、共享雨伞、共享汽车、共享充电宝、共享仓库等新兴共享产业的出现标志着共享经济的时代已经来临。作为一种全新的经济模式，共享经济正借助互联网手段，在人们衣食住行的各个环节创造社会价值。

## 7.2 共享经济的发展现状与基本特征

### 7.2.1 共享经济的发展现状

1. 共享经济规模逐渐变大

国家信息中心分享经济研究中心公布《中国共享经济发展年度报告》① 显示，2018年我国共享经济市场规模和就业依然保持了较快增长，共享经济占GDP的3.27%。2016、2017和2018年共享经济市场交易额分别为39 450亿元、49 205亿元和29 420亿元，具体信息见表7-2所列。共享经济参与者人数逐年递增，由5亿人增长为约7.6亿人，其中，提供服务者人数由5 000万人增加到7 500万人。截至2018年年底，全球305家独角兽企业中有中国企业83家，其中具有典型共享经济属性的中国企业34家，占中国独角兽企业总数的41%。

**表7-2 共享经济发展规模**

| 年度 | 共享经济市场交易额（亿元） | 共享经济的提供服务者人数（万人） | 共享经济平台的就业人数（万人） | 融资规模（亿元） |
|---|---|---|---|---|
| 2015 | 19 560 | 5 000 | — | — |
| 2016 | 39 450 | 6 000 | 585 | 1 718 |
| 2017 | 49 205 | 7 000 | 716 | 2 160 |
| 2018 | 29 420 | 7 500 | 598 | 1 490 |

数据来源：中国共享经济发展年度报告（2019，2018），中国共享经济发展报告（2017，2016）。

在市场结构上，共享经济主要集中于生活服务、生产能力和交通出行三个领域。从发展态势来看，生产能力共享和共享办公都表现出强劲的增长势头，其市场规模在共享经济总体中的比重上升，规模增速是生活服务和交通出行领域的4倍多。随着越来越多的企业

① 本章大量数据和信息来自《中国共享经济发展年度报告》，http：//www. sic. gov. cn/News/557/9904. htm

进入共享生活服务和共享交通出行领域，蓝海优势殆尽，其发展速度明显放缓，但规模优势仍存续。

2. 共享经济带动新型就业

就业是民生之本，是国家发展的基石。共享经济的发展不仅成为经济增长的重要新动能，也成为就业增长尤其是新型就业的、弹性就业的一个重要源泉，并成为反映就业形势和经济走势的一个风向标。国家信息中心主任程晓波（2019）认为，在经济发展面临下行压力的宏观背景下，考虑到社会群体生活方式日益多元，共享经济发展不仅可以满足多元需求，更可以创造大量就业机会和渠道，共享经济正在成为稳就业的重要通道。2017—2018 年我国共享经济发展情况见表 7－3 所列。

表 7－3　2017—2018 年我国共享经济发展情况　（单位：亿元）

| 领域 | 2017 | 2018 | 增长率 |
|---|---|---|---|
| 交通出行 | 2 010 | 2 478 | 23.3% |
| 共享住宿 | 120 | 165 | 37.5% |
| 知识技能 | 1 382 | 2 353 | 70.3% |
| 生活服务 | 12 924 | 15 894 | 23.0% |
| 共享医疗 | 56 | 88 | 57.1% |
| 共享办公 | 110 | 206 | 87.3% |
| 生产能力 | 4 170 | 8 236 | 97.5% |
| 总计 | 20 772 | 29 420 | 41.6% |

数据来源：中国共享经济发展年度报告（2019，2018）。

共享经济不仅成为人们自主择业的重要选择，同时也给社会特定群体开辟了一条便捷的就业渠道。例如，作为滴滴平台的主力军——网约车司机，他们中有 6.7%是建档立卡的贫困人员，实现了自主脱贫；12%是退役军人，超过 1/5 的司机是家里唯一的就业人员，新就业形态为千千万万的家庭带来了相对稳定的收入来源。2018 年，有 270 万骑手在美团外卖获得收入，他们中 77%的人来自农村，来自农村的骑手中有 67 万来自贫困县，美团的经营模式给更多贫困人员提供了工作机会。

3. 资本市场推动共享经济的发展

共享经济迅速发展的背后是用户的支持与认可，以及资本市场的不断推动。据调查，共享经济的不断发展很大程度上是因为资本市场的推动，更多的流动资本进入共享经济领域，使得人们对于商业模式产生了新的认识。无数资本家们开始加入共享经济，在共享时代的洪流中，资本家们获得了利益，而用户获得了方便，最终达到了双赢的结果。2018 年，从共享经济的发展速度来看，生产能力、共享办公、知识技能三个领域增长最快；知识技能、交通出行与生产能力这三个领域最吸金，排在共享经济直接融资规模前三位。融资规模与发展速度相一致。

2018 年共享经济领域直接融资规模约1 490亿元，同比下降 23.2%，首次出现负增长。其原因主要是共享出行领域（包括网约车、共享单车和共享汽车等）融资出现大幅下降，

2018 年共享出行领域融资规模从 2017 年的1 072亿元下降到 419 亿元，规模下降了 653 亿元，降幅高达 61%。剔除交通出行领域后，其他领域的共享经济直接融资规模从 2017 年的 868 亿元增长到1 072亿元，涨幅达 23.4%。分领域看，由于 2018 年共享医疗领域一系列促进行业发展的相关政策出台，稳定了投资者对行业发展的预期，共享医疗成为融资规模增速最快的一个领域，同比增长高达 661.8%。同时，制造业产能共享处于高速发展期，也受到了投资者的青睐，其融资增速也高达 494.1%。另外，知识技能和交通出行等领域发展较早、用户渗透率较高、模式相对成熟，其融资规模位居前列，分别为 464 亿元和 419 亿元。

### 7.2.2 共享经济的基本特征

如何规范共享经济

关于共享经济的基本特征，不同学者从不同角度进行了解析。有学者认为共同享有的理念、空闲产能、爱批判的群体及产生于陌生人之间的信任共同组成了共享经济的特征[9]。斯特凡尼认为共享经济包括三要素：闲置资源、共享网络平台和众多参与者。闲置资源是指共享平台通过信息技术和大数据，整合过剩产能并将其优化配置为可以交易的产品或服务；共享网络平台是共享经济的核心基石，通过平台的技术和手段对闲置资源进行优化销售和定向推广；众多参与者是指每个参与者都根据各自需求对共享经济进行革新，从而实现以个人为中心的定制化和个性化[10]。作为互联网时代激发的经济形态，对比分析传统经济模式，可以发现共享经济有 6 个典型特征[4]，如图 7－1 所示。

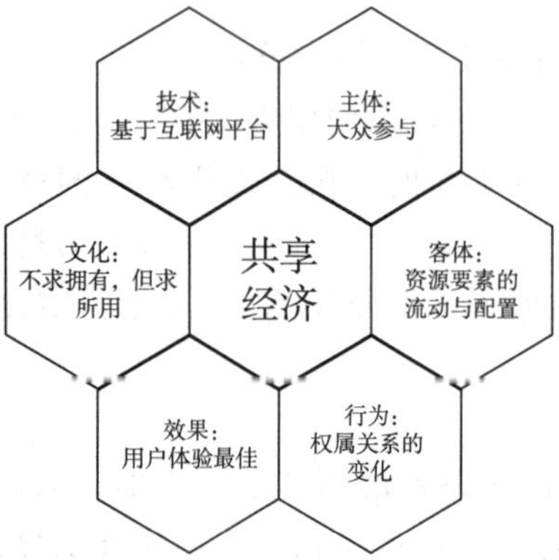


图 7－1　共享经济的六大特征

1. 技术特征：基于互联网平台

在互联网的基础上，智能终端的迅速普及推动了供给方与需求方之间快速地建立联系。双方在互联网平台取得联系，平台作用就是连接器，提供即时、便捷、高效的技术支持、信息服务和信用保障。离开互联网等现代化信息手段，真正意义上的共享经济将不能大量存在。

2. 主体特征：大众参与

大量的供给方和海量的需求方共同参与是共享经济得以存续和发展的前提。互联网平台的开放互通性使得普通个体只要拥有一定的资源和一技之长，就可以非常便捷地参与到共享经济中。同时，共享经济属于典型的双边市场，即双方的交易，当一方参与者增多时，另一方得到的收益就越大，两个群体相互吸引和促进，使得网络效应得到放大增强。在共享经济中，每一个参与者既可能是生产者又可能同时是消费者，个体潜能与价值得到最大限度发挥。

3. 客体特征：资源要素的流动与配置

从总量上来看，现实世界的资源是有限的，但闲置与浪费比比皆是，如空闲的车库、床铺、机房、时间、技能等。共享经济就是要将这些海量的、分散在各处的、各种类型的海量资源通过网络平台整合起来，让其闲置资源发挥最大效用，满足消费者日益增长的多样化需求，实现稀缺中的富足。

4. 行为特征：权属关系的变化

共享经济主要通过分离所有权与使用权，只是让渡产品或服务的部分使用权，采用以租代买、以租代售等形式，保留产品或服务的所有权，以实现所有物利用效率的最大化。从实践应用与发展看，共享经济将会渗透到生活、生产的方方面面，比如股权众筹等业态的出现已经涉及共享所有权。

5. 效果特征：用户体验最佳

在互联网、大数据、云计算等的作用下，交易成本在共享经济领域被极大地降低，以快速、便捷、低成本、多元化的方式满足消费者不同年龄段的个性化需求。服务结束后的用户评价能够在平台上及时、公开、透明地反馈，其他消费者可以即时查看，对其选择共享产品或服务产生直接影响。同时，反向的作用也会约束共享经济的供给方提高产品质量和服务水平，更加可以推动平台努力改进服务，督促供给方，更加注重提升用户感受和体验。

6. 文化特征：不求拥有，但求所用

共享经济满足了人性底层深处的社会化交往需求，给人们以分享的机会并帮助个体完成自我实现，这就是共享经济的文化特征。共享经济不求拥有物品，仅仅追求物品的使用过程和感受，这也与时下流行的环保精神相一致。

## 7.3　共享经济的价值创造

### 7.3.1　共享经济的价值构建

共享经济是对传统交易经济的改善，对个人、企业乃至整个社会带来创新性的、革命性的巨变。在共享经济中，人财物都获得了极大解放和自由，尝试从依附、附属、捆绑等关系中脱离、释放和拆分，并在这个过程中获得利益转化[11]。从破到立，共享经济的价值构建需要拆分物权、建立信任，为品牌赋值，并打造共赢的价值观，唯有如此，共享经济才能真正创造价值。

1. 共享经济需要物权拆分

共享经济主要通过物权拆分实现利益转化。物权包括所有权、用益物权与担保物权。通过精致细分物权、临时转移物权、强化流通过程以及再度分配使用权，深度解放人财物，实现价值流通与利益转化。比如个体的时间、知识与人脉也可共享（如猪八戒网），财的托管权可以让渡（如余额宝），物的物权可以分时租赁（如民宿），以获取收益权。

2. 共享经济需要建立信任

共享经济注重“拼、搭”，如上班途中的“拼车”“搭伙”等。以前这种表现形式是基于熟人圈，彼此熟悉是基础；而现在的共享经济则扩展到了陌生人中间，选择住进从未谋面的陌生人家里，搭乘路边的网约车而非获得信任的出租车，这些都隐藏着可怕的后果。

负向力量的出现也不能阻止共享经济的发展。伴随着移动互联网而生的“T 一代（GenerationTouch）”，采用社会化媒体沟通，积极主动地分享与传播共享经济的体验和感受，他们的消费模式在相互影响下发生了改变。朋友的体验感受、熟人的分享推荐，可以帮助个体减少搜索成本、降低交易风险。

信息技术的发展日新月异，移动互联网、大数据、云计算、物联网等技术的更迭，使得万物互联，同时也增加了信息不对称带来的弊端和不安全的隐患。更多的科技发展，算法的更新，持续地努力消除弊端和隐患，帮助共享经济下的陌生人之间建立基本的信任。如何消除用户对共享汽车的安全顾虑？如何解决短租民宿安全卫生的担心？不断增强的信用体系不仅注重共享产品或服务前的口碑调查，如信用等级评定、行为特征评定，还包括使用或体验中的支付安全，以及体验结束后的保险支持等。支付体系、评价系统、客服支持乃至口碑和品牌的打造，都有助于消除陌生人之间的不信任，创造共享经济发展的基础。

3. 打造共享经济的品牌依赖赋值

共享平台打造的商业逻辑，是以资本投入为驱动的，在共享产品和服务方面建立大量数据链接，当累计数据连接量达到临界点或者引爆点时，即可能成为该行业的数据霸主，之后在这个平台上实现数据变现：提供广告、采用点对点营销、考虑相关行业的跨界延伸，最终实现垄断红利。如 Uber，它从出行分享开始，慢慢延伸到 Uber Essential，尝试提供帮助购买小商品等服务。但是，追求垄断并不能让一个行业良性发展。实际上，只有通过赋值才是共享经济真正打造品牌的途径。赋值，体现在共享经济与传统品牌和谐共生，加快传统产业升级、重塑老品牌。凤凰自行车在与共享单车 ofo 合作的过程中，立足点不仅限于代工，它还利用共享单车累积的大数据资源和市场需求重新规划了生产环节和产品系列，对自身进行了革新。凤凰与 ofo 在研发和产能方面进行通力合作，双方获益，一方面解决了小黄车质量差的问题，另一方面加速了凤凰自行车的升级换代。赋值，还体现在将真实的价值注入共享平台，秉承积极、开放和公平的价值主张，各个平台赋予自身具有差异化的价值。共享平台与传统中介相区别，需要重塑供应商与用户之间的关系，打造一种具有利益转化的合作关系。共享平台更多地关注新技术的使用保证其流畅性，新环节的设置保护三方利益，最大限度地为供给方和需求方提供便利。

4. 营造共赢价值观

全球十强的独角兽公司名单里，共享经济企业与传统经济企业比起来毫不逊色。共享价值是迈克尔·波特和克雷默（2011 年）提出的已成为思考企业战略的一条思路。他们认为，企业的社会影响与企业的远景息息相关，企业需要保持自身价值和社会价值的和谐统一。随着企业外部环境不确定性增加，企业需要改善与利益相关者之间的关系，领导团队需要超越单一的、短期的视角看问题，不仅仅考虑企业自身的价值，还要关注多方共赢。共享价值是一种商业战略，是一种实现更明智的多方利益共赢的战略。如今的共享经济企业可以在技术上互联一切，更要注重企业的社会责任，与外界在利益共享上互联。共享价值并不是分享企业自己创造出来的价值，而是扩大企业的正外部性，增大社会总价值。传统的企业认为，参与减少社会污染、降低社会公害等行为都会使企业内部成本上升，在共享经济时代，这种想法就变得陈旧和故步自封了。在共享经济时代，从产品设计到生产、使用和反馈全过程中，都涉及多方的参与与互动，各方力量都在最大程度上的创新整个环节，使得一个共享经济产业链的产生会最大程度上降低其负外部性。在共享经济领域，多方互相合作，互惠互利互赢是核心价值观。

### 7.3.2　共享经济的运营模式

在共享经济中，主要有三个参与主体，即商品或服务的需求方、供给方和服务平台。需求方，主要指有相关需求并想得到满足的个体；商品或服务的供给方就是那些拥有并愿意利用自有资源的剩余使用价值进行获利的个体或组织；共享服务平台通过互联网获取信息，对零散的剩余资源进行整合，并与获取的实时需求信息进行匹配连接，完成一次共享服务。在整个过程中，三方都获利。深层次地分析共享经济的商业运作模式，可以获悉共享平台具有核心处理的功能，即收集整理信息、将供给和需求双方的资源进行匹配，并对双方进行信誉评价以方便后续交易等，而个体的全面参与使得共享经济的完整流程全面打通[12]。

共享经济的运营模式总结起来是三种：出租使用权、置换所有权和提供服务。共享经济的本质特征表现为两权分离，即所有权和使用权的分离，主要目的在于供需双方各取所需，使闲置资源进入流通市场并发挥价值。分析其基本原因，可以发现全球资源分配不均匀，供给与需求不在一个层面上，不能完全匹配。随着移动终端的大量使用，人们的即时需求大量出现并希望实时得到满足，而对于物品的归属显得不那么在意，更多的是体验过程。“使用即拥有”的想法和做法可以灵活、迅速地对消费者需求进行响应，逐渐得到消费者的认可[13]。

1．出租使用权

出租使用权的核心在于物品所有权仍归个体所有，只是以租借的形式将自己的闲置物品与他人共享。生活中接触到的典型领域是：共享出行、共享空间、共享充电宝等等。交通出行方面，通过 Uber 把个体闲置的私家车座位出租，又可以通过摩拜、哈罗单车等平台临时租用自行车；住宿领域，人们通过爱彼迎把闲置房屋或者床铺临时性出租等；工作领域，人们通过 LiquidSpace 将办公场所短期出租出去；手机没电了，可以通过街电、怪兽、小电、美团等获得充电宝业务服务。

2．置换所有权

置换所有权的形式为闲置物品所有权的变更，个体将自己的闲置物品出售给他人。涉及的典型领域为共享金融、闲置交易。

共享金融包括三个层次，即个体之间的金融共享、个体与金融机构间的金融共享以及金融机构间的金融共享。共享金融是一种全新的研究领域和方向，它涵盖了金融市场化、金融服务实体、互联网金融、普惠金融等一系列金融演进方向，是适应后工业时代的新型金融，是契合消费者主权社会特点的“小、众、美”金融。以 P2P 和互联网众筹为典型形式的共享金融是去中介化的过程。与互联网金融相比，共享金融对金融模式与功能变革的影响更深远。

国内的闲置交易平台有转转二手交易网、闲鱼等，可以把闲置的物品再次卖出去。国外的 Foro 是一个方便高校学生买卖闲置物品的平台，如文具、图书、电子用品等；Twice

做高端品牌的二手服装市场；thredUP 是旧金山一家专为女性和儿童服务的二手商品交易平台等。

3. 提供服务

共享服务不涉及实物的交换，主要形式为个体将自己闲置的时间、知识、技能等以提供服务的方式与他人共享。涉及的典型领域为物流、任务、专业技能、知识/教育、自媒体等。

提供知识共享的平台，如技能银行，它把所有人的知识和技能汇集在一起，大家在平台上各自按照需求选择知识并完成有效的交换和流转，创造了一种全新的学习和分享的模式。技能银行是知识社交平台，方便大家互相学习和分享所长。无论是专业领域，还是兴趣爱好，每个人都可以把自己在行的知识、经验以开课的方式在技能银行上分享给有需要的人。大家可以用 1 对 1 线上或线下的方式，像与朋友分享交流一样。技能银行采用的是 P2P 的形式，通过平台整合人们的社交需求，提供平台展现自我，用自己的学识结交新朋友，形成一种多方共赢的良性循环。

共享物流是指通过共享物流资源、按照统一标准实现物流资源优化配置，从而降低成本，提高效率，减少重复建设，推动物流系统变革[13−15]。物流领域是共享经济的重要环节，在共享物流模式中，共享的物流资源主要有：物流信息资源、技术与产品资源、搬运设备资源、仓储设施资源、货物运输资源、终端配送资源、物流人力资源以及跨界的相关资源等[12]。共享物流描述了由物流部分环节共同配送到物流全链路共享的发展趋势[15]。

共享医疗是通过激活现有医疗体系内的资源，促进优质医疗资源市场化并流动起来，推动分级诊疗、多点执业的政策落地，调整不同地域、医疗机构之间的供需不均衡现象，精准匹配医生和患者，目的是实现医生、患者、医院等多方共赢。目前医疗共享的应用，大体上可以分为线上和线下两种。线上医疗共享以在线问诊为主，目前此领域国内市场竞争激烈，涌现了大量在线问诊等功能产品。据不完全统计，国内类似功能的 App 有将近 500 个，包括综合性的和面向中医、慢性病等垂直性的，单一线上问诊平台和线上线下相结合平台，诊前指导平台或健康咨询平台和诊后随访平台等多种不同需求、不同功能的平台，大家熟知的线上共享医疗平台有平安好医生、春雨医生、好大夫在线等。线下医疗共享方式种类繁多，可以是医疗商场、多点执业、医生集团、医疗设施分享等多种模式，线下模式与治理疾病紧密结合，是未来医疗共享探索的主要方向，如杭州全程国际 Medical Mall、多点执业平台——广州大医汇等。

**【案例 7 - 1】**

## 哈啰共享单车

在中国，每天整体出行需求约 28 亿次，其中两轮出行约 10 亿次，包括单车日均骑行需求超过 2 亿次、两轮电动车骑行需求超过 7 亿次。共享出行无疑是过去几年以来最为火爆的行业之一。2016 年伊始至今，ofo 与摩拜经历了短短三年融资、烧钱和营利乏力的困局。在 2018 年，整个互联网行业最令人唏嘘与感慨的，莫过于这两家独角兽跌落风口，哈啰出行异军突起。自从哈罗单车宣布升级为哈啰出行，旗下业务涵盖共享单车、助力车、汽车，同时新平台还将接入出行和生活服务等领域的多平台，正式从单一业务向多元化迈进。

现有哈啰单车为3.5版本，车身搭载行业首个智能语音锁，可定制语音服务，拥有GPS+北斗+基站三重定位，定位精度提高一倍，定位时间减少70%，开锁时间固定在0.99秒内。哈啰单车3.5车辆对多项技术进行升级，采用真空一体发泡坐垫，可以有效避震，采用全铝合金车架，防锈蚀，采用双刹车系统，前鼓刹+后随动闸制动距离较二代车缩短20%。2017年9月，哈啰出行推出哈啰助力车。该车采用汽车工业级别锂电池，最大续航里程50km，电机180W，限速20km/h，电线隐藏在车内防水。车身采用烤漆，采用液压减震器和实心胎。同时采用NFC电子智能锁，通过App解锁，后台可同步监控，手机App端显示剩余电量和可续航里程。2017年4月哈啰出行上线共享景区车业务，哈啰景区业务定制提供单人车、情侣车、亲子车、家庭观光车、助力车等产品。车辆附带骑行意外险等安全保险。2019年1月下旬，哈啰顺风车业务在上海、杭州、广州、东莞、合肥、成都等6座城市开通试运营，其他城市将陆续开通。"哈啰大脑2.0"是哈啰出行全业务生态的决策中心，基于大数据、人工智能、云计算实现智能供需预测、智能规划、智能调度、智能派单等全业态全链路运营决策智能化。这标志着哈啰出行自主创新迈入全新阶段，人工智能已经成为共享出行行业发展的强大驱动力，高效赋能共享出行精细化运营和智慧城市交通管理。

**【案例7-2】**

## 共享金融

派克金融推崇一种新的以资源、要素、功能、利益共享为特征的"共享金融"模式，实现金融资源更有效、公平地配置。派克金融采用区块链技术，实现资产的公开透明，并以生活、社交、游戏的理念来管理π资产。社交游戏Discovery就是他的发行方式，π可自由交易、买卖、支付等等。派克金融在派克集团整合泛娱乐产业链的大环境下，将游戏和金融行业进行跨界整合，首推"金融社交娱乐化"的发展目标。玩家们通过分享各自的生活、商业、慈善、运动、旅游等社交方式来发行新的π资产，让π与现实世界紧密结合，使游戏可以洞察现实世界的金融需求，从而最合理地发行π资产，真正实现全球央行一直宣称，但又从未实现的目标——"根据市场经济发展对货币的需求，来进行相应的量化宽松政策!"

**【案例7-3】**

## 共享叉车

以叉车共享为例，叉车租赁是一种新兴的物料搬运设备使用方案，与传统的叉车购买方式相比，用户只需交纳少量的保证金，即可拥有叉车的使用权，并享有叉车厂家提供的售后服务。资料显示，在美国、欧洲、日本、韩国及澳大利亚等发达国家和地区，叉车租赁随处可见，其中欧洲大多数国家，如英国、法国、德国等，65%的企业或用户都以租赁的方式使用叉车，在日本和韩国，叉车租赁占叉车销售的50%左右。相比之下，中国的叉车租赁尚处于起步阶段。资料显示，经过对全国 50 家叉车租赁企业的数据进行测算，2016 年叉车租赁数量接近 8 万辆，比 2015 年增长 20%左右。

## 7.4 共享经济的影响

### 7.4.1 微观影响

1. 共享经济对劳动关系建立条件的影响

共享经济商业化后如何盈利

共享经济与传统经济相比，建立劳动关系的条件发生了诸多新变化[21]。在传统经济下，个体提供劳动力，企业提供生产资料，劳动力与生产资料在生产过程中完成结合，实现一定的社会生产活动。但劳动者与企业若要形成劳动关系，一般要经过双向选择机制，最后由企业方与劳动者签订具有约束双方行为的、法律效力的劳动合同。劳动者若在合同未到期前离职，则被视为破坏劳动合同，需要缴纳一定的违约金，严重的还有竞业限制的要求。然而，在共享经济下，共享平台与劳动者之间建立劳动关系的门槛非常低，且相关程序的办理方便快捷，双方只需要通过网上注册和审核机制即可建立相应的劳动关系。除了共享平台的信息之外，劳动过程并不需要平台公司提供生产资料。多数劳动者将以平台为媒介的工作作为兼职，因为其本职工作获得的收入往往已经可以满足其劳动力再生产的需要。从这个意义上看，既然共享经济下的劳动者并非完全从属于平台公司，平台公司也就无需为劳动者缴纳社会保障费用。对滴滴司机来说，大多数司机选择劳动力和生产资料（私家车）捆绑一起加入运营平台的方式，因此，司机本可以凭借本职工作获得收入而无需受到平台的制约，其作为消费资料的私家车也只是并入共享平台才转变为生产资料，而这种转变所引发的一切成本（包括油耗、维修、保养和保险等费用）都是由司机自己承担。可见，劳动者与平台公司之间并不具有严格的从属关系，平台公司似乎只是起到联系劳动者与客户并提供信息的中介作用。

2. 共享经济对劳动方式的影响

共享经济与传统经济相比，在劳动方式上也存在明显区别。在传统经济下，劳动者若被企业雇佣，则需要在企业所有者及其代理人的监督下劳动，其劳动时间、劳动地点和劳动任务都由雇主来严格规定，劳动者的整个劳动过程和劳动产品都属于企业所有者。相较而言，共享平台既不规定也不限制劳动者的劳动时间，劳动者可以根据自己的预期收入自主决定劳动时间的长短，或者根据自己的意愿决定劳动时间的分配。若撇开平台信息传递的技术因素，共享平台对劳动者的工作地点并没有设定限制。同时，劳动者可以自主决定是否提供服务即接单或者不接单，也可以自主选择服务对象即选择接受哪个订单。所以，劳动者在劳动过程中并没有劳动定额的外部压力，在劳动时间、劳动地点以及选择服务对象方面似乎也有更多的自主权和灵活性，不必受到平台公司的严格限制，传统经济中始终悬挂在雇佣劳动者头上的“达摩克利斯之剑”即资本的权威和意志似乎消失不见了。

3. 共享经济对劳动报酬获取方式的影响

共享经济与传统经济相比，劳动报酬的获取方式也不同。在传统经济中，劳动者一般先劳动后取酬，一般都有一定的支付周期，如一个月，工资一般采取计时工资或计件工资形式支付。相比来看，在共享经济下，消费者获得服务后便向第三方支付平台支付服务费用，共享平台从中收取一定的抽成之后，随即将劳动报酬支付给劳动者。与传统经济的工资支付方式相比，共享经济下劳动报酬的支付周期被极大地缩短，实现了劳动报酬支付的精确化和即时化，消除了劳动报酬支付的不确定性和滞后性。以滴滴公司为例，乘客向第三方支付平台支付费用之后，按照订单数量和服务对象，滴滴平台随即根据乘客对司机的评价情况支付司机劳动报酬和奖励金，使滴滴司机在做每一单时都感觉到劳动报酬“近在眼前”并能即刻兑现。

4. 共享经济对劳动关系的法律界定的影响

共享经济与传统经济相比，在劳动关系的法律界定上面临困难，并由此极易引发劳资争议和冲突。在共享平台一方看来，根据当前我国法律规定，平台公司与劳动者之间并不具备严格的劳动关系，平台公司也就无需为劳动者提供相应的社会保障待遇。然而，劳动者则要求平台公司承认自己劳动者的法律地位，并获得属于劳动者的合法权利。就滴滴公司与滴滴司机之间的关系来看，根据我国对劳动关系的界定标准，滴滴平台不必承认双方之间存在劳动关系，这就意味着滴滴司机无法享受劳动者的合法权利，这些合法权利包括国家规定的最低工资标准、工伤待遇和社会保险等基本保障待遇。面对必须承担市场竞争日趋激烈导致收入下降的风险，劳动者纷纷要求获得合法的劳动者地位以保障自己的权益。然而，根据当前我国法律对于雇工和非雇工的分类标准，滴滴司机若要保留劳动过程中享有的自主权和灵活性，就必须放弃劳动者的合法身份以及与此对应的劳动者权利，而平台公司如果承认劳动者的合法地位并且承担劳动者的相关权利保障成本，必然会要求劳动者牺牲目前劳动过程中享有的自主权和灵活性。换言之，从当前我国既有的法律规定来看，无法兼顾共享经济下劳动者的自由工作模式与劳动者的合法权利保障，这导致劳动关系的法律界定陷入困境。

### 7.4.2　宏观影响

1. 共享经济对产业的影响

Botsman 和 Rogers 认为，共享经济能够推动产业结构调整与升级，服务业比重将大幅提升，制造业与服务业相融合的趋势将会日益显著[3]。共享经济将会显著降低创新创业成本，未来将激发更多的创新技术和模式[16]。Martin 认为，参与到共享经济的初创企业更容易融资或取得众筹，有助于带动相关产业的金融发展[17]。共享经济改变了人们的产权观念，培育了新的合作意识，创建了新的供给模式与交易关系。刘根荣提出共享经济的发展可以在多方面发挥积极作用，如促进企业转换职能、升级服务、引导行业良性竞争、加剧企业变革及提升灵活就业等。宋逸群等认为，共享经济对个人、企业、产业、社会四个方面都有重要影响：共享经济给个体提供了创新的平台；对于企业而言，将会打破垄断，企业将会实现共赢发展的商业生态系统；能够驱动产业结构优化升级；实现社会的可持续发展[8]。

此外，共享经济的发展对传统产业的冲击在短期内仍会存在[18]，如在美国德州，爱彼迎客房数量每增加1%，当地酒店季度收入就会相应减少0.05%[19]。共享经济可能对传统产业和企业产生一定程度的冲击，对行业管理部门的决策也提出了质疑[20]。秦海涛从共享经济在我国发展的现状和问题的视角进行分析，探讨了共享经济带来的正面和负面影响，认为一方面共享经济在产业规模、商业模式普及性、开拓国际市场等方面产生积极的正面影响；另一方面存在法律不规范、受到传统经济的抵制、行业壁垒等负面问题，并有针对性地提出了对策建议[12]。

2. 共享经济对环境的影响

梳理共享经济对环境影响的文献，发现国外学者研究占大多数，国内学者的研究较少，且结论集中于共享经济对环境有积极作用。共享经济对环境的影响具有两面性：一方面能够实现资源的优化配置，有助于保护环境，实现环境友好型社会的发展；另一方面当资源重复利用率过高，其产生的二氧化碳等温室气体的排放量可能会更高，这就可能加速环境污染，不利于绿色环境的发展。

共享经济对环境的影响有正向的积极作用。Martin 和 Shaheen 等通过对汽车共享调查数据的研究分析表明，北美和西欧汽车的平均使用水平仅有8%，而通过与他人共享汽车的形式，可以减少汽车购买量以及减少车辆行驶里程等途径减排温室气体，仅以北美地区使用共享汽车来估算，每年可以减少温室气体排放量为0.84吨。Rifkin 认为，共享经济促进个体从拥有所有权转向只关注使用权，使得个体大大减少新产品的购买，进而降低资源消耗和温室气体排放[16]。少部分学者持共享经济对环境产生负向影响的观点，对共享经济促进绿色减排表示质疑。Schor 认为，对大多数人而言，汽车共享会丰富接触汽车的途径，增强汽车的易用性，从而提高了汽车尾气的排放[22]。共享经济是有利于环境保护还是会加速污染，仍需要更多学者的深入研究。

3. 共享经济对政府政策的影响

学者们关注并研究了政府或监管机构在共享经济中的作用[22]。共享经济模式是新鲜事物，这就对政府的监管行为提出了新要求。已有文献研究表明，许多初创的共享经济企业在早期阶段采取松散管理模式或不与政府管理部分建立联系，使得监管机构认为这些初创企业是在利用漏洞，而不是开发合法的商业模式[23]。如一开始纽瓦克市长在纽瓦克国际机场禁止 Uber 的运营，称 Uber 未取得经营许可证运营，违反城市法规。从实践的角度来看，Cannon 和 Summers 建议共享经济初创企业主动分享他们的商业模式和公开数据信息，对监管当局的关切做出回应，帮助政府做好相关立法工作。

国内外学者们针对共享经济出现的负面问题，从政府的应对政策角度进行分析。董成惠从法律层面上分析了共享经济带来的负面影响，即共享经济面临一个法律规范的问题；又质疑了这种共享的商业模式是否具有可持续性[24]。李波等认为，共享经济商业模式加大了税收的难度，并从税收制度、税收征管等方面提出了相应的对策：一是政府要丰富和完善现有法律法规，促进共享经济发展；二是在政府部分税务登记共享经济企业，加大监管力度；三是对网络支付平台加强管理，实行代扣代缴税；四是加强各个部门之间的配合。学者们在研究中，发现我国共享经济在发展的过程中出现法律法规不健全、行业管理不规范等问题，相应地提出要建立健全共享经济的配套法律，加强相关机构的监管和完善信用体系等政策建议。

## 思考题

1. 请从新古典经济学的视角分析共享经济。
2. 请从产业经济学的视角分析共享经济。
3. 从政府的视角出发，为了规范共享经济的未来发展，应该提出哪些政策规制？

## 参考文献

[1] 艾瑞咨询．中国共享经济行业及用户研究报告［EB/OL］. 2017：4－10. http：//www. 199it. com/ archives/623159. html.

[2] Felson M，Spaeth JL. Community structure and collaborative consumption：A routine activity approach［J］. American Behavioral Scientist，1978，21（4）：614－624.

[3] Botsman R，Rogers R. What's mine is yours：the rise of collaborative consumption［M］. New York：Harper Collins，2010：41－67.

[4] 国家信息中心信息化研究部，中国互联网协会，分享经济工作委员会．中国分享经济发展报告［EB－OL］，2016：1－10. http：//www. sic. gov. cn/news/250/6010. html.

[5] 社群经济研究院．社群经济：移动互联网时代未来商业驱动力［M］．北京：机械工业出版社，2015：15－33.

[6] 荣朝和．互联网共享出行的物信关系与时空经济分析［J］．管理世界，2018，34（4）：101－112.

[7] 罗宾·蔡斯．共享经济：重构未来商业新模式［M］. 杭州：浙江人民出版社，2015：2－24.

[8] 宋逸群，王玉海．共享经济的缘起、界定与影响［J］. 教学与研究，2016（9）：29－36.

[9] 富切尔·博茨曼，路·罗杰斯．共享经济时代：互联网思维下的协同消费商业模式［M］. 唐朝文，译．上海：上海交通大学出版社，2015：8－13.

[10] 斯特凡尼．共享经济商业模式：重新定义商业的未来［M］. 北京：中国人民大学出版社，2016：66－78.

[11] 马湘临．从共享经济到共享价值［J］. 上海企业，2017（8）：8－12.

[12] 秦海涛．共享经济商业模式探讨及在我国进一步发展的建议［J］. 商业时代，2016（24）：124－126.

[13] 王宗义，张丽芳．研究发展需求创造服务市场——文献资源共享物流系统建设可行性研究［J］. 图书馆杂志，2001（4）：21－25.

[14] 马姗姗．共享物流的力量已经爆发［J］. 中国物流与采购，2017（7）：102－103.

[15] 刘根荣．共享经济：传统经济模式的颠覆者［J］. 经济学家，2017，5（5）：97－104.

[16] Ehret M . The zero marginal cost society：The internet of things，the collaborative commons，and the eclipse of capitalism［J］. The Journal of Sustainable Mobility，2015，2

(2)：67－70.

[17] MartinCJ. The sharingeconomy：a pathway to sustainability or anight-marish form of neoliberal capitalism? [J]. Ecological Economics，2016 (121)：149－159.

[18] SigalaM. Collaborative commercein tourism：Implications for research andindustry [J]. Current Issues in Tourism，2015：1－10.

[19] Zervas G，Proserpio D，Byers JW. The rise of the sharing economy：Estimating the impact of airbnb on the hotel industry [J]. Social Science Electronic Publishing，2013 (16)：1－28.

[20] 杨帅．共享经济类型、要素与影响：文献研究的视角 [J]. 产业经济评论，2016 (2)：35－45.

[21] 任洲鸿，王月霞．共享经济下劳动关系的政治经济学分析——以滴滴司机与共享平台的劳动关系为例 [J]. 当代经济研究，2019 (3)：5－12＋113.

[22] Schor J. Debating the sharing economy [EB/OL]. A great transition initiative，2014：10. http：//www.greattransition.org/images/GTI-publications/Schor－Debating-the-Sharing-Economy.pdf.

[23] Cohen B，Kietzmann J. Ride on! Mobility business models for the sharing economy [J]. Organization& Environment，2014，27 (3)：279－296.

[24] 董成惠．共享经济：理论与现实 [J]. 广东财经大学学报，2016，31 (5)：4－15.

# 第 8 章　新经济下的公共服务

新技术的广泛应用不仅带来了经济社会的深刻变化，也给传统的公共服务带来极大的冲击。为促进新经济的发展，在新技术条件下推动政府经济治理体系与服务体系改革具有重要意义。为此，本章着重分析大数据、互联网以及智能化技术在公共政务、科技教育、医疗卫生以及城市交通等领域的应用现状及其未来发展趋势，为公共服务数字化、标准化与智能化发展提供启示。

## 8.1　智慧公共服务的兴起

### 8.1.1　公共服务的界定

公共服务，是公共行政和政府改革的核心理念，包括加强城乡公共设施建设，发展教育、科技、文化、卫生、体育等公共事业，为公众参与政治、经济、文化活动等公民基本权利实现提供保障。

公共服务可以根据其内容和形式分为基础公共服务、经济公共服务、公共安全服务、社会公共服务。基础公共服务是指那些通过国家权力介入或公共资源投入，为公民及其组织提供从事生产、生活、发展和娱乐等活动都需要的基础性服务，如提供水、电、气，交通与通信基础设施，邮电与气象服务等。经济公共服务是指通过国家权力介入或公共资源投入为公民及其组织即企业从事经济发展活动所提供的各种服务，如科技推广、咨询服务以及政策性信贷等。公共安全服务是指通过国家权力介入或公共资源投入为公民提供的安全服务，如军队、警察和消防等方面的服务。社会公共服务则是指通过国家权力介入或公共资源投入为满足公民的社会发展活动的直接需要所提供的服务。本章探讨的公共服务仅涉及社会公共服务。

### 8.1.2　公共服务智慧化供给的兴起

新技术的广泛应用以及新技术企业巨头的加速崛起，在行政和政治领域都产生了巨大影响。一方面，国家行政主体权力运行的环境变得越来越复杂，新技术企业凭借其强大的技术能力和无可匹敌的社会功能，正在加速替代政府的传统角色和职能，从而进一步压缩了公共行政和国家治理的条件和资源[1]。另一方面，政府传统的监管工具正在不断萎缩[1]，而新的公共服务体系却没有构建起来，新技术条件下的政府公共服务出现严重的不足。出于行政体系自身建设以及经济社会发展的需要，政府公共服务智慧化的需求不断上升。

就本质而言，公共服务智慧化供给是在智慧城市大背景及其建设的外部性需求下，一种既符合公共服务现行供给规律，又利用“智慧化”的思维及手段，分析供给事件，明确供给价值，实施服务供给的智慧型动态服务过程[2]。从技术性视角来看，公共服务智慧化供给强调智慧集成技术在公共服务治理创新体系中应用和效能发挥，即利用大数据、智联网、云平台、人工智能等现代通信技术和新媒体技术等集成化技术手段，将服务供给各环节、各主体聚合为一个统一的系统，依托网络平台，通过整合各方资源、优化供给要素、重塑供给体系和模式，提供以在线化、虚拟化、网络化、多元化为特征的智慧型公共服务，促使供给过程实现更智慧的运转，以及公共服务创新转型的一种模式[3,4]。从供给产出绩效视角审视，公共服务智慧化供给是通过发展公共服务数字化、电子化、自动化和信息化，建设信息传递价值链，实现服务资源高效整合、分发与使用，对居民需求通过计算完成精准匹配，从而提升公共服务供给效率并减少管理及运营维护成本的一种供给方式[5-7]。

总之，在新技术条件下，信息技术与互联网技术深度融入政府管理和服务过程中，出现了“互联网＋政府服务”的新型治理模式。这一模式产生，既拓展了公共服务的边界，也创新了公共服务方式，是新经济发展的必然结果。

## 8.2 智慧公共服务的现状

### 8.2.1 智慧政务

1. 智慧政务的定义与特征

智慧政务是电子政务的升级，它通过综合应用云计算、语义网等信息技术，面向公民和企业提供无缝对接的高级政府公共服务。也就是说，智慧政务并不是一种全新的政务形式，而是电子政务发展到一定程度以后进入高级阶段，它必然要求政府公共服务范式从全能服务型转向智慧服务型。在智慧政务建设中，要实现“迅速、灵活、正确”地理解公众需求，处理公众事务，就必须基于公众生命个体，针对具体事务，将割裂的公民数据重新关联起来，实现多部门协同服务。智慧政务使得政府在信息技术的帮助下变得更加智慧、高效，实时满足个体不同需求，智慧政务呈现出简便、透明、自治、移动、实时、智能和无缝对接等特征。智慧政务以公民为主体，惠及所有公民，是一种先进的、高效的公共服务范式。

2. 智慧政务的对象

一般认为，智慧政务的服务对象从不同层次来划分有三类，即公众、企业和政府。因此，进行排列组合，智慧政务公共服务主要包括四种模式，即政府对公众（G2C，Government to Citizen）、政府对企业（G2B，Government to Business）、政府对政府雇员（G2E，Government to Employee）以及政府部门对政府部门（G2G，Government to Government）。这些服务的提供都依靠于完善的政务信息基础设施。相比之下，在智慧政务阶段，除了上述领域外，政府还面临着更广泛的公共领域，比如政府的社区服务、公共安全、公共应急以及社会管理等方面，而且公私领域的边界越来越模糊。

3. 智慧政务的体系架构

智慧政务以大数据、云计算为基础，通过各领域全面感知、实时信息交换、服务流程整合、数据智能处理与分析，优化社会治理流程，实现公共治理高效精准、公共服务便捷惠民、社会效益显著的一种全新政务运营模式。智慧政务由技术与资源、应用平台、管理、服务及智慧平台五个要素构成，其中技术和资源是智慧政务基础建设的必要投入，是实现智慧政务的重要基础设施；应用平台是智慧政务建设的产出，是智慧政务的支撑手段；管理与服务体现智慧政务的建设效果，管理是服务水平提高的重要保障，政府服务是智慧政务的根本目标。智慧平台主要包括政务云桌面、政务云数据等。智慧政务基于政务一体化云平台而开展包括智慧公共服务、行政审批、内部管理、领导决策四个主要政务内容的工作。

用户可将个人信息资源存储在“云端”，云端服务器则将这些信息、资源、软件等通过网络发送到终端用户的手机、电脑等设备上。智慧政务轻松地实现了政务办公数字化、互联化、一体化、集约化、平台化、数据信息共享化等管理方式。与传统电子政务相比，智慧政务在以人为本的基础上，实现了信息公开、快速响应、主动服务、智能决策。

智慧公共服务主要包括政府门户网站建设、政务公开、社区行政服务及统一的公共通信平台建设等；智慧行政业务主要包括跨部门协作智能办公、阳光政务运行、社区综合管理；智慧综合决策主要包括领导决策服务、行政效能管理、综合信息跟踪等服务。政务一体化云平台主要包括政务云安全技术管理、云数据处理、人工智能、数据挖掘、知识管理等基本技术支撑。各具体政务部门系统都自动与政务平台实现数据对接兼容，提供高效率、高质量、无缝隙、集成化的公共信息和服务。

### 8.2.2　智慧教育

1. 智慧教育的定义与特征

早期智慧教育的理念重视教育应该教会学生智慧地思考与解决问题，从而培养具有高智慧和社会责任的人才[8,9]。现代智慧教育理念认为，要注重性智与量智的结合，促进学习者的智慧学习，打造高效率的教育行为系统[10,11]。智慧教育是数字教育的高级发展阶段，是依托包括物联网、云计算、人工智能等技术打造的一种新型教育信息生态系统。智慧教育的核心技术特征可以概括为：情境感知、无缝连接、全向交互、智能管控、按需推送和可视化六大特征[12]，如图8－1所示。

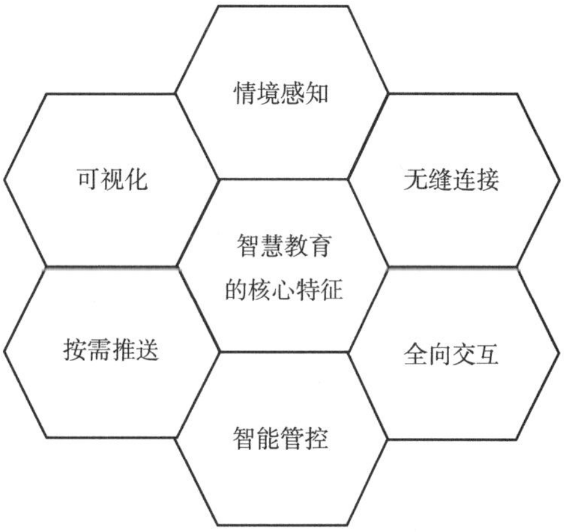

图8－1　智慧教育的核心特征

情境感知是智慧教育的基础功能特征，依据情境感知数据自适应地为学习者提供推送式服务，现在国家提倡的虚拟仿真教学就可以给学习者提供真实情境的虚拟仿真，让学习者在仿真的情境中模拟真实情况进行学习。常用的情境感知技术包括全球定位系统 GPS、射频识别 RFID、矩阵二维码符号 QRCode 以及各类温度、湿度、光照等传感器。

泛在网络是智慧教育开展的基础，基于泛在网络的无缝连接是智慧教育的基本特征。无缝连接具体体现在系统集成、虚实结合、多终端访问、无缝切换、连接社群。学习者采取课堂学习与网络学习相结合的形式，服务器可以根据学习者的学习进程和结果进行分析，来为学习者下一阶段的学习制订计划，借助于这些信息的处理技术和手段，实现线上线下教育的无缝对接。

教与学活动的本质是师生交互、生生交互，智慧教育系统支持全方位的交互，包括人与人之间的交互以及人与物之间的交互，扩展了交互的范围。教育环境、资源、管理与服务的智能管理是智慧教育的核心特征。

智能管控主要体现在智能控制、智能诊断、智能分析、智能调节、智能调度等；智能教育要达成“人人教、人人学、人人会”的美好愿望，教育资源需要按需获取和使用，教与学可以按需开展，可以真正意义上实现因材施教。

按需推送是智慧教育的另一重要特征，具体体现在按学习者的需求进行资源或信息的推送、学习活动和实践活动的推送、学习服务的推送、学习工具的推送、人际资源的推送等等。

可视化是信息时代数据处理与显示的必然要求。可视化是智慧教育观摩、巡视、监控的必备功能，也是智慧教育系统的重要特征，具体体现在可视化监控、可视化呈现、可视化操作。

2. 智慧教育的总体架构

智慧教育的总体架构可以概括为“一个中心、两类环境、三个内容库、四种技术、五类用户、六种业务”，即智慧教育以智慧中心云建设为基石，以在智慧校园和智慧城市两类环境中构建的学习资源库、开放课程库和管理信息库三个智慧内容库为载体，融合应用物联网、大数据、云计算、泛在网络四种关键技术，面向教师、学生、家长、教育管理者和社会公众，提供智慧教学、智慧学习、智慧管理、智慧科研、智慧评价和智慧服务六大教育业务[13]。

一个智慧云中心。智慧教育云中心要提供统一门户、统一身份认证、统一接口和统一数据中心等基础支持服务，有效整合现有的软硬资源和信息数据，为学校提供计算、存储、网络安全等计算资源服务，实现通用教育业务的集中化管理和信息资源的按需分配；整合现有各类教育软件系统，促进应用系统贯通与集成，形成基于统一数据环境的智能信息平台，为广大教育用户提供“人人通”空间服务。

两类智慧环境。智慧环境是智慧教育实施的基础和保障，需要创新应用物联网、云计算、大数据、语义网、移动通信等新一代信息技术，完善两类智慧教育环境，分别是支持学校教育的智慧校园和支持终身教育的学习型智慧城市。

三个智慧内容库。学习资源是实现教育系统变革的基础，是教育智慧沉淀、分享的重要载体。需要重点建设三个沉淀智慧的内容库，包括学习资源库、开放课程库和管理信息库。

四种智慧技术。物联网、云计算、大数据、泛在网络是支撑智慧教育构建的关键技术。物联网和大数据技术是智慧教育系统建设的智慧支柱，泛在网络和云计算技术是智慧教育系统建设的智慧底座。泛在网络是通信网、互联网、物联网的高度协同和融合，将实现跨网络、跨行业、跨应用、异构多技术的融合和协同[14]。泛在网络将信息空间与物理空间实现无缝的对接，其服务以无所不在、无所不包、无所不能为三个基本特征，帮助人类实现任何时间、任何地点、任何人、任何物都能顺畅地通信，都能通过合适的终端设备与网络进行连接，获得前摄性、个性化的信息服务[15]。

五类服务用户。教师、学生、家长、教育管理者和社会公众是智慧教育系统的五类核心用户。智慧教育要为各类用户提供最需要、最适合、最准确、最便捷的教育服务，满足他们接受美好教育的期盼，发展数字智慧，提升生命质量。

六种智慧业务。智慧教育要推动信息技术与教育教学的深度融合，有效支撑包括智慧教学、智慧学习、智慧管理、智慧科研、智慧评价和智慧服务在内的六大主流教育业务的顺利开展。

智慧教育

### 8.2.3 智慧医疗

1. 智慧医疗的定义

智慧医疗源于国际商业机器公司 IBM 提出的“智慧地球”概念。智慧医疗是指以电子健康档案为基础数据，综合运用物联网、互联网、云计算、大数据等技术，构建医疗信息共享的交互平台，实现患者、医疗机构、医务人员和医疗设备之间的多向互动，智能匹配医疗生物圈的需求[18]。智慧医疗是信息技术与生命科学的交叉应用，是面向医疗、康复、护理以及养老的大健康体系，涉及医疗服务、公共卫生、医疗保障、药品供应保障、健康管理等方面[16]。

智慧医疗是一个以医疗物联网为核心、信息高度移动和共享的医疗信息化生态系统；智慧医疗是建立协同工作的医患以及设备之间的合作伙伴关系，提供更好的医疗保健服务，并有效地预测与预防疾病，同时还能激励个人做出更明智的选择；智慧医疗是通过信息化建立健康面对面计划和以个人电子健康档案为核心的数据中心，并按照统一标准实现区域卫生信息互联互通和共享[17]。

2. 智慧医疗的应用范围

智慧医疗主要应用于医疗服务、卫生管理以及居民服务中，通过卫生医疗信息集成系统，整合卫生资源信息，促进政府决策合理化，解决卫生资源配置不均衡问题[19]；打破医疗信息孤岛、各个部门相互隔离的状况，实现医疗信息共享，解决医疗联合体之间共享、调阅资料的难题；设计、实施医院的集成系统，优化患者诊疗流程，便利医务人员对临床信息的提取，提高临床决策水平；将医疗机构协调、整合在一起，向患者提供无缝医疗体验，获得即时、优质、便利、价廉的医疗服务；建立生命周期内的健康信息档案，患者可以随时查阅自身健康状况，提高患者自我健康管理的自主感与责任感；便于公共卫生部门进行预测和趋势分析，预防重大疾病发生，对突发公共卫生事件做出积极的响应，协同各部门共同应对。

3. 智慧医疗的体系架构

智慧医疗的体系架构包括应用服务平台、应用支撑云平台、基础设施平台、标准规范体系和安全保障体系五个方面[17]。

智慧医疗卫生应用服务平台主要由智慧医疗公众访问平台构成，通过居民健康自助门户搭建一个以用户为中心的一体化居民健康服务体系，对居民的健康状况、疾病发生发展和康复的全过程实现监测与评估，从而提供健康咨询和自我健康管理等服务。还可通过手机等移动终端设备获取个人电子健康档案电子病历，实现日常的医疗咨询以及健康和用药提醒等。

应用支撑云平台包括服务平台层、基础支撑体系。服务平台层主要包括智慧云服务平台和智慧云数据中心。基础支撑体系主要由运行支撑平台和基础设备组成。智慧医疗的关键技术有物联网技术、云计算技术、移动计算技术和数据融合技术。

基础设施平台主要由智慧感知层和医疗卫生网络组成。其中，智慧医疗卫生感知层涉及不同种类的传感器及传感网关，实现对医疗卫生对象的识别与医疗卫生资源的采集。医疗卫生网络主要采取运营商统筹、专线接入以及 Internet 经 VPN 接入等三种接入方式。同时，在充分考虑与智慧城市其他领域网络的融合性、共享性和安全性等问题的情况下，实现整个智慧城市网络的传输与统一管理。

标准规范体系是智慧医疗建设的基础工作，也是进行信息交换与共享的基本前提。主要包括智慧医疗卫生标准体系、电子健康档案以及电子病历数据标准与信息交换标准、智慧医疗卫生系统相关机构管理规定、居民电子健康档案管理规定、医疗卫生机构信息系统介入标准、医疗资源信息共享标准、卫生管理信息共享标准、标准规范体系管理等建设内容。

智慧医疗主要从六个方面建设安全防护体系，包括物理安全、网络安全、主机安全、应用安全、数据安全和安全管理，为智慧医疗卫生系统安全防护提供有力技术支持。通过采用多层次、多方面的技术手段和方法，实现全面的防护、检测、响应等安全保障措施，确保智慧医疗体系整体具备安全防护、监控管理、测试评估、应急响应等能力。

### 8.2.4 智慧交通

1. 智慧交通的定义

智慧交通作为一种新的服务体系，为畅通的公共出行和经济的可持续发展服务，是智慧城市的重要组成部分。智慧交通作为一种新的服务体系，是在交通领域充分运用物联网、空间感知、云计算、移动互联网等新一代信息技术，对交通管理、交通运输、公众出行等交通领域全方面以及交通建设管理全过程进行管控支撑，使交通系统在区域、城市甚至更大的空间范围具备感知、互联、分析、预测、控制等能力，以充分保障交通安全、发挥交通基础设施效能、提升交通系统运行效率和管理水平，为通畅的公众出行和经济的可持续发展服务[18]。

2. 智慧交通的重点领域

智慧交通重点应用于城市公路交通、道路交通、公交信息化等领域，智慧交通分为城市内部交通和城际交通两部分。具体如图 8－2 所示。城市内部交通按交通道路网大致分为：城市轨道交通、城市道路交通与城市高速公路。智慧交通在城市轨道交通的建设集中于对城市道路实施全面监控，创建城市轨道交通综合管理与服务系统；在城市道路交通的建设中主要集中于构建城市交通基础设施体系，搭建城市交通管控中心，使人、车、路、环境这四大组成要素协调运行；在城市高速公路的建设中主要集中于通过物联网、云计算等新一代信息技术，逐步建立完善的基础设施监控体系、智能化的路网运行感知体系、实时的预报预警体系和高效的应急保障体系。城市道路交通智慧化建设，不但响应城市道路交通中的交通管理、设施管理、人员/车辆管理、指挥决策和信息服务等核心需求，而且能够使人、车、路、环境这四大组成要素协调运行，从而缓解交通环境拥堵，改善交通运行状况，提升交通运行效率，保障城市道路安全。

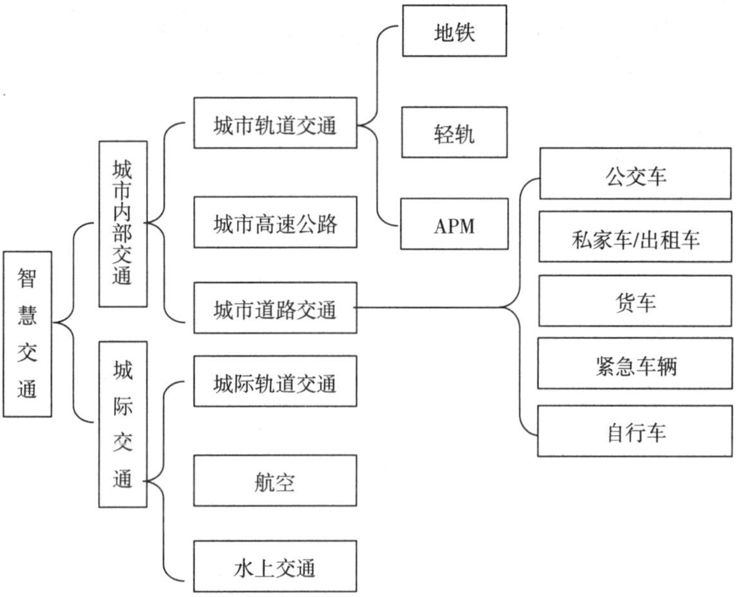


图8-2　智慧交通重点领域

3. 智慧交通的总体架构

智慧交通的总体架构自下而上分为感知层、通信层、平台层和应用层，具体如图8-3所示，下面部分是基础，上面部分是应用。由图8-3可知，感知层利用是可以随时随地感知、测量和捕获信息的设备和系统，其功能是实现一体化交通运行状态的可视和可测。通信层是通过车云网、车内网和传输系统实现人、车、路、环境这四大要素的互联互通，为不同层次的需求提供互通支持。平台层作为智慧交通系统交换信息的枢纽，是集数据管理和计算环境于一体的综合中心，实现公安交警、城管、交通相关部门之间的信息共享和交换。应用层是深入分析和挖掘海量跨地区、跨行业、跨部门的数据，从而应用到特定的行业和场景中，具体包括运输管理体系、运营决策支持体系、交通管理体系和一体化出行服务体系等。

智慧交通系统（Intelligent Traffic Systems，ITS）是一个复杂的综合性系统。其通过各类传感器采集交通信息后，统一汇聚到城市交通信息处理分析系统中心，对数据进行处理和挖掘，用于分析和掌握拥堵状态和突发事件等道路交通运行情况，帮助交通管理部门及时作出决策，迅速发布各类交通信息。

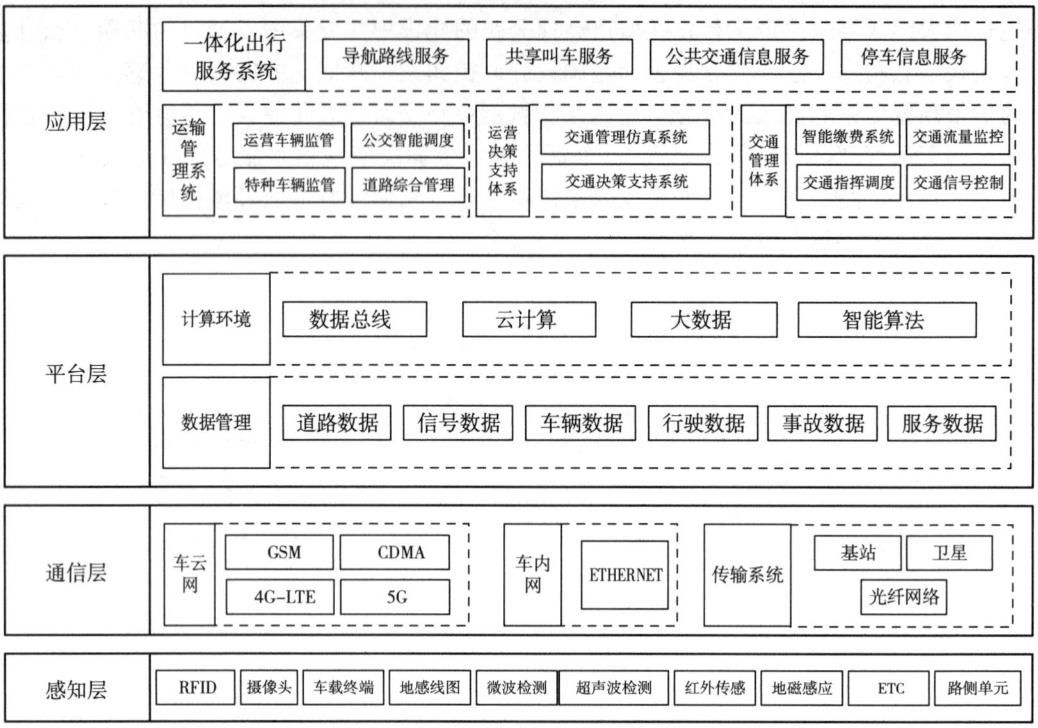


图 8-3 智慧交通的总体架构

智慧交通系统主要由交通信息采集系统、信息处理分析系统、信息发布系统组成，具体如图 8-4 所示。交通信息采集系统主要是通过各种车载仪器设备和道路上安装的仪器设备来采集实时的道路交通信息；将不同来源的数据进行汇总进入信息处理分析系统，通过不同的决策支持系统进行数据的分析与判断，最后进入信息发布系统，将实时的道路交通信息发布在手机终端、汽车设备上、交通显示屏上等等。目前较为主流的智慧交通系统包括交通监控系统（TMS）、交通诱导系统（TGS）、地理信息系统（GIS）、智能公共交通系统（APTS）、智能车辆控制系统（AVCS）、货运管理系统（FMS）、电子收费系统（ETC）、应急智慧系统（ICS）、紧急救援系统（EMS）等。

城市道路交通智慧化的实现，需要基于无线通信、传感器探测等技术，实现人、车、路、环境等要素之间的大协同，这种大协同首先需要从车路协同（V2X）的建设开启。车路协同的核心在于实现车辆与车辆、车辆与行人、车辆与基础设施、车辆与云端等万物的互联，能够感知外部环境，并做出判断。城市道路交通智慧化可以为自动驾驶提供条件，还可以实现道路与车辆的实时监控，为缓解交通环境拥堵提供现实的解决办法、提高道路交通安全。

4. 智慧交通的产业链

智慧交通的产业链企业众多，市场集中度较低。智慧交通产业链上游主要是提供信息采集与处理的设备制造商，如电路集成制造商 NVIDIA 等、车载传感器制造商木牛科技等、高精度地图开发商百度地图等；中游主要包括软件和硬件产品提供商、解决方案提供

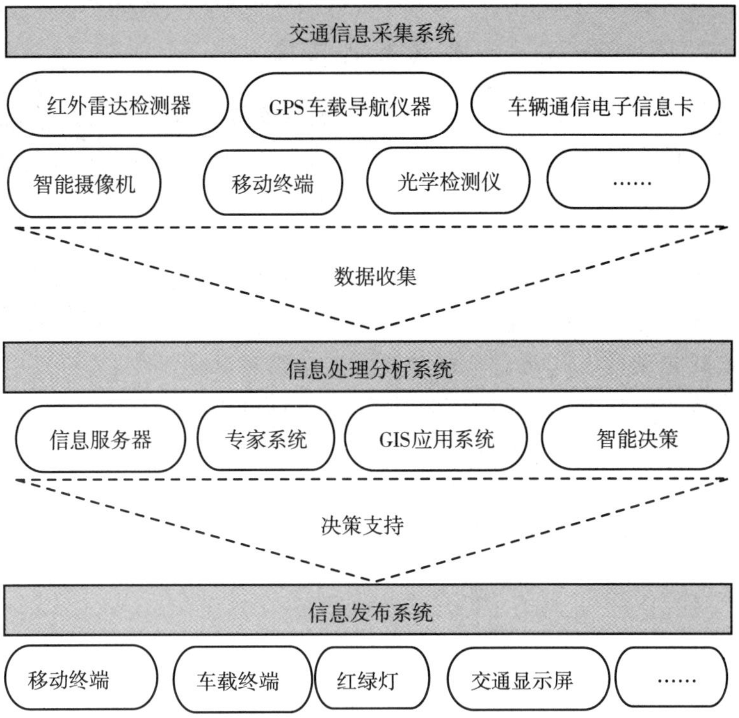


图 8－4　智慧交通系统

商，如中兴智能交通、哈工大交通、众合科技、捷停车等，下游以运营/集成/内容等第三方服务商为主，如大众交通、车联网络等，具体如图 8－5 所示。产业链各环节企业众多，传统安防企业、互联网厂商、云计算服务商、算法提供商等均开始进入智慧交通各细分领域。

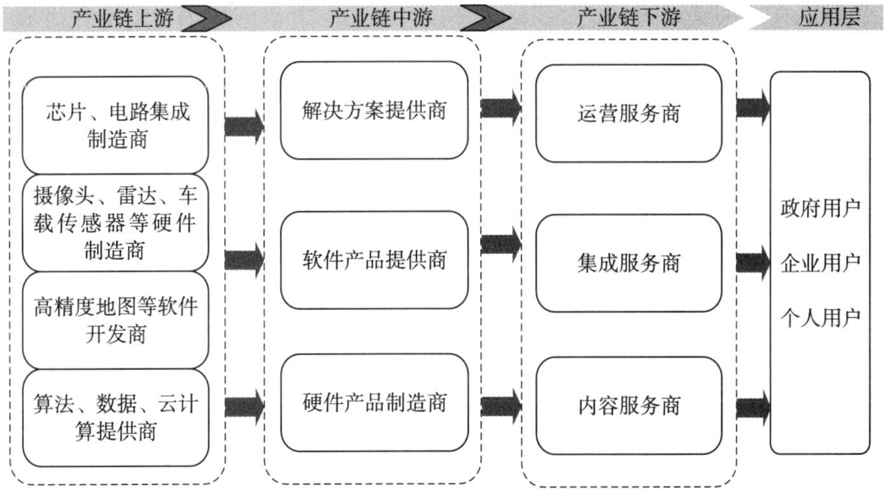


图 8－5　智慧交通的产业链

【案例 8－1】

### 智慧交通监控

智慧交通监控是利用计算机视觉技术对视频信号进行处理、分析和理解，在不需要人为干预的情况下，通过对序列图像自动分析，对监控场景中的变化进行定位、识别和跟踪，并在此基础上分析和判断目标行为。智慧交通监控作为城市道路交通智慧化建设的基础设施，过去由于视频监控系统的智能化程度不足，道路情况的分析基本靠人工完成。目前，智能视频监控系统可以有效完成行人行为、车辆行为、道路设施状态、交通环境状况等信息的实时自动监控，为道路安全运行与危险情况营救提供必要的数据支持。主要表现在：①准确判断车辆的驾驶行为，实时掌握车辆超速、逆行等交通违章现象并及时处理；②就车流量、车速、交通拥堵等进行分析和预测，实时显示道路运行信息，自动完成拥堵、畅通等级的划分；③迅速评估火灾、急救、道路烟雾等突发事件紧急程度，为应急救援车辆规划最佳路线，同时快速为周边车辆传播突发危险信息。

智慧交通

## 8.3 智慧公共服务的未来趋势

### 8.3.1 智慧公共服务的融合趋势

“互联网＋公共服务”本身就是一种融合创新。融合创新，不是用简单的信息化手段，把线下的公共服务直接搬到线上，或者用链接方式实现互联网应用访问的无效跳转，这不是互联网与公共服务的“＋”或“融合”，也不是智慧公共服务的宗旨。未来，智慧服务的融合，至少要解决四个问题：第一，要将各个部门分散的、分级的应用系统整合起来，形成一套标准化、整体性的应用系统，方便用户使用；第二，实现在线化公共服务系统的普及，此系统要与一体化平台实现整合共享，完成系统对接、统一认证和数据共享，用户只需要填写一次数据信息，便可以多系统共享，不需要办理其他证明材料；第三，通过流程再造和数据共享，实现公共服务跨地区、跨部门、跨层级、跨系统的业务协同，只需一张身份证便可以办理多项业务；第四，强化开放合作意识，充分利用公共服务资源，与银行、邮政、电信、融媒体等行业领域开展合作，实现跨界融合，为优化营商环境提供更好的决策依据。“互联网＋公共服务”的融合可以连接现实社会与网络世界，精简政府组织架构和办公流程，优化公共服务和产品，衍生出新的服务主体、服务模式，实现公共服务体系融合创新的过程。

### 8.3.2 智慧公共服务的迭代趋势

迭代是根据反馈过程进行更新的活动，最终是为了接近所需目标或实现预期结果。一个完整的过程执行完一次称为一次迭代，而每一次迭代得到的结果会作为下一次迭代的初始值，开始新一轮的迭代。如果迭代消失，事物就失去了生命力，没有进一步发展和更新的空间，智慧服务也是如此。政府部门往往缺乏运营机制和运营思维，没有迭代更新计划，许多人认为差不多就行了。没有根据结果进行的更新就使得旧有的计划逐渐失去执行效果，公共服务的核心竞争力就会消失。智慧公共服务要以用户为中心，要优化完善所提供的每一项服务，那么缺少迭代过程将会不完整。没有迭代，就会迷失螺旋式上升的前进方向。迭代不能是修修补补、抱残守缺，必须要有体验至上、服务最优的思想，以及顶层重构和版本舍弃的决心。

### 8.3.3　智慧公共服务的智能趋势

未来的智能服务建立在大数据的基础上，服务沉淀数据，数据反哺服务，使服务插上智慧的翅膀，是一种潮流和大趋势。未来的智能服务基于大数据平台，构建各类智能算法模型：一是提供用户搜索智能化服务，让用户搜索更精准、更快捷。二是根据用户画像和行为数据，主动向用户智能推送相关办事事项，提供个性化服务，实现公共服务“一键触达”。三是通过智能算法模型的修正、迭代和驯化，使智慧公共服务的智能化水平越来越高——只有想不到，没有办不了；只要想得到，服务全配套。线下办事窗口，引入 AI 智能导服，提供比人工咨询台更好的服务，且不受办事人员情绪波动的影响，稳定而高效。未来，智能机器人替代窗口办事人员，真正实现全科化、无差别的受理，让大厅工作人员专心工作于机器不能完成的事。在智慧公共服务领域大量使用人工智能技术能够有效缓解人力资源不足的限制、提高政府的响应速度、高效节约地提升政府服务的办事能力、提高公众对政府工作的满意度。

### 8.3.4　智慧公共服务的生态趋势

生态就是指一切生物相互依靠的存在状态，以及它们与环境之间紧密联系的关系。从生态角度来看智慧服务：一是要将有关联的系统与系统、事项与事项、服务与服务集成起来，形成解决“一件事”只需一个入口、一张表单、一套联动机制，“一件事”就是多个事项联审联办的主题式套餐、一网式服务，将相关的系统和人组合起来，建立“一件事”的公共服务应用小生态，提升公共服务应用的深度和广度。二是要将线上线下公共服务融为一体，线下实现公共服务就近能办、异地可办、全域范围内通办；线上实现公共服务自助办、网上办、掌上办，将碎片化的应用集成，形成集聚、关联和智慧的系统，建立地区内“一网通办”的公共服务应用中生态。三是从更大范围来看，就是构建全国一体化的公共服务应用大生态。通过地方公共服务平台与国家公共服务平台的融合对接，推动公共服务跨区域互认、共享和协同，全面提升政府数字化水平，加快推进经济社会全面数字化，为建设数字中国提供更强的平台能力支撑。

**思考题**

1. 发展智能公共服务对于中国经济转型发展的必要性体现在哪些方面？

2. 智能公共服务对中国经济转型发展的促进作用体现在哪些方面？

3. 从跨区域融合发展的视角，分析智慧公共服务需要增加哪些新的服务功能以满足经济一体化发展的需要。

## 参考文献

[1] 樊鹏．新技术时代国家治理的新方向［J］．人民论坛，2020（2）：80-83.

[2] 吴克昌，杨修文．公共服务智慧化供给：创新要素与模式构建［J］．湘潭大学学报（哲学社会科学版），2014，38（1）：89-94.

[3] 朱琳，刘晓静．基于移动互联网的智慧社区服务公众采纳实证研究——以打浦桥街道“IN 标签”为例［J］．电子政务，2014（8）：27-37.

[4] 何继新，李原乐．“互联网+”公共服务的本质内涵、源流生成与形态衍变研究——以共享经济为视角［J］．学习论坛，2017，33（10）：44-48.

[5] 胡苏云，肖黎春．特大城市社会治理创新：城市功能疏解的视角［J］．城市发展研究，2016，23（12）：43-49.

[6] 杨雅厦．智慧社区建设对公共服务供给模式的变革及其优化研究［J］．中国行政管理，2018（11）：151-153.

[7] 王萍，刘诗梦．从智能管理迈向智慧治理——以杭州市西湖区三墩镇“智慧社区”为观察样本［J］．中共杭州市委党校学报，2017（1）：75-81.

[8] Sternberg R J. Why schools should teach for wisdom：the balance theory of wisdom in educational settings［J］. Educational Psychologist，2001，36（4）：227-245.

[9] 马克斯·范梅南．教学机智——教育智慧的意蕴［M］．北京：教育科学出版社，2001：51-104.

[10] 祝智庭，贺斌．智慧教育：教育信息化的新境界［J］．电化教育研究，2012（12）：5-13.

[11] 黄荣怀．智慧教育的三重境界：从环境、模式到体制［J］．现代远程教育研究，2014（6）：3-11.

[12] 杨现民．信息时代智慧教育的内涵与特征［J］．中国电化教育，2014（1）：29-34.

[13] 杨现民，余胜泉．智慧教育体系架构与关键支撑技术［J］．中国电化教育，2015（1）：77-84.

[14] 陈如明．泛在/物联/传感网与其他信息通信网络关系分析思考［J］．移动通信，2010，4（8）：47-51.

[15] 张平，苗杰，胡铮，等．泛在网络研究综述［J］．北京邮电大学学报，2010（5）：1-6.

[16] 项高悦，曾智，沈永健．我国智慧医疗建设的现状及发展趋势探究［J］．中国全科医学，2016，19（24）：2998-3000.

[17] 武琼，陈敏．智慧医疗的体系架构及关键技术［J］．中国数字医学，2013，8（8）：98-100.

[18] 亿欧智库．中国智慧城市发展研究报告［DB/OL］，2019：36-47. https：//www. iyiou. com/intelligence/.

# 前景篇

# 第 9 章　新经济对经济学理论的冲击

新的经济现象如何挑战传统的经济学理论？本章主要基于新经济的特征事实，从微观、中观、宏观三个视角探讨新经济对传统经济学理论可能产生的冲击。本章首先简要陈述传统经济学理论对微观、中观、宏观经济现象的解释；然后简洁呈现新经济的典型特征事实，进而分析这些特征事实对传统经济学的理论提出的挑战。

## 9.1　新经济对传统微观经济理论的冲击

### 9.1.1　传统经济理论对微观经济现象的解释

1. 理性人假设

理性人假设，又称经济人假设，是传统经济学中最基本的前提假设。它抽象描述了经济社会中从事经济活动的所有人的基本特征。其核心要义可以概括为两点：一是在经济活动中，无论人们做什么事，其基本动机都是趋利避害，是利己的；二是理性人能够理性地处理任何事，能通过趋利避害的原则来优化选择其所面临的所有目标和机会以及实现目标的方式。

有不少学者都认为亚当·斯密的《国富论》是理性人假设的起源，然而，正如张五常所述，斯密并不是假设人类自利或者理性，而是说自然淘汰法迫使人类采用理性决策的方式。不过从李嘉图开始，理性人假设就变成公理性的。

很多经济学家能够接受并认同理性人假设就是因为理性人假设能够很好地解释经济现象。有一句俗话叫做“天下没有免费的午餐”，这句俗语出自 20 世纪美国的一个典故。当时美国的很多酒吧都提倡要为顾客提供“免费的午餐”，而所谓的午餐，实际上只是一些用来下啤酒的脆饼；而免费，当然不是真的，因为你不买酒喝就没有脆饼吃。因此，就有人评论说“天下没有免费的午餐”，酒吧就是为了招揽更多的顾客且为了卖掉更多的酒，选择了这种促销方式；而作为顾客，买酒送饼干比什么都不送总要好得多。于是酒吧和顾客都各自对自己的选择进行了优化，实施了“理性人”行为。

2. 边际效用递减假定

传统经济学中的边际效用递减规律就是指一定时间内，在其他商品的消费数量保持不变时，随着消费者增加对某种商品的消费量，消费者从该商品连续增加的每一消费单位中所获得的效用增量即所谓边际效用是递减的，如图 9－1 所示。

边际效用递减

1854 年，德国经济学家戈森提出了人类满足需求的三大定理，其中有一条就是认为随着对物品占有量的增加，物品的效用或人的欲望是递减的。而后，奥地利经济学家门格尔、法国经济学家瓦尔拉斯和英国经济学家杰文斯各自提出了较完整的边际效用价值论。边际效用一词，由门格尔的学生维塞尔首先提出，并沿用到现在。

如图 9－1 所示，边际效用递减规律符合人们的直觉。当你饥饿的时候很想吃东西，你吃第一片面包最解燃眉之急，效用最大。但随着饥饿程度降低，你对下一片面包的渴望值是不断减少的，当你吃到完全不饿的时候即是边际，这时候再吃下去甚至会感到不适，即出现所谓的负效用。再例如，边际效用递减规律还可以解释著名的“价值悖论”。尽管人们从钻石的使用中获得的总效用要小于人们从水的消费中获得的总效用，但由边际效用递减规律，边际效用决定商品价格，钻石作为一种数量很少的奢侈品，增加一个单位的钻石消费会给消费者带来很大的效用。

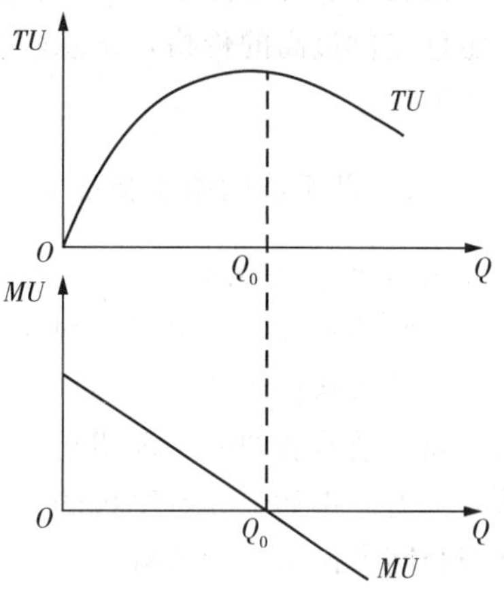

图 9－1　边际效用递减规律

3．不完全信息假定

不完全信息就是指市场的参与者没有拥有某种经济环境状态的所有知识。新凯恩斯学派认为不完全信息经济比完全信息经济更加现实，必须在不完全信息条件下修正市场均衡理论。而信息不完全不仅指由于认识能力的限制，人们不可能知道在任何时间、任何地点发生的任何事情，还包括市场经济本身不能生产出足够多的信息并有效地配置它们。

不完全信息假定在经济解释方面应用的一个经典例子就是对“柠檬市场”的解释。在信息不对称的市场，产品卖方比买方拥有更多关于产品质量情况的信息。买方因为不了解商品的真正价值，于是只能用市场平均价格来判断平均质量，因此也只愿意支付平均价格。如果买方只愿意支付平均价格，那么提供不好的商品的卖家会获益，而提供好商品的卖方则会吃亏。所以好商品会逐渐退出市场，于是市场产品平均质量会下降，最终在市场中只剩下质量不好的商品。

4．交易成本假说

诺贝尔经济学奖得主科斯提出的交易费用（交易成本）包含起草、谈判、实施合约以及信息、界定和行使产权，监督管理的成本以及制度安排的成本，可以泛指一切为了促成交易的发生而产生的成本，包含搜寻成本、信息成本、议价成本、决策成本等。对企业本质加以解释是交易成本理论的研究目的，企业替代市场对资源要素进行配置的重要原因是市场价格机制运行成本相对较高，因此人类追求经济效率形成了企业这一组织。

交易成本论解释了企业的边界，对于中国经济现实的解释也十分具有说服力。为什么改革开放以来，中国经济迅速增长？张五常和周其仁等经济学家强调，中国成功的基本经验正是靠改革开放大幅降低各种制度运行成本，靠改革开放释放出中国在全球市场的比较优势。

张五常在《卖桔者言》中提到的几个经典案例都是运用交易成本来解释微观经济现象的。他在过年的晚上到中国香港街边卖桔子，并在讨价还价中观察歧视定价行为。经典价格歧视理论的观点是要实行价格歧视，顾客支付的价格不同，需求的价格弹性也一定不同。但张五常发现实际上掌握价格讯息的不同才是导致价格高低的决定因素。讯息较多的人不愿意支付过高的价格，讯息较少的人支付价格则较高，而讯息多少和需求价格弹性基本不相关。

### 9.1.2 新经济的微观特征事实与挑战

1. 非理性经济现象

在新经济背景下，以互联网为媒介的网络交易凭借其显著的便捷性和经济性而发展迅速，更多的人从传统的网下购物变成了网上购物，网络购物、浏览新闻等占据我们越来越多的时间。消费者的购买欲望还会被网上弹出的广告弹窗激发，由此产生冲动性消费的案例随处可见。例如，在玩手机的过程中看见淘宝的推送消息随即购买了一双鞋子，随后又看见当当网弹出买书籍满减的活动，于是不由自主地购买了许多书籍，显然这是由于网络的出现带来的一些非理性行为。

非理性消费是指消费者受到各种因素的影响之后做出的一系列不合理的消费决策，是一种典型的非理性行为，一般表现为消费者没有根据效用最大化或者边际效用递减规律去消费，没有准确判断消费品的各种情况等等。

共享经济也会使传统理性经济模式颠覆。哈佛大学教授科恩提出共享经济具有三个驱动力。第一，消费者享有更大的透明度和主动权。第二，当今世界范围内正出现信任危机。第三，供应者和消费者其实在交换过程中受益更多。以 ofo 共享单车为例。其刚进入共享单车市场时，风光无限，资本的狂热追捧，让企业的创始人和管理者也陷入了非理性当中，他们在资本的推动下一路狂奔，但是却忽视了管理、运营、维护，结果因为车辆遭遇损毁，导致运营成本居高不下。当市场出现过度进入或者外生波动时，市场局面会迅速失控，大量共享单车不得不被拉到停车场日晒雨淋，变成废铁，导致资源的严重浪费。

当然，对于非理性行为，经济学家给出了一些理论解释。比如，诺贝尔经济学奖获得者卡尼曼、席勒和泰勒等经济学家从心理学视角提出了新的经济假说，进而解释人类的非理性行为。然而，要完全解释新经济下的非理性行为，现有经济理论还需要进一步拓展和完善。

需要注意的是，虽然新经济会促使产生一些非理性经济现象，其也会促进一些经济决策行为的理性化。比如，基于大数据、云计算、智能化等相关科技，人们可以进行相关分析和预测，确保决策的正确性。

2. 边际效用（产出）不变或者递增现象

信息技术和现代交流的普及俨然使经济变成了以网络科技和知识为主导的新经济，而旧传媒和互联网共同组成庞大的信息网络，为市场活动和交换提供了广阔的信息平台。在这种经济中，获取、创造、传递、运用和管理信息与知识就成了社会的中心工作。

新经济环境下，知识为主导性经济要素，传统经济中的边际收益递减规律不再成立，即存在边际收益递增规律。这一规律是指在其他要素供给不变的情况下，随着某一可变要素的增加，其所带来的边际产量不会递减，而是一直递增。无论是智能产品还是虚拟产品，这种知识含量较高的产品都会出现边际效用递增的现象，一方面是由于知识本身是系统的、可以增值的，另一方面是由于消费这些产品需要长时间学习，转移成本较高。一个人拥有的信息越多，那么每增加一条信息对他的效用就越大。文化水平较高的人知道如何利用和发挥信息的使用价值，增加一条信息时增加的效用较大，而文化水平较低的人不能完全利用和发挥信息的使用价值，增加一条信息时增加的效用则较小。信息的这种独特性质，直接影响未来社会的财富分配情况。

边际效用递增现象还会因为网络的作用大大增强，产品或服务有其自身的价值，可称之为孤立价值。这里是指用户消费相互独立或者没有其他用户的情况下服务与产品对单个用户的价值，在此情况下，产品或服务与其价值是孤立的，只需或无需低配套要求。同时，产品与服务还具有网络价值，就是指当存在其他用户且个体的各项消费之间存在关联时产品和服务对个体用户的价值。在此情况下通常需要其他用户相互配合才能体现甚至提高产品或服务的价值，因为在此情况下的产品通常是一种系统产品，所谓网络效应便是此类。无论有形网络还是无形网络，共有的特征都是由连接到同一网络的人数决定了该网络的价值，即流量决定网络价值。产品和服务的网络价值在网络经济时代比其自身价值重要得多，因为实时的、超越了空间限制的互联产生了十分奇妙的效果。麦特卡夫定律（Metcalfe's Law）表示，$N$ 个联结能创造 $N^2$ 的效益，即网络价值同网络用户数量的平方成正比例关系。若网络节点数以算术级数增长，则网络价值以指数函数递增。加入少数成员，则全体成员的价值显著增加。倘若你的电话网络包含 100 位客户，客户之间每天通话一次，日通话10 000次（100 的平方）。假若再次增加 10 位客户，客户总数增加了 10%，你的客户相互之间的日通话量达到12 100次（110 的平方），收入增加了 21%。这种收益递增在所有经济网络中都会产生，一旦收益递增，则加入网络的价值必然递增，塑造平台的经济来源与动力越发强大，可吸引更多公司加入平台，网络价值的雪球已然滚起。因此，网络价值存在杠杆，“蝴蝶效应”也很明显，细微改变可以得到巨大的收获。图 9－2 描述了边际效用递增的现象。在横轴上，消费者消费的每单位产品实际上都有差异，因此市场上几乎所有的软件生产商都会在最畅销的“原型产品”基础上不断推出新的版本，有时甚至是免费的网上升级，它们的目的就在于通过向客户提供递增的效用来“锁定”客户以赚取长期利润[1]。

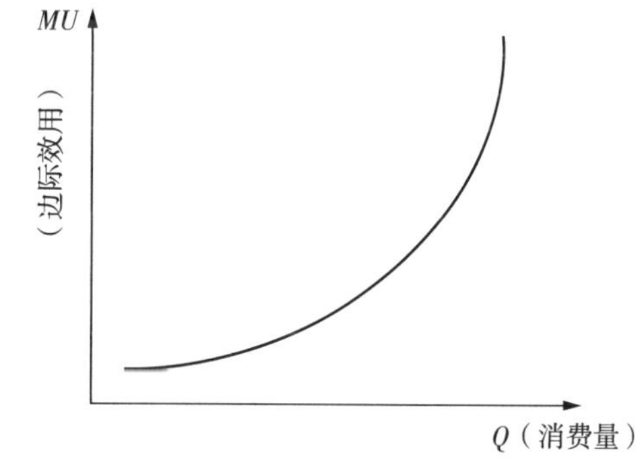

图 9－2　递增的边际效用曲线

3. 信息完全化现象

随着互联网技术的发展与创新，人类社会发生了翻天覆地的变化，全球逐步进入大数据新时代。在大数据新时代，“资源”的含义正发生着巨大的变化，它不再仅仅只是指矿产、石油等这些看得见摸得着的实体，大数据变成不可或缺的战略资源。互联网、物联网每天都在产生大量的数据，这些庞大的数据资源，为人们依据数据了解世界、了解市场、了解人们的生活提供了可能，进而挑战了传统经济中的不完全信息假定。

大数据经济的一个明显特点就是，借助数字化、网络技术，人类可能挖掘与搜集到自然界、社会及人类自身的各种结构化、非结构化数据，进而获得完整又真实的海量数据，使主观与客观世界之间信息不对称性的难题得到很好解决，这使得精准的消费和供给行为成为可能。譬如沃尔玛将啤酒与尿布这两种完全不相关的商品摆在一块，令人没想到的是，这么奇怪的举动竟然大大增加了啤酒和尿布的销量，其中的原因就是大多数美国妇女都在家照顾小孩，常常会让丈夫在回家路上给孩子买尿布，而丈夫在买尿布的同时又会顺手带走几扎啤酒，这一重大发现让商家决定将啤酒与尿布摆在一块，结果使啤酒和尿布的销售量剧增。

作为一种资源，如果大数据只被小部分人掌握，那么这可能会使信息不对称现象加剧进而引起逆向选择和道德风险问题。不论如何，新经济都将迫使传统信息经济学进一步完善。

4. 交易成本显著改变的现象

交易成本与信息不对称密切相关。如今一些大数据被少数人占有，会使信息不对称现象加剧，由此会增加没有信息的大部分人的交易成本，另外区块链技术需要投入大量的计算机设备也会使交易成本增加。因此如上一小节所述，新经济在改变信息不对称现象的同时，也将改变交易成本的大小。

首先，新经济会使企业的内部管理和生产成本降低。在新经济 1.0 中，从 MIS 到 MRP、从 MRPⅡ到 ERP，企业在网络环境下不断重新整合自己的战略资源，计算机网络管理不仅增强了企业的自组织能力，还降低了管理费用。譬如 20 世纪 90 年代初哈默博士提出的 BPR 就大大降低了企业的运营成本。在新经济 2.0 背景下，使用互联网来进行跨境电子商务，一个显著的好处就是能降低交易成本。互联网上的信息十分充足，交易者仅仅坐在计算机前就能在世界各地的网站上搜索信息，因此互联网经济可以使交易成本中的搜索成本大大降低。由于互联网可以让生产者和消费者面对面接触，常规多层次的经销体系得以省略，因此大大降低了交易过程中的契约成本和协商成本。

其次，新经济会使企业的外部交易成本降低。网络经济普及之前，市场很难产生高效率，就是因为信息不对称引起的道德风险和逆向选择以及高昂的搜寻成本导致的价格分散造成的。以区块链技术为例，分布式、不可篡改的特性从根本上改变了创建信任的方式，打破了对一个中心节点的信任，把信任分配到许多节点，把对人和制度的信任转移到对科技和数学的信任，即通过数学和密码学原理实现更低成本、更高效率地建立信任。以前需要向政府监管等部门支付高额交易成本来保护的履约问题，在区块链的世界中，仅需要一段代码所组成的计算机程序，在分布式的可信网络中高效自动执行。可以说，大数据和区块链等新一代科技一方面有助于缓解逆向选择和道德风险问题，进而降低企业的订约成本，另一方面还可以很好地解决搜寻问题带来的交易成本。这些又都会进一步降低错误决策引起的额外交易成本。

总而言之，在新经济环境下，一方面各类交易成本的形式和大小显著变化，另一方面，市场和企业的资源配置机制也发生变化。正如 Goldfarb 和 Tuchker（2019）所强调的，数字经济会使经济活动中的搜寻成本、复制成本、运输成本、追溯成本、证实成本等减少，进而对传统经济领域中的公共产品、运输成本和定价模型等提出挑战。

# 9.2　新经济对传统中观经济理论的冲击

## 9.2.1　传统经济理论对中观经济现象的解释

1. 对市场结构的解释

市场结构是指市场构成要素之间的联系及特征[2]，具体包括卖方之间的关系、买方之间的关系、买卖双方之间的关系以及现存者和潜在者之间的关系，这四种关系在现实市场上表现为竞争关系和垄断关系。

在传统经济学中，从垄断程度或竞争程度的角度，把市场划分为完全竞争市场、完全垄断市场、垄断竞争市场和寡头垄断市场。这种理论几乎涵盖了所有经济活动，并从结构—行为—绩效的角度进行解释。四种基本市场结构内容见表 9 - 1 所列。

**表 9 - 1　四种市场结构比较**

| 市场类型 | 完全竞争 | 完全垄断 | 垄断竞争 | 寡头垄断 |
|---|---|---|---|---|
| 企业数量 | 众多 | 一个 | 很多 | 很少 |
| 产品差异 | 无差异 | 无替代品 | 有些差异 | 可能有 |
| 进出壁垒 | 无限制 | 很大 | 无限制 | 有一些 |
| 控制价格 | 无影响 | 没有进入 | 有限 | 有一些 |
| 需求曲线 | 平行于横轴 | 向右下方倾斜 | | |
| $AR$ 与 $P$ 关系 | $AR=P=D$ | | | |
| $AR$ 与 $MR$ 关系 | $AR=MR=P$ | $AR>MR$ | | |
| 短期均衡条件 | $MR=SMC=P$ | $MR=SMC$ | | |
| 长期均衡条件 | $MR=AR=MC=AC$ | $MR=LMC=SMC$ | $MR=MC$<br>$AR=AC$ | 很难确定 |
| 实例 | 农产品 | 邮电 | 轻工业 | 重工业 |

来源：作者整理得出。

（1）完全竞争市场

完全竞争市场中存在大量的生产销售企业，这些企业用同样的方式向市场提供同类的、标准化的产品。具体说来，形成条件如下：第一，市场上存在大量的买方和卖方，单个参与者对整个市场的影响微乎其微，被动地接受价格；第二，市场上所有厂商提供完全同质的商品，为了避免产品卖不出去或者利润受损，厂商不会单独改变价格；第三，资源处于完全的流动状态，厂商可以自由进出该行业，资源将会流向利润最大化的行业；第四，信息是完全的，经济参与者可以制定最优的决策，从而获得最大经济利益。此外，排除了因信息不通而导致的价格差异。

完全竞争市场是最有效率的市场，但它的条件过于苛刻，在现实的经济生活中很难找到，因此它经常被作为研究其他市场结构的参照物。通常，我们可以将某些农业市场近似地看作该种市场。

例如，某些城市的政府部门出资兴办了大型养鸡场，其目的是充足供应居民的菜篮子。在鸡蛋市场上，存在大量的买者和卖者，大小养鸡场的供应量占比均很小，无法影响市场价格。同时，鸡蛋的差异程度很小。此外，鸡蛋市场的投资很小，进出很容易。综上因素，鸡蛋市场上无法形成垄断，因此鸡蛋厂商可以被视为完全竞争厂商[3]。

(2) 完全垄断市场

完全垄断市场上只存在唯一一个供给者，并且只提供一种产品，但市场上存在众多需求者。形成主要原因有：资源的独占、专利的限制、政府的特许和自然的垄断。具体说来，形成条件如下：第一，市场上只有一个厂商提供一种商品，价格的垄断程度最大；第二，该产品没有任何相近的替代品，进一步强化垄断；第三，其他厂商进入壁垒极大，几乎是不可能。

完全垄断市场是作为完全竞争市场的对立面出现的，厂商可以操纵价格，但其效率最低，政府通常会进行管制。同样，它的条件也过于苛刻，现实中很难找到，因此也被作为参照物。通常，我们将邮电等政府管制的市场近似地看作该类市场。

例如，北京的歌华有线曾将有线收视费从12元上调到18元，增加了50%。据了解，经北京市政府批准，歌华有线成为当时北京市有线广播电视网络的唯一经营者，用户没有其他选择，从而导致了其无须经过价格听证会，就直接大幅度涨价。综上因素，歌华有线具有极高的垄断性和经营的稳定性，因此，歌华有线近似为完全垄断厂商[4]。

(3) 垄断竞争市场

垄断竞争市场中有许多厂商提供有差别的同种产品。该类市场结构与完全竞争市场比较接近。具体地说，形成条件如下：第一，不同厂商生产的产品具有差别，但可以相互替代，产品差异形成了垄断力量，产品间的可替代性又导致了竞争；第二，集团中厂商的数目较多，每个厂商都觉得自己的行为影响很小，竞争对手不会做出反应；第三，每个厂商的生产规模都比较小，因此进退集团的壁垒较低。

在垄断竞争市场中，厂商同时具备竞争和垄断两种性质，成本和需求曲线也存在差异，但为了简化分析，经济学家一般假设集团内的成本和需求曲线一致。通常，该类市场普遍存在于零售业和服务业中，如手机、糖果零售业等。

例如，诺基亚推出的N8手机，像素高达1 200万，超过其他手机，是手机功能上的一次创新和突破，满足了特定消费者的需求。后来，安卓系统凭借开源性和免费性迅速发展起来，多数手机选择搭载安卓系统，但诺基亚却死守塞班系统，由于操作系统烦琐和兼容软件稀缺，最终导致诺基亚的陨落。综上因素，诺基亚既有垄断性又有竞争性，因此，诺基亚是垄断竞争企业[5]。

(4) 寡头垄断市场

寡头垄断市场中有少数几个厂商提供有差别或无差别的产品。形成的主要原因有：经济效应对生产规模的要求、生产厂商对基本资源的控制、政府部门对生产企业的扶持等。可见，寡头市场和完全垄断市场比较相似。

寡头行业的分类多样，产品没有差别的纯粹寡头行业和产品存在差别的差别寡头行业，是根据产品的特征划分的；独立行动寡头和勾结行为寡头是根据厂商行为划分的。寡头厂商的价格和产量的决定是非常复杂的问题，几个寡头厂商产量的占比较大，各厂商之间的决策相互影响，因此，各厂商不仅需要考虑自己的决策，而且需要预测其他厂商会做出的反应。寡头厂商间的复杂关系，导致寡头理论复杂化。

在寡头垄断市场中，寡头厂商的模型与竞争的反应方式息息相关。目前，还没有可以总结寡头市场的价格和产量决定的一般理论的寡头市场模型。通常，寡头市场是比较普遍存在的一种市场，例如，电气设备业和美国的汽车业等。

例如，美国好莱坞电影几乎席卷全球，从产业经济学角度分析可以发现，美国电影产业曾经被“五巨头”所占据，当时他们发行了非西部片总量的四分之三，并从中获取巨大收益。再者，为了维护自身利益，他们相互影响和作用，造成了该行业的价格比较稳定。此外，产业内形成了影院与发行人的垂直结合，该行业存在较严重壁垒，潜在竞争者难以进入。综上因素，“五巨头”利用自身优势，合谋操控价格，增加进入壁垒。因此，美国电影市场可以看作寡头垄断市场[6]。

2. 对产业集聚现象的解释

产业集聚是指生产企业及其配套的上下游企业高度集中在某一区域范围内[7]，这是一个产业高度集中和资本不断汇聚的过程。马歇尔在 1890 年最先关注产业集聚现象。之后出现了韦伯的区位集聚论、熊彼特的创新产业集聚论、波特的钻石模型等一系列理论，促进了产业集聚理论的不断发展。

阿弗里德·马歇尔（A. Marshall）（图 9－3）是“新古典经济学”的集大成者和“演化经济学”的先驱，在其《经济学原理》（1890）中通过古典静态力学的方法，把偏好、技术和市场机制看作既定因素，通过“个人最优化”和“市场均衡”这两个简单的假设，建立了正规的分析框架。同时，他把功利主义、进化论和德意志理想主义进行大融合，形成了自己的主要经济思想。他认为：经济学研究的过程应该涉及经济、社会和个人；对经济活动体制、非正式默契和禁令进行塑造和限制，使其成为内生的；进化过程是指个人能力、性格、偏好和知识随着社会习俗、市场现状和生产及通信技术的发展而共同发展，而自我利益的追求指引着进化过程[8]。

图 9－3　阿弗里德·马歇尔

19 世纪末至 20 世纪初的时候，马歇尔通过对道具工业和毛纺织区的观察，提出了“产业区”的概念。他认为大量相关的小型企业为了获取外部规模经济而聚集在一起，这种聚集可以产生与大企业相对应的大规模生产的效益，此外这种地方产业系统与当地社会特点是不可分割的[9]。他通过研究地方性工业在产业区的集聚问题，把集聚的动因归结为企业追求外部规模经济。而外部规模经济的成因有三点：专业化供应商队伍的形成、劳动力市场共享和知识外溢。

第一，专业化供应商队伍的形成。大量工业企业在地理上集中，为专业化供应商提供一个足够大的市场，有利于供应商的生存和发展。马歇尔针对辅助工业的发展问题提出：辅助工业服务于生产过程中的某个小部门，能够为大量的邻近行业提供服务，这些辅助工业不断地使用机械，这些机械具有高度专门性质，成本很大，折旧率也很高，但依旧够本。

第二，劳动力市场共享。大量工业企业在地理上集中，能为完善的劳动力市场提供充足的拥有高度专业化技术的工人。马歇尔针对劳动力市场的发展问题提出：寻找职业的人会向有大量雇主需要像他们那样的技能的地方聚集，同时，雇主们通常会到他们容易找到自己所需要的有专门技能的优良工人的地方去，因而，会形成一个完善的劳动力供求市场。

第三，知识外溢。大量工业企业在地理上集中，能为知识的扩散和利用提供优良的环境。马歇尔针对知识外溢的发展问题提出：当同行业中的很多公司集中在一个地区时，行业的秘密似乎是公开的，孩子们不知不觉地也发现许多秘密。优良的工作能够得到正确的赏识，机械工具的制造方法和企业组织的发明和改良，都可以迅速地推广。当一个新思想产生时，很快就会被人采纳，并与其他思想融合，因此，它成为更新的思想源泉。

马歇尔产业区理论是关于产业集聚问题的最早理论，开创了产业聚集问题研究的先河，为产业聚集相关理论的发展和壮大提供了巨大的作用。19 世纪末至 20 世纪初，该理论在工业化与区域发展中占据着主导地位。随着世界经济的不断发展，尤其是二战以后，政府重点推行以标准化产品的大批量生产和大众消费为特征的福特主义，从而导致该理论的暂时没落。但资本主义"黄金"增长时期结束后，以中小型企业为主的专业化集聚成为解决资本主义失业和增长停滞的重要途径之一，政府再次意识到该理论的重要作用。

### 9.2.2 新经济的中观特征事实与挑战

1. 新经济资源的特性

新经济资源具无限性、共享性和非传统性三种特性[10]。

新经济所使用的资源多数具有无限性，从而导致个别行业边际效益的非递减性。信息资源是其中最重要的资源之一，它与有限的传统资源相反，其价值随使用者数量的提高而增加，因而具有无限性的特点。信息资源包括市场饱和度、投资状况、市场预测、技术成熟程度等一系列有价值的消息，有助于参与者做出正确的决策。信息资源的拥有者，可以在市场未饱和状态下继续投资，在市场饱和状态下停止投资，既避免了资源浪费又避免了重复建设。因此，信息的价值随着使用者数量的提高而增加，此外，信息资源的无限性已经为新经济带来了极大的繁荣。

新经济所使用的资源多数具有共享性，从而导致了资源具有非排他性和非破坏性。信息资源、生物资源都具有共享性从而避免了传统资源的排他性和破坏性弊端。例如，网站可以同时容纳多数人同时使用，而不会出现排他作用和破坏作用。同时，基因技术可以同时造福全人类，并在一定的法律和道德的约束下避免破坏世界均衡。以此类推，几乎所有的新资源都具有共享性。

新经济所使用的资源多数具有非传统性，从而导致了新经济的优良性质。掌握高新技术而又富有创造性的人力资源成为新经济的第一资源，而传统的土地资源、人力资源和自然资源的地位则迅速下降，这有利于人们避免不得不为世界大亨打工的命运。例如，美国的微软和恩科、英国的沃达丰、香港的盈动等公司，利用人的创造力而迅速壮大公司，仅用几年的时间就超过了那些占据传统资源的世界级大公司。因此，新经济资源的非传统性打破了千百年来的世界经济格局和运行规律，为参与者提供了更多的机遇。

新经济的上述特征对传统中观经济理论带来两个方面的挑战。首先，对传统市场结构模型的冲击。由上文可知，新经济所使用的资源多数具有无限性、共享性和非传统性，此外其产品的平均成本具有递减的特点，从而造成了企业规模经济的区间向无穷大趋近。因此，新经济的价格主要取决于顾客对信息产品的价值评价和对价格的敏感程度，从而导致企业在获取顾客和降低成本等方面充满着激烈竞争。同时，该特点强化了个别企业的价格垄断能力，固定成本过高时，企业通过定高价的方式获取高额利润；平均成本和边际成本下降到一定程度时，企业进行低价“倾销”甚至赠送。综上所述，我们把新经济中出现的竞争和垄断并存的市场结构称之为竞争性垄断市场结构。从而新经济可能冲击了传统的四种市场结构理论。

其次，是对传统产业聚集理论的冲击。马歇尔指出，劳动力市场共享是产业区获得规模经济的重要原因之一。随着新经济技术的飞速发展，劳动力在更大范围内进行即时流动成为可能。同时，新经济技术在传统产业发展和现代全球人口增长中都有广泛应用，从而导致人口溢出现象更加明显。基于以上的分析，新经济的发展大大削弱形成劳动力市场共享的必要性。换句话说，在新经济中，劳动力市场不需要聚集在一起，就可以迅速为厂商提供大量的拥有高度专业化技术的工人，从而获得外部规模经济。因此新经济可能冲击马歇尔的产业区理论。

2. 产品与市场非完美性

新经济的产品和市场具有非完美性。新经济的产品一旦可以使用就开始投放市场，后期再不断地进行自我改造，而不是等到完美以后才投放市场。例如互联网公司、软件公司和生物公司等皆是如此，因此，只有发展的产品，没有成熟的产品。每一代的产品皆是不完美的，都存在极大的改善余地，但这些产品已经可以卖得十分火爆。此外，一代产品只能存在很短的时间，迫使企业不断地更新产品，防止企业落伍被市场淘汰，这正如钱伯斯所说的“永远都只是开始……”因此，产品和市场的非完美性，导致企业成功的评判标准不再是规模的大小而是更新的速度。

在传统的市场结构中，某种新经济产品的标准化只允许一种技术的存在，导致了先进入者占有技术优势，后进入者的进入难度增加。保持技术优势的新产品，更加容易被市场接受，因此具有淘汰其他技术和产品，占领整个市场的潜能，最终可以促使企业垄断势力增强。但产品和市场具有非完美性以及市场开放度较高，只要不断地更新技术，不断地提高产品的性能和附加值，就可以获得比先进入企业更快速的发展从而获得参与市场竞争的优势，因此竞争机制也易于发挥作用。综上所述，新经济在促进竞争性的同时，也为垄断的形成营造了有利条件，因此形成了竞争性垄断市场这一特殊的市场结构，从而新经济可能冲击了传统的市场结构模型。

3. 公司及其利润的高成长性

新经济下的公司及公司利润呈现出极高的增长速度及非常高的利润率，而不是遵循平均利润及规模经济这两个规律。例如，高技术的信息经济部门的发展速度是传统工业经济发展速度的10倍以上，美国ESS公司仅用8年的时间就实现了销售额超过10亿美元、利润超过50%的好成绩。因此，公司及公司利润高速发展，在短短几年内就达到了传统企业难以企及的高度。

新经济的这一属性对传统产业聚集理论形成了冲击。马歇尔指出，专业化供应商的形成是产业区获得规模经济的重要原因之一。辅助性工业使用的机械设备具有高成本性和高专业性，传统厂商通过集聚才能获得。但随着新经济技术的飞速发展，新经济企业及其利润具有高成长性，众多供应商无须集中在一起，就可以轻易获得，从而降低生产成本，吸引更多的顾客。因此，在新经济中，供应商无须聚集在一起，就可以承担机械设备的高成本，为顾客提供专业化服务，从而获得外部规模经济。

4. 知识与技术创新是永恒主题

新经济把知识和技术创新作为永恒的主题。新经济的关注点不再是企业规模、生产成本等传统因素，而是聚焦于如何利用知识进行不断创新。例如，美国的微软、恩科等公司的市值在短短几年内便超过了具有几十年甚至上百年的老牌公司如埃克石油公司等的市值；欧洲的沃达丰市值是奔驰汽车市值的4倍之多；在我国一些新经济类型公司的利润率超过鞍钢等老牌企业的几十倍。因此，利用知识来创新（创新包括制度创新与技术创新）是新经济类型公司能够在短时间内飞黄腾达的最重要的因素。

由于竞争环境日益改善，政府管制不断放松，同时，新经济的知识和技术创新在经济领域里被广泛应用，竞争的效率空前提高，技术竞争成为新经济企业兴衰的首要决定因素。根据技术的市场不相容性定律，拥有技术竞争优势的企业可以排除其他方面的障碍，获得技术竞争优势的好处，占有“胜者全得”的市场，而处于技术竞争劣势的企业则会很快失去已有的市场份额。这种技术竞争具有强者更强、弱者更弱的效果，促使垄断程度进一步加深。从而新经济可能冲击传统的市场结构模型。

在传统集聚理论中，马歇尔指出，技术的溢出是产业区获得规模经济的重要原因之一。由于所处时代的限制，传统技术的传播和信息的流动随着距离的增加而递减。但随着新经济技术如信息技术、网络技术等各项技术的飞速发展，人们可以即时学习新技术，远距离进行沟通交流。新经济只要不断地利用知识进行技术创新，技术的溢出只会越来越普遍，而不需要考虑距离等因素。因此，在新经济中，企业无需聚集在一起，就可以轻易获得技术的溢出效应，从而获得外部规模经济。因此新经济可能冲击马歇尔的产业区理论。

## 9.3 新经济对传统宏观经济理论的冲击

### 9.3.1 传统经济理论对宏观经济现象的解释

1. 经济增长理论

20世纪40年代，哈罗德和多马都提出了经济增长模型，且模型的含义基本相同，被后人合称为哈罗德-多马模型。该模型的提出主要为了弥补凯恩斯理论没有解决宏观经济长期稳定增长的缺陷，模型假定资本-产出系数不变，经济增长率仅由储蓄率决定，似乎找到了经济增长的持久动力源泉。但该模型提出，要想实现经济的持续增长，就要求经济的实际增长率与由资本家整体意愿投资水平所决定的有保证的增长率以及实现持续充分就业下的经济的自然增长率相等。哈罗德、多马认为上述条件出现的可能性很低，所以经济想要实现长期稳定增长是很困难的。即使经济达到暂时的均衡增长状态，也容易受到偶然因素的干扰从而偏离经济的均衡增长路径。这种现象即为“刀锋”现象[11]。

图 9－4　罗伯特·默顿·索洛

1956 年，美国经济学家罗伯特·默顿·索洛（图 9－4）发表了《对经济增长理论的一个贡献》。该文认为，在资本主义市场下，利用可变的资本-劳动比例可以实现充分就业时稳定的经济增长[12]。他以新古典经济增长理论下的生产函数为基础改进了哈罗德-多马模型，建立了资本系数可变的索洛模型，假定可以调整资本-劳动比例，从而避免了“刀锋”现象。

索洛模型即新古典经济增长模型，是新古典经济增长理论中的基本模型。该模型有以下假设：全社会只生产唯一一种产品；生产过程中只使用资本和劳动两种生产要素且二者可以相互替代，每一种生产要素服从边际产出递减规律；在完全竞争的条件下，工资和利润的水平由劳动和资本的边际产出率决定，市场机制作用下，通过调整生产中劳动和资本的组合可以实现充分就业均衡，因而资本和劳动都可以充分利用；规模收益不变，储蓄率以及劳动增长率也保持不变；模型存在技术进步，表现为一个具有固定趋势的常数。

新古典经济增长模型的表达式为 $\Delta Y/Y=\lambda+\alpha$（$\Delta K/K$）$+\beta$（$\Delta L/L$），其中 $\Delta Y/Y$ 表示经济增长率，$\Delta K/K$ 表示资本增长率，$\Delta L/L$ 则为劳动力增长率；$\lambda$ 指技术进步给经济增长带来的贡献率，$\alpha$ 是资本弹性系数，$\beta$ 为劳动弹性系数。该模型认为经济增长率同时取决于资本增长率、劳动力增长率、资本和劳动相对的对产出增加的作用的权重以及技术进步。新古典经济增长理论把资本、劳动力、技术水平以及土地等生产要素引入经济增长模型，因此对经济增长的动力源泉分析得更加全面。

新古典经济增长模型打破了经济增长的决定因素是资本积累这一理论，指出了技术进步对现代经济增长的重要作用，并实现了动态化和模型化，促使“技术进步决定论”计量化，向实证方向推进。同时，该模型可以解释大部分的经济增长事实，受到了广泛重视。此外，在实际的经济运行过程中发现，技术进步的确对于工业化国家的经济增长具有至关重要作用。

2. 失业与通货膨胀理论

（1）菲利普斯曲线的提出

1958 年，英籍新西兰经济学家菲利普斯（A. W. Phillips）通过分析 1861—1957 年英国的失业率和货币工资变动率之间的关系得到了一条向右下方倾斜的曲线，称之为菲利普斯曲线。

新古典综合学派基于通货膨胀率等于货币工资增长率与劳动生产率之差对菲利普斯曲线进行改进，将其表示为反映失业率和通货膨胀率之间替代关系的曲线。失业率和通货膨胀率呈反方向变动；劳动生产率为零时，通货膨胀率和货币工资增长率是相等的。函数表达式为 $\pi=-\varepsilon(u-u^*)$，其中 $\pi$ 是通货膨胀率，$u$ 和 $u^*$ 分别为失业率和自然失业率，参数 $\varepsilon$ 衡量了失业率变化时价格的反应程度。菲利普斯曲线可以有效地解释 19 世纪中期以来的全球经济现象，曲线的右移解释了 20 世纪 70 年代经济出现的滞胀现象[13]。

（2）附加预期的菲利普斯曲线

1968 年，美国经济学家弗里德曼发现，菲利普斯曲线忽略了工人对通货膨胀的预期，这是影响工资的重要因素。弗里德曼认为企业和工人更关注实际工资，而非名义工资。劳资双方在讨论工资时也会预期新协议期的通货膨胀，进而调整相应的名义工资水平。对通货膨胀的预期越高从而名义工资水平增长越快。

附加预期的菲利普斯曲线又称为短期菲利普斯曲线，如图 9 - 5 所示，数学表达式为 $\pi-\pi_e=-\varepsilon(u-u^*)$，其中 $\pi_e$ 表示预期通货膨胀率。当 $\pi_e=\pi$ 时，$u=u^*$，即经济的通货膨胀率与预期的通货膨胀率一致时，失业率等于自然失业率。附加预期的菲利普斯曲线认为，如果 $\pi_e$ 比 $\pi$ 低，失业率与通货膨胀率之间的替代关系是仍然存在的。

（3）长期菲利普斯曲线（LPC）

图 9 - 6 显示，在长期的经济发展过程中，工人会依据实际情况调整自己的预期，通过变动名义工资来保证实际工资不变，从而失业并不会因为高通货膨胀率而减少。

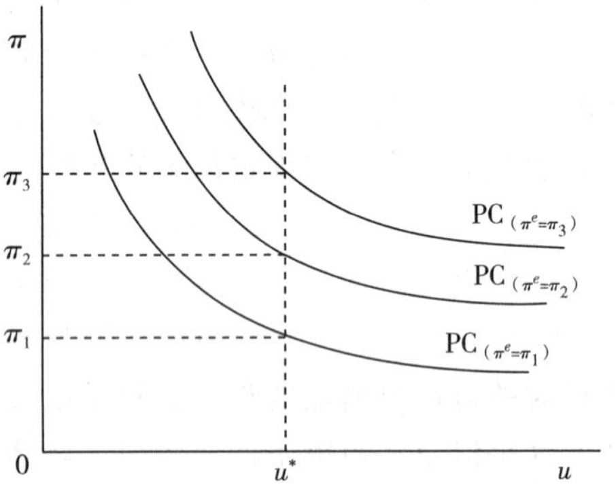


图 9 - 5　短期菲利普斯曲线

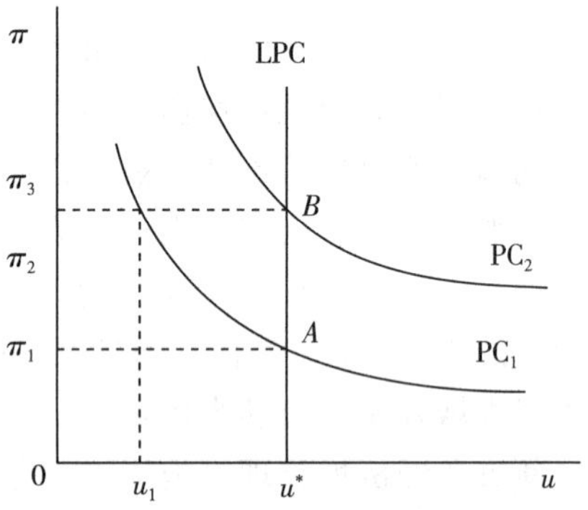


图 9 - 6　长期菲利普斯曲线

首先假设某一经济体位于自然失业率 $u^*$，通货膨胀率为 $\pi_1$ 的 $A$ 点，如果政府运用扩张性政策，总需求增加，从而导致价格上升，通货膨胀率上升到 $\pi_2$。$A$ 点预期的通货膨胀率为 $\pi_1$，实际的通货膨胀率为 $\pi_2$，高于 $\pi_1$，实际工资下降，产出增加，失业率降到 $u_1$ 处。

当工人认识到价格水平上升，实际工资下降时，从而要求企业提高货币工资，同时工人调整自己的预期由 $\pi_1$ 到 $\pi_2$，使他们的实际工资水平恢复到原来的水平，失业率回到自然失业率 $u^*$，但此时经济仍处于具有较高的通货膨胀率 $\pi_2$ 的 $B$ 点。将以上过程不断重复，发现工人对通货膨胀预期的上升，短期菲利普斯曲线也不断上升。在长期过程中，工人预期的通货膨胀率与经济中实际的通货膨胀率是一致的，从而形成了一条与自然失业率 $u^*$ 重合的 LPC 曲线，表示长期过程中，替代关系在失业率与通货膨胀率之间不存在了。

3. 收入分配理论

收入分配指经济活动的共同参与者，按照一定的规则对全部劳动成果进行分割，获得相应收入的过程。

马克思主义收入分配理论的实际内涵是“按劳分配”，未来社会的个人消费品应该按照“等量劳动获取等量产品”原则进行分配。马克思在《哥达纲领批判》中指出，在共产主义社会初级阶段，必须根据按劳分配的原则分配消费资料，只有共产主义社会发展到高级阶段才能实现消费资料的按需分配。

马克思主义按劳分配的内涵主要有以下几点：第一，马克思在劳动价值论中指出，每个劳动者的劳动都是社会劳动，都产生价值，是价值的唯一源泉；第二，按劳分配实现的条件是等价交换原则，这是因为按劳分配的衡量方式是劳动时间和劳动强度，劳动者分配个人消费品是等量的、不同形式的劳动进行交换的过程；第三，按劳分配在社会主义社会是平均存在的，因此在某种程度上也可以说按劳分配也是不平等的权利；第四，在分配劳动成果之前要先扣除管理费用、共同使用的部分等等，所以实际上个人的劳动所得是有折扣的[14]。

1803 年，萨伊在《政治经济学概论》一文中提出，生产力主要包括劳动、资本以及土地，三者都能为其所有者带来收入，其中劳动所得是工资，资本所得是利息，土地出租则得到地租。工资是劳动者所付出的劳动力的价格，利息是资本在生产性服务方面所创造的价值即资本生产力的价格，地租是使用土地而支付的价格。他还把劳动分为脑力劳动、体力劳动和管理劳动，付出不同的劳动带来不同的收入。萨伊认为商品的价值是由劳动、自然资源、资本三种生产要素共同作用所产生的。价值来源于商品的效用，因为每种生产要素都不同程度地创造了效用，因此每种生产要素的所有者，即工人、资本家、地主，都应该获得相应的收入，工人获得工资，资本家获得利息，地主可以得到地租。萨伊的分配理论的本质就是收入按要素进行分配，每种要素所有者都能获得合理公平的报酬，因此也称为按要素分配理论。

### 9.3.2　新经济的宏观特征事实与挑战

1. 新要素对经济增长模型的冲击

新经济的主要增长动力在于信息和知识。传统经济增长主要依靠物质资本积累，很难实现持续增长，而新经济的增长源于信息与知识的投入，这使得新经济具有持续增长的潜力。同时，知识与信息的使用可以进一步促进新知识的产生和信息的传播，这会再次促进经济增长。在新经济中，信息和知识资产也作为经济增长的重要因素，传统的经济增长模式在新经济中不再具有那么强的解释力了。

信息要素具有与传统经济增长理论所强调的资本、劳动力和技术等物质要素明显不同的经济特征。信息具有共享性，并且边际生产力是递增的，在使用过程中不会被损耗，并且还会产生新数据。同时，一个人拥有的信息量越大，每增加一条信息时，该条信息的价值越大。传统经济增长中的要素资源具有稀缺性，而信息具有显著的正外部性，在溢出效应下不增加额外投资也可反复利用。可以减轻由资源稀缺性所产生的对经济增长的限制，显著不同于传统的要素禀赋。在新经济中，信息的价值在于有效降低交易成本，有助于构建新的产业秩序，形成具有独立的产业循环空间的信息产业，并且不遵循边际效益递减规律，人们对于信息的需求和依赖也越来越高。因此，原有的经济增长模型的要素构成需要改进，信息资源在新经济的增长模型中应作为一个至关重要的独立内生变量[15]。

在新经济中，知识资产的积累可以有效地促进经济增长，新经济的增长模型的要素结构中也应该加入知识要素，作为一个独立的内生变量。传统经济时代主要通过提高劳动生产率促进经济增长，随着全球性的资源匮乏和长期的资源掠夺型经营，通过提高劳动生产率实现经济增长似乎走到了尽头。在新经济时代计算机等高新技术广泛应用，传统经济条件下的原材料和资源需求占比相对减少，知识要素的复制成本较低且边际效益是递增的，促使经济增长方式摆脱资源掠夺方式和过度依赖性，经济的可持续发展成为可能，经济增长的动力源泉发生了变化[16]。通过近年来的世界经济实践可以发现，影响一国经济增长快慢的主要因素不再是劳动生产率而是知识生产率以及把知识资产转化为技术、技术转化为产品的效率，一个企业只有依靠新技术和新产品才能存活于当代激烈的市场竞争中。在党的十九届四中全会《决定》中，关于坚持和完善社会主义基本经济制度，推动经济高质量发展，也提出将数据作为生产要素，参与分配。

因此，人们在探讨“新经济”的增长模型的时候，需要对传统经济增长模型中的要素构成进行修正，加入信息、知识这两个至关重要的独立的内生变量。同时新经济活动的价值并非通过货币化体现，难以直接纳入传统的宏观经济分析框架之中[17]。这些事实都对传统经济增长理论产生了一定的冲击。

中共中央关于坚持和完善中国特色社会主义制度推进国家治理体系和治理能力现代化若干重大问题的决定（节选）

2. 新科技对“失业—通货膨胀”关系的冲击

美国 20 世纪 90 年代的经济增长出现了传统理论所不能解释的“双低一高”现象，即通货膨胀率和失业率较低，但经济具有高增长率。见表 9－2 所列，美国宏观经济出现了失业率和通货膨胀率有共同下降趋势的情况，这与前文提到的菲利普斯曲线所反映的通货膨胀率与失业率之间具有替代关系的结论不一致。

**表 9－2　1992—1998 年美国的宏观经济指标变化情况**

| 指标 | 1992 年 | 1993 年 | 1994 年 | 1995 年 | 1996 年 | 1997 年 | 1998 年 |
|---|---|---|---|---|---|---|---|
| 增长率（%） | 2.6 | 3.0 | 4.1 | 2.9 | 2.5 | 3.8 | 3.9 |
| 通货膨胀率（%） | 2.9 | 2.5 | 2.7 | 3.2 | 2.5 | 1.9 | 0.8 |
| 失业率（%） | 7.8 | 6.9 | 6.1 | 5.6 | 5.4 | 4.0 | 4.3 |

数据来源：吴璟桉（2000）。

美国经济在 20 世纪 90 年代出现上述现象的原因有以下两点：第一，20 世纪 90 年代以来，美国的产业结构得到优化升级，传统工业经济和农业经济向以知识要素为主要驱动力的新经济转变，信息产业和依赖互联网平台的电子商务产业得到快速发展，缩减了商品流通环节和交易成本[18]。美国储金斯学会研究指出，互联网技术每年节约的美国人的成本为 GNP 的 2%，约2 000亿美元，每年劳动生产率提高 0.4%进而使成本推动的通货膨胀压力减小，即提高劳动生产率和节约企业生产成本可以对通货膨胀起到一定的抑制作用。

第二，高科技的发展使劳动生产率得到提高，企业的生产经营和管理模式往自动化和信息化方向发展。20 世纪 90 年代以后，美国企业由金字塔式的组织结构往水平网状结构转变，使中层管理减少从而节约工资成本，使货币工资增长率慢于劳动生产率的增长，经济增长没有带来明显的货币工资上升。综上可见，在新经济中，信息产业和科学技术的发展使菲利普斯曲线的前提条件发生改变，对传统经济中失业率和通货膨胀率之间具有替代关系的理论造成了一定的影响。

2015 年，我国提出供给侧改革，一方面是由于产能过剩，制约了中国经济转型；另一方面，中国的供给与需求严重不对称，整体来看中低端产品供给大于需求，高端产品则供给不足。全面提高企业的要素生产率，不断开发改进人们生活方式的新产品，这是供给侧改革的主要内容[19]。在新经济时代，中国要以互联网等现代技术为手段，促进产业链、供应链以及价值链的优化升级。高新技术的发展改善我国产品结构往高质量发展，缓解产能过剩的问题。技术进步一方面提高生产率；另一方面可以减少重复生产，使总供给曲线在顺时针旋转的同时向右下方移动。总供给曲线向右下方移动，表明产出增加，失业率下降，价格下降即通货膨胀率降低，这显然与传统的菲利普斯曲线不同。

此外，《人口与劳动绿皮书：中国人口与劳动问题报告 No. 19》认为数字经济的蓬勃发展给就业机会带来了两方面的影响。一方面数字技术的应用和数字产业的兴起对传统产业的就业岗位带来冲击。比如人工智能的应用导致工人工资降低甚至失业，电子商务的发展致使实体店倒闭。另一方面，数字技术催生了新业态进而给劳动者带来新的就业机会。互联网、IT 服务等数字经济行业近 3 年一直是我国人才需求的主要行业。《中国电子商务报告（2018）》显示，2018 年我国从事电子商务的就业人员达4 700万人。世界经济论坛 2018 年发布的《未来就业（2018）》预测，虽然自动化技术和人工智能的发展造成7 500万的工人失业，但新业态和新模式会带来 1.33 亿份新的工作，2022 年会净增加5 800万份工作。

因此，新经济的发展可能会违背传统宏观经济理论中失业率与通货膨胀率的替代关系，菲利普斯曲线不能解释，并对传统理论有一定的冲击。

3. 新要素结构对收入分配理论的冲击

新经济中知识成为主要的生产要素，必然使收入分配方式发生变化。在中共十九届四中全会公报中，明确将知识和数据纳入参与分配的要素。在知识经济时代的生产过程中，劳动力资源的占用减少，企业的财富增值依靠知识和能力，知识可以决定社会财富的分配，国与国之间的竞争由物质占有和利用转向追求更多信息、技术等无形资产[20]。在新经济中，知识是资本，知识的投入会影响产出，因此知识不仅是主要的生产要素，更要参与到收入分配中去，成为收入分配的主要依据之一，这样知识才能真正成为经济增长的驱动力，同时促进知识本身的积累。知识的广泛应用会对收入分配产生影响，下面以人工智能为例进行分析。

人工智能具有偏向性，不同群体的边际产出对人工智能的使用具有不同的反应，进而影响他们的收入水平。首先，人工智能在不同要素之间应用会产生不同的要素回报，造成收入分配的差距。近年来资本回报率出现增加的趋势，更多资本往少数资本家聚集，从而加剧了不平等，而人工智能的出现可能会强化这种现象[21]。这体现在人工智能的普及造成劳动力的需求减少，劳动回报率下降，但是人工智能作为资本密集型技术又会使资本回报率上升，从而造成工人工资和资本家收入之间的差距越来越大，加剧了全社会的收入不平等。其次，在劳动者内部，面对人工智能，不同技术水平的工人收入变化有明显差异。人工智能的应用使企业生产和管理流程自动化，这使从事技术水平较低、重复率较高职业的劳动者面临失业。同时，对那些从事技术水平要求较高的职业劳动者起到了正向作用，可能会提高他们的收入。总的来说，如果人工智能的应用是替代了低技术水平的劳动者，则会扩大收入不平等；如果是对高技术水平劳动的替代，则可能有助于改善收入不平等现象。

表 9-3 总结了 2012 年、2017 年和 2019 年世界主要经济体重大人工智能会议的参与率的变化情况。

见表 9-3 所列，人工智能促进协会（AAAI）举办的人工智能会议绝对参与人数在世界范围内增加了，但各国之间的占比逐渐分散化。因此，人工智能的发展可能会给落后国家带来经济增长的新途径，可能会缩小国家之间的贫富差距。

**表 9-3　各国重大人工智能会议的参与率的变化情况**

| 国家或地区 | 2019 年（%） | 2017 年（%） | 2012 年（%） | 2012—2109 年变化（%） |
|---|---|---|---|---|
| 美国 | 23 | 34 | 41 | −18 |
| 中国内地 | 33 | 23 | 10 | 23 |
| 英国 | 2 | 5 | 5 | −3 |
| 新加坡 | 2 | 4 | 2 | 0 |
| 日本 | 3 | 4 | 3 | 0 |
| 澳大利亚 | 2 | 3 | 6 | −4 |
| 加拿大 | 2 | 3 | 5 | −3 |
| 印度 | 2 | 2 | 1 | 1 |
| 中国香港 | 2 | 2 | 3 | −1 |
| 德国 | 3 | 2 | 4 | −1 |
| 法国 | 1 | 2 | 4 | −3 |
| 以色列 | 1 | 2 | 4 | −3 |
| 意大利 | — | 2 | 2 | — |
| 韩国 | 2 | — | — | — |
| 其他 | 7 | 10 | 10 | −3 |

注：只列出论文接受数量大于 10 的国家或地区。

数据来源：人工智能促进协会网站以及 Goldfarb and Trefler（2019）[22]。

人工智能的应用也可能对国际贸易产生影响，进而影响贸易相关国的国内市场情况。例如，假设中国在人工智能方面取得了巨大的成功，这可能会增加其与世界其他地区的贸易顺差，特别是在服务业方面。此外，假设中国通过促进从农村向城市的迁移和放松独生子女政策来控制工资通胀，这可能对人民币构成上行压力，对美元构成下行压力，这将对美国的劳动力市场产生影响。在低端市场，美元贬值可能会带回制造业就业岗位；在高端市场，熟练的美国工人可能会同来自低工资国家工人竞争，这在一定程度上可能会是减少美国国内不平等的一个方面。

人工智能的应用还可能通过改变市场力量影响未来的收入分配。由基本经济理论可知，在非完全竞争的市场结构下企业有可能获得经济利润，经济利润的高低受该企业市场力量的影响。在新经济中，世界各国的市场结构趋于集中，都出现了大量占有高市场份额的超级明星企业（Superstar Firms），并且凭借其市场力量获得了巨额利润。比如，中国出现了阿里巴巴、腾讯和百度这三大巨头，占领了中国互联网产业绝大部分的市场份额。很多研究学者认为是高新技术的广泛应用导致了超级明星企业出现，人工智能则可能强化这种趋势。但资本的积累和市场力量趋于集中可能会形成马太效应，即富有的越来越富有、贫穷的更贫穷的现象，加剧全社会的贫富差距。

因此，在新经济下知识和数据等作为要素介入收入分配中，这些要素势必改变新经济下的市场结构，改变传统收入分配方式，进而会对现有收入分配理论产生冲击。

### 思考题

1. 新经济影响宏观经济增长的主要方式有哪些？
2. 作为一种生产要素，数据对新经济的发展将起到何种作用？

### 参考文献

[1] 梁正．知识经济、边际效用递增现象与新商业规则 [J]. 天津商学院学报，2001 (5)：6 - 9.

[2] 高鸿业．西方经济学微观部分 [M]. 7 版．北京：中国人民大学出版社，2008：152 - 210.

[3] 梁小民．西方经济学 [M]. 北京：中央广播电视大学出版社，2003：148 - 173.

[4] 孙敬水．垄断者就该上天堂？——评歌华有线随意涨价 [N]. 经济学消息报，599 期．

[5] 五大知名品牌九款 2010 年上市手机推荐 [EB/OL]. http：//price. zol. com. cn/174/1743632 _ all. html，2010 - 04 - 17/2019 - 09 - 20.

[6] 刘文东．西方政府寡头垄断下的产业规制——以美国电影产业为例 [J]. 决策与信息旬刊，2009 (9)：90 - 91.

[7] 苗长虹．马歇尔产业区理论的复兴及其理论意义 [J]. 地域研究与开发，2004 (1)：1 - 6.

[8] Marshall A. Principles of economics [M]. Cambridge University Press，1961 (Fist published in 1890)：15 - 20.

[9] Marshall A. Elements of economics of industry [M]. London Macmillan，1910：19 -48.

[10] 沙作金．新经济带来的冲击 [J]. 新东方，2000 (9)：22 - 26.

［11］陶磊．能源要素与经济增长模型及实证研究［D］．成都：西南交通大学，2008.

［12］王文珺．哈罗德-多马经济增长模型研究［D］．石家庄：河北经贸大学，2011.

［13］肖家君．关于“新经济”理论与传统主流经济学理论解论的探析［J］．长沙理工大学学报（社会科学版），2001（3）：38－41.

［14］冷伟．收入分配改革与和谐社会的构建［D］．贵阳：贵州财经大学，2013.

［15］宋勃．“新经济”对传统经济学的挑战［J］．亚太经济，2001（2）：21－23.

［16］郑建志，赵刚．论“新经济”对传统经济理论的挑战［J］．哈尔滨商业大学学报（社会科学版），2001（5）：61－63.

［17］彭文生．数字经济能否“改写”宏观经济法则［J］．北大金融评论，2019（1）：14－16.

［18］万晶．新经济：西方经济理论的反思［J］．新疆财经，2002，13（4）：15－17.

［19］宋清辉．新经济与供给侧改革一脉相承［N］．证券时报，2016－03－12（A03）．

［20］龚鹰．论知识经济的收入分配制度［J］．经济师，2002（6）：30－33.

［21］陈永伟．人工智能与经济学：近期文献的一个综述［J］．东北财经大学学报，2018，117（3）：8－23.

［22］Goldfarb A，Trefler D. Artificialintelligence and international trade［J］. Chapter in NBER bookThe Economics of Artificial Intelligence：An Agenda ，Editedby Ajay Agrawal，Joshua Gans，and Avi Goldfarb，2019：463－492.

# 第 10 章　新经济下的中国机遇与挑战

为何有些国家的新经济发展较为成功，而另一些国家则较为失败？新经济可能给中国带来哪些机遇与挑战？本章基于大国治理的背景，结合中国经济“新常态”和新经济发展特征、趋势，一方面，从理论和实践上解释了新经济给中国带来什么样的机遇、为什么能创造这些机遇，从而揭示了未来中国如何抓住机遇以及确定发展方向；另一方面，从制度供给、人才储备、基础设施、产业结构和监管体系等方面，分析新经济给我国带来的挑战。

## 10.1　新经济下的中国机遇

改革开放后的前 30 年，中国一直保持着令世界瞩目的高速经济增长。高速增长阶段主要驱动力是大规模的要素投入和投资增长。首先，大规模劳动力从农村转移到城市、沿海地区以及制造业部门，带动了大幅度的 GDP 增长和整体生产率的提高。其次，这一阶段市场需求旺盛，巨大的潜在需求亟待被满足。丰富的劳动力、大规模的投资以及充足的资本积累成为中国经济高速增长的主要动力，创造了强大的产能，并且中国坚持走对外开放道路使得大规模的产能在国内外市场上能够很好地被消化和吸收。然而，由于劳动力、原材料、资源、土地等生产要素成本较低，生态环境管制较松，形成了以资源消耗为代价的粗放型经济增长方式。伴随着经济的快速发展，这种粗放型经济增长方式的不可持续性突显出来，中国经济增长速度逐渐下降，由高速向中高速转变。中国已经步入一个新的经济发展阶段，即迈入了经济“新常态”阶段。

中国经济进入“新常态”的显著特征是经济增长速度明显下降（图 10 - 1），其本质原因是传统增长驱动力在衰减，因此需要寻找经济增长新动能和完成新旧经济增长动力的转

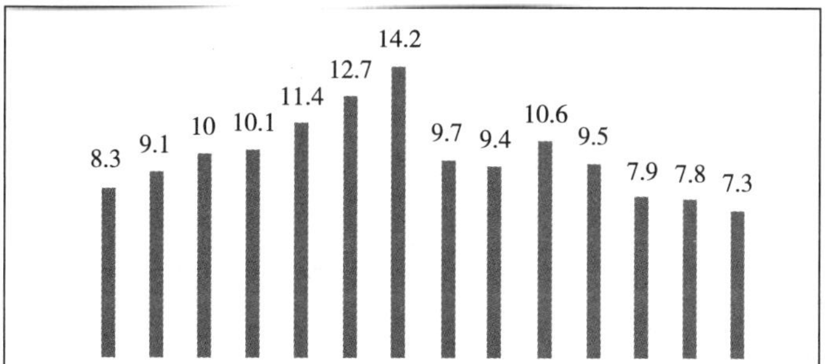


图 10 - 1　2001 年—2014 年中国 GDP 增速的变化趋势

数据来源：国家统计局。

换。新古典经济增长理论中索洛经济增长模型指出，劳动力、资本和技术进步是经济增长的三大源泉，但人均产出的永久性增长只取决于技术进步。在劳动力、资源、资本和环境约束逐渐趋紧的条件下，要素驱动型的经济增长已难以持续，未来中国中高速增长主要依赖创新驱动带来的技术进步，从“要素驱动”向“创新驱动”的转变是中国经济高质量发展的必然选择。

在当前中国经济发展中，新一代信息技术不断创新和应用使得新产业、新业态、新模式以及新技术层出不穷，深刻改变着社会的生产方式、工作方式、生活方式，全方位改变着人类的生产和生活面貌。中国必须敏锐抓住新经济带来的机遇，充分发挥信息科技化对经济社会发展的示范作用，加快实施创新驱动发展战略，以创新驱动赋予信息化科技创新发展，用信息化科技创新发展推动经济增长新动能，以新动能创造中国新辉煌。

### 10.1.1 数字经济：经济发展的新动能

数字经济是国家经济增长和创新发展的关键方向和重要形式。党中央在十九大报告中对建设网络强国、数字中国作出了战略部署。2019 年公布的《政府工作报告》中也提出，“深化大数据、人工智能等研发应用，培育新一代信息技术、高端装备、生物医药、新能源汽车、新材料等新兴产业集群，壮大数字经济”。在数字经济的带动下，新产业、新业态、新模式蓬勃生长，更容易实现规模经济和范围经济，日益成为推动我国高质量发展的重要动力，为经济增长带来数字资源的新动能。正如表 10－1 所列，在全球最大的上市公司排名前 12 名中，有两家来自中国（腾讯和阿里巴巴），并且都是基于数字经济发展的人工智能高密集型公司。

**表 10－1 全球前 12 名最大的上市公司和人工智能密集度**

| 公司 | 市场价值 | AI 密集度 |
|---|---|---|
| 苹果 | $754 | 高 |
| 谷歌 | $579 | 高 |
| 微软 | $509 | 高 |
| 亚马逊 | $423 | 高 |
| 伯克希尔-哈撒韦 | $411 | 上升 |
| 脸书 | $411 | 高 |
| 埃克森美孚 | $340 | 低 |
| 强生 | $338 | 上升 |
| 摩根大通 | $314 | 上升 |
| 富国银行 | $279 | 上升 |
| 腾讯 | $272 | 高 |
| 阿里巴巴 | $269 | 高 |

资料来源：Goldfarb and Trefler（2019）[1]。

第一，中国蓬勃发展的数字经济将带来数字红利。随着信息科学技术不断创新，人与人、人与物、物与物实现互联互通，导致全球数据规模呈现爆发式增长，其增速符合大数据摩尔定律，每两年翻一番左右。美国政府认为，庞大的数据是“未来的新石油”，即“陆权、海权、空权之外的另一种国家核心资产”。因此，数据逐渐成为重要的战略资产和驱动经济增长的核心生产要素。目前，中国数字经济的发展势头强劲，规模不断扩大，对国民经济的贡献率不断提高。中国信息通信研究院发布的《中国数字经济发展与就业白皮书》数据显示，2018 年中国数字经济规模为 31.3 万亿元，占 GDP 的比重为 34.8%（图 10－2）。

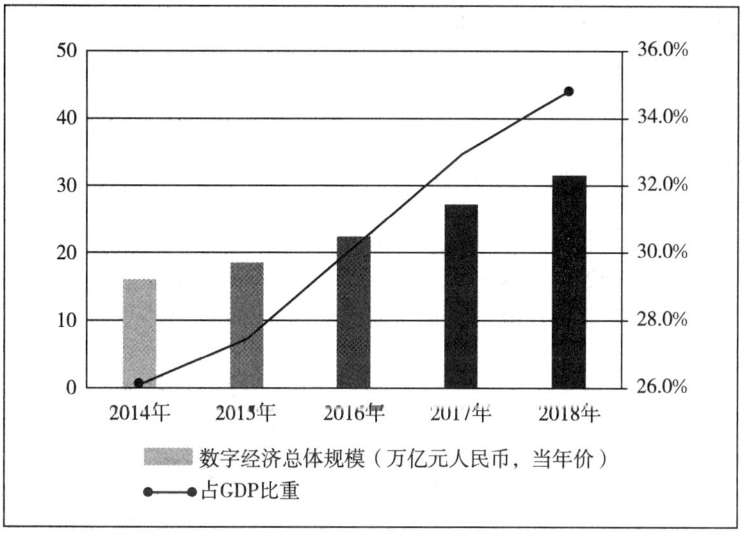


图 10－2　中国数字经济规模及占比

数据来源：中国信息通信研究院。

第二，数字经济与创新创业（双创）相互促进。数字经济的本质在于信息化，依赖于信息技术等领域持续的技术创新。只有通过不断提高科技创新能力才能真正掌握核心技术，才能掌握数字经济发展的主动权，依托数字经济发展相关数字化新模式，如数字贸易、数字政府等。另外，数字化的知识和信息与现代信息网络技术的结合，不仅能为企业生产经营、供应链管理提供大规模的数据支撑，而且能在促进新产业、新业态、新模式涌现的同时，为经济增长带来新活力，反过来又推动创新发展，这种与科技创新的双向互动能进一步促进经济向高质量方向发展[2]。

### 10.1.2　金融科技：脱虚向实的新动能

近年来，中国经济呈现出显著的脱实向虚趋势：金融发展逐渐偏离服务实体经济的本质，不断在金融体系内部进行资金配置，而且许多非金融企业脱离原有实体主营业务，大规模利用虚拟经济投资而获利[3]。过度膨胀的虚拟经济会导致实体经济与虚拟经济之间的脱节，造成系统性金融风险积聚，历次金融危机的本质原因都源于虚拟经济的过度膨胀[4]。而金融科技的发展能通过科学信息技术带来的金融创新，产生新模式、过程或产品，从而对金融市场、金融机构、金融服务的提供方式产生重要的影响。

金融科技包括人工智能、区块链、云计算等信息技术带来的创新，能够从效率、成本和安全三方面带动金融业务的革新，最终实现服务实体经济与普惠大众的目标，为中国经济增长带来脱虚向实的新动能。首先，金融行业具有牵涉面广、大规模数据、高频交易等特征，效率也难以提升。将人工智能、大数据、自动化与智能化融入传统金融行业或产品，从而实现系统的快速迭代与升级，简化业务流程，进而辅助各项业务决策和进行精准营销，较大程度提升金融服务效率。其次，金融科技中的区块链技术将可能重构金融业的关键底层基础设施，将金融互联网智能化，能创造几乎零成本的金融交易环境，为金融领域带来颠覆性影响。最后，金融科技不仅能降低消费者金融交易风险和金融诈骗风险，还能维护国家金融安全。例如，将生物识别技术应用于金融领域，在扩大金融服务领域的同时，极大地提高了金融支付的安全性和可靠性。人工智能和大数据的结合能大幅度提升交易速度，更多地减少信息不对称。

### 10.1.3 数字贸易：开放发展的新动能

数字贸易是数字经济在贸易领域的体现。如第 6 章所述，数字贸易对宏观和微观经济环境都有显著影响。跨境电商和数字贸易的应用开发了各类新业态、新商业模式，特别是通过供应链管理将自身转型为具有多种服务和业务功能的新型外贸企业，细化中小企业的专业分工，增强了我国供应链整体国际竞争力和外贸企业国际竞争力。我国应抓住新经济下外贸出口新竞争优势，提升对外开放的质量与效益，为新一轮高水平对外开放提供强有力的支撑保障。

数字贸易为我国外贸高质量发展注入新活力。《中共中央国务院关于推进贸易高质量发展的指导意见》(后称《指导意见》) 强调在“促进均衡协调，推动贸易可持续发展”以及“培育新业态，增添贸易发展新动能”等方面要发挥数字贸易的积极作用。《指导意见》明确指出，“提升贸易数字化水平，形成以数据驱动为核心、以平台为支撑、以商产融合为主线的数字化、网络化、智能化发展模式。推动企业提升贸易数字化和智能化管理能力。大力提升外贸综合服务数字化水平。积极参与全球数字经济和数字贸易规则制定，推动建立各方普遍接受的国际规则”。毫无疑问，数字贸易将全方位为中国对外贸易从“要素驱动”转向“创新驱动”注入新活力。

数字贸易为“一带一路”全面共建提供新机遇。作为数字经济核心组成部分的数字贸易网上丝绸之路作为“互联网+”和“一带一路”倡议交汇点，正为沿线国家经济贸易发展释放红利。中国首家跨境电商交易平台敦煌网作为网上丝绸之路开创者和产业设计者，正在不断助力中小企业实现“买全球、卖全球”，推进数字贸易升级成为经济增长的新引擎。敦煌网从 2015 年开始逐步摸索出一条通过民间力量推动两国政府达成双边跨境电商合作的全新模式，中土、中秘之间跨境电商合作甚至成了“二轨外交”。同时，敦煌网通过整合跨境贸易各主要环节，为买卖双方提供从产品上传、翻译、营销、售后，到关、检、税、汇、仓等一站式服务，为中小企业融入“一带一路”及网上丝绸之路提供可能①。

---

① 和讯网：“一带一路”之敦煌网，http：//news. hexun. com/2017－05－12/189162633. html。

**【案例 10－1】**

## 义乌建设数字贸易港

2018 年 4 月，义乌在 2018 中国国际电子商务博览会上首次提出了“数字贸易港”这一新概念。

数字贸易港（Digital Trade Port）就是利用各种先进的互联网技术和信息技术，围绕核心数字贸易平台，以数字贸易为驱动、构建线上线下相结合、以贸易综合服务生态体系为特征的数字商业综合体，为中小企业提供一体化、全球化和数字化的综合交易服务，以数字贸易生态化助力中国企业走向全球。

数字贸易可以降低交易成本，缩短交易时间，可以有效提高交易效率，具有交易的便利性和提升用户体验等诸多好处。但是更重要的是，数字贸易将从根本上改变贸易服务方式和发展方式。和传统贸易相比，数字贸易更深度介入交易过程，实现业务标准化、流程化和服务化。数字贸易平台将以全球公共云仓为核心，贯穿上门揽货、国内仓、物流专线、海外仓以及最后一公里配送，全程实现无缝对接，数据可视化、可追溯，提供更快捷更便宜更便利，一站无忧式供应链服务。

因此，作为一个数字商业综合体，数字贸易港大致包括展示交易体系、综合服务体系、大数据应用体系、监管物流体系以及“一带一路”总体布局等基本模块。

资料来源，义乌市网上侨联网，http：//ql.cnyw.nct/vicw.php？ncwsid－171

### 10.1.4　共享经济：资源配置的新动能

从经济学的视角来看，要素驱动和投资驱动不再能为中国经济增长带来动力的主要原因在于没有合理配置和利用具有稀缺性的资源，以环境污染和资源浪费为代价来实现经济增长，具有不可持续性。而伴随着互联网等信息技术的发展，个人、组织或企业通过网络社交平台建立了以分享闲置的实物资源为特征的共享经济，其理念就是共享共助共赢，不仅能够不断优化资源配置，而且是新经济创新发展的集中体现，为中国经济发展带来了巨大的机遇。

相对于传统经济，新经济下发展的共享经济给中国经济增长带来的资源再配置新动能在于两个方面。一方面，共享经济能更加充分利用资源，更为高效进行配置，从而降低成本、提高效率。共享经济是相对于独享经济的一种新型的、颠覆传统的商业模式。在传统比较封闭的经济时代中，独享经济能够形成坚固的行业壁垒，从而获得超额的垄断利润。但从西方经济学的观点来看，垄断不仅会导致产量减少、大量闲置资源浪费，而且会造成技术上的低效率，阻碍着技术创新与社会进步。而共享经济通过互联网技术最大限度地利用社会闲置资源，从而有效增强社会经济流动性，具有改变社会经济结构的巨大能量。

另一方面，共享经济能够形成消费者与资源之间的新纳什均衡。在信息经济学理论中，信息不对称会导致市场交易双方利益失衡、交易成本增加，进而影响社会公平和市场配置资源的效率。从新制度经济学的角度来看，共享经济依托互联网技术，可以较大幅度降低微观主体间的信息不对称，从而促进资源信息的平滑共享，大幅度降低交易成本。伴随着交易成本的降低，参与的各方微观主体自发博弈互动，打破传统的“劳动者—企业—消费者”商业模式，逐渐形成共享经济下符合低交易成本要求的“劳动者—共享平台—消费者”新商业模式，最终完成对传统商业模式的“破坏式创新”，形成新经济形态下消费者与资源之间的纳什均衡。

## 10.2 新经济下的中国挑战

十九大报告指出“中国特色社会主义进入新时代，我国社会主要矛盾已经转化为人民日益增长的美好生活需要和不平衡不充分的发展之间的矛盾”。同时，我们必须认识到，虽然我国社会主要矛盾发生了变化，但这并没有改变我们对我国社会主义所处历史阶段的判断，我国仍处于并将长期处于社会主义初级阶段的基本国情没有变，我国是世界最大发展中国家的国际地位没有变。因此，在未来很长一段时间里，发展不平衡不充分将是我国新经济发展面临的挑战之一。

“发展不平衡”说的是经济社会体系结构问题，具体指由于比例关系不合理、包容性不足、可持续性不够，制约了生产率的全面提升，主要表现在实体经济和虚拟经济不平衡、区域发展不平衡、城乡发展不平衡、收入分配不平衡、经济与社会发展不平衡、经济与生态发展不平衡这六个方面。“发展不充分”说的是总量和水平问题，具体指发展不足、潜力释放不够、发展中还存在很多短板，经济发展水平尤其是人均水平同世界先进国家还有很大一段距离。“不充分”主要表现在市场竞争不充分、效率发挥不充分、潜力释放不充分、有效供给不充分、动力转换不充分、制度创新不充分这六个方面①。

在当前中国经济发展中，新产业、新业态、新模式以及新技术不断涌现，新旧产业转换、融合不断加快，但是新经济的整体规模和贡献相对有限，创新驱动增长格局还未全面形成。

### 10.2.1 有效制度供给的创新不足

美国著名未来学家阿尔文·托夫勒指出：“经济的快速发展，新的时代浪潮的形成，关键不在于科技，不在于人，而在于制度”。制度决定人的行为，决定社会各种资源是否能够得到有效的配置，制度对一个社会的经济发展来说是至关重要的。经过四十多年的改革开放，目前，我国经济已经进入新常态，传统产业正面临转型升级，亟须新引擎、新动能。而且，“新经济”的初步形态已经形成，发展“新经济”、培育“新动能”成为中国创造下一个经济增长周期的主旋律[5]。

以前，我们总是模仿和学习着欧美等发达国家的管理制度与经验，但现在，中国逐渐实现弯道超车并开始走进新经济无人区，应当学会转变身份角色，从被动的学习者转向主动的探索者和创新者。新时代背景下，新经济发展迅速，数字经济、共享经济、公共服务等经济领域涌现出大量的新模式，这些发展迫切需要新制度的支持，这将会是中国供给侧

① 2018 年 1 月 13 日国务院发展研究中心主任、研究员李伟在第九届中国经济前瞻论坛上发表主旨演讲“推动中国经济稳步迈向高质量发展”。

改革中制度供给的重要目标之一[6]。然而，现行体制与新经济往往是不兼容的，我国的经济体制环境还不能完全满足新经济发展的需要。新经济的发展面临着制度供给创新不足的挑战，主要体现在以下两个方面[7]。

1. 新经济领域政府与市场的关系有待完善

尽管我国确立社会主义市场经济体制已经二十多年，十九大报告也明确指出“使市场在资源配置中起决定性作用，更好发挥政府作用”，实际上，我们仍未完全厘清市场与政府之间的关系，当前中国既存在市场不健全、不完善的问题，也存在政府对市场干预过多的情形。政府制定的现有制度无法回应新问题、新需求，无法适应新经济的发展趋势和规律，有效制度供给不足，在一定程度上增加了新经济发展的成本。

新经济的业务模式、业务流程、业务形态是全新的，政府人员有时候很难精确辨别出其中可能存在的风险和需要政府管控的环节，这往往会导致一些行业在新经济发展初期借机“野蛮生长”。当新经济发展到一定阶段，对现有的旧的经济利益格局造成冲击，利益受损一方常常会向政府发出“求救”的信号，政府又会对新经济进行过重的惩治。即使在新经济发展的初期，政府方面已经意识到需要对其进行管制，他们也只会按照旧的管理方法和思维对其进行监管，让“新脚穿旧鞋”，逼迫新经济适应旧制度。从这些可以看出，政府对新经济的管理可能缺位也可能越位，可能过度宽松也可能过度严苛，这样在管理新经济的过程中出错的可能性就会增加[8]。

2. 新经济领域相关政策法规发展相对滞后

在很多领域，法规政策发展缓慢，跟不上新经济的发展步伐。对相关法律法规的修订相对滞后，使得现有法律法规无法满足新经济对制度的需求，在一定程度上制约了新经济的发展。比如，近年来，我国依托互联网迅速发展起来各类网络交易、网络支付、金融服务等，微信、支付宝支付等第三方支付掀起了新一轮“金融风暴”，由于缺乏相应的全面的、细致的法律法规，这在一定程度上对传统意义上的商业银行造成了威胁。

同时，我国在公民信用体系、用户隐私保护、资源共享、知识产权保护等方面的法律法规并不完善，部分新经济领域的标准规则比较欠缺。中国互联网协会发布的《中国网民权益保护调查报告 2016》数据显示，2015 年下半年至 2016 年上半年，中国网民因为垃圾信息、诈骗信息、个人信息泄露等遭受的经济损失为人均 133 元，总体经济损失约 915 亿元。其中，导致个人信息泄露严重的最主要原因是社交软件和手机 App 通过非法收集公众隐私信息。新经济是依托互联网发展的，无论是平台经济还是共享经济，公众必须通过安装相应的 App 软件才能够获取相应的服务，而企业平台会通过后台数据非法获取个人身份信息以及记录网上一切活动，但是由于缺乏平台内部及外部的监管机制，存在用户隐私数据被侵犯与滥用的风险。

### 10.2.2　核心技术创新能力有待提升

2018 年 7 月 13 日，中国工业和信息化部副部长、国家制造强国建设领导小组办公室主任辛国斌在“2018 国家制造强国建设专家论坛”上强调我国的制造业创新能力还不强，关键核心技术短缺的局面尚未根本改变，并指出在一些关键基础材料、核心零部件、先进基础工艺等工业基础能力方面依然处在薄弱环节。同年 10 月 30 日，国务院发展研究中心副主任王一鸣在“2018浦江创新论坛”上同样指出，虽然近几年中国在科技创新方面取得了重大进展，在全球范围内，成为有重要影响力的大国，但是，这与实现中国高质量发展和建设成为世界科技强国还有一定的差距，对于中国而言，科技创新还存在较多的薄弱环节和深层次待解决的问题。

可以看出，目前中国和大多数发展中国家一样，在世界经济科学技术领域仍旧处于落后阶段，中国目前的科学技术水平整体来说相对薄弱，科技创新能力特别是原创能力与发达国家还有一定的差距。在“十二五”期间，尽管我国的高新技术产业不断增加，计算机、集成电路以及芯片生产等高新技术产品制造的国产化水平不断提高，但与世界先进国家相比，大规模和高新技术企业仍旧较少，企业开发创新能力仍旧较低，关键领域核心技术基本上被国外垄断，这种受制于人的格局并没有根本改变。所以，在发展新经济的过程中，中国还将面临核心技术创新能力不足的挑战，主要体现在以下四个方面[6]。

1. 创新激励的体制机制还不健全，高端领军人才数量不足

在美国，大部分科研机构都是私立的，像麻省理工学院、哈佛大学、耶鲁大学等，都是民办大学。但在中国，绝大多数的科研机构都是公立的，是事业单位，受体制机制的约束。这些公立科研机构，普遍缺乏健全有效的激励体制，创新活动得不到相应的回报，科研人员的创新积极性和主动性调动不起来。尤其是，职务科技成果的产权激励机制还不完善，不能激发科技人员的创新潜力，大多数科研机构比较注重引进了多少人才，而很少关心科研人才的工作环境如何。虽然我国科技人员的总量在全球范围内名列前茅，但高端领军人才数量不足，创新型人才仍然比较缺乏。

在新旧经济互动转型中，我国普通劳动者过剩与高科技人才紧缺的矛盾日益突出，人力资源开发面临严峻挑战。要发展以网络、信息技术、通信技术为主体的新经济，关键是高新技术人才。只有解决了高端技术人才缺乏的这个问题，新经济发展中的新技术、新产业、新产品、新业态、新模式以及培育新动能等一系列问题才能有效地开展。在新经济背景下，我国适应新形势发展要求的人才短缺，人才外流倾向不可忽视，广泛吸纳适应新形势新经济发展的人才已迫在眉睫。高新技术人才短缺不仅仅指信息技术人才的短缺，随着新经济的发展，基因技术、航空航天技术等领域的发展与产业升级，这方面的高新技术人才的缺口也会日益变大。

2. 基础研究和原始创新能力不足，关键核心技术短板明显

辛国斌在“2018国家制造强国建设专家论坛”上给出了一组工信部对30多家大型企业130多种关键基础材料调研结果的数据。在这130多种关键材料中，32%的关键材料在我国是没有的，52%还需要依赖进口来提供，绝大多数计算机和服务器通用处理器需要的95%的高端专用芯片、70%以上智能终端处理器和绝大多数存储芯片也是需要依赖进口来供应。在一些装备制造领域95%以上制造及检测设备都依赖进口，比如，高档数控机床、高档装备仪器等，还有在运载火箭、大飞机、航空发动机、汽车等关键精加工生产线上。从这些可以看出，我国与发达国家有很大的差距，离真正实现制造业强国的目标还很远，需要我们付出更多的努力。

过去，我国一直注重应用技术研发和技术的产业化发展，但对基础性的研究并不十分重视，基础研究占研发投入的比重很低，仅5%左右，远低于欧美发达国家。核心技术创

新能力严重不足，多种核心技术仍不得不从国外引进，核心技术突破缓慢，技术创新能力相对落后，科技成果转化率较低，技术创新尚未与新经济模式、创业者深度融合，对于创业者而言，发挥的空间相对有限。特别是，新经济形势下掀起的新一轮科技工业革命，都是以智能制造和现代信息技术为代表的，包括云计算、“互联网＋”以及纳米技术为代表的新材料等技术研发和应用都还处于刚起步的阶段，与发达国家之间的差距较大。这将导致中国在国际上的竞争力降低，对新经济发展而言，是非常严峻的挑战[7]。

3. 科技投入比较分散化、效率低，创新体系整体效率不高

2018 年中国 GDP 首破 90 万亿人民币，换成美元大概是 13.6 万亿，居世界第二，相当于美国 GDP 的 60％左右。在制造业上，中国“制造王国”“全球工厂”的实力毋庸置疑，根据世界银行的数据，2017 年中国制造业产值 3.6 万亿美元，超过了美国与欧盟的总和，2018 年中国制造业产值 4.0 万亿美元左右。制造业作为实体经济的主体，是各国技术创新竞争的主阵地，是我国推进供给侧结构性改革的重要领域，是推动我国新经济发展的关键所在。中国制造业规模庞大，但是我们在高端制造业上的投入比较分散，产出效率不高。

2010—2017 年我国研究与试验发展（R&D）投入情况见表 10－2 所列。尽管近年来我国对科技研发的投入增长较快，研发经费总额居世界第二，科技研发投入强度也已经超过了欧盟创始国的平均水平。但由于缺乏有效的统筹协调机制，政府的科研经费投入在创新链条上的各环节中使用存在交叉重复或资金断裂的问题，存在碎片化和低水平重复的现象，这导致我国部署的一批重大项目和重点任务并没有完全达到预期水平，比如在大飞机制造、半导体、汽车制造、航空航天等方面。与普通人息息相关的是芯片与软件，我们深切感受到，当美国禁止中国从他们国家进口芯片和软件时，国内一些大公司就很容易被捏住命门。

**表 10－2　研究与试验发展（R&D）投入情况**　　（单位：亿元）

| 年　份 | 2010 | 2011 | 2012 | 2013 | 2014 | 2015 | 2016 | 2017 |
|---|---|---|---|---|---|---|---|---|
| R&D 经费支出 | 7 062.6 | 8 687.0 | 10 298.4 | 11 846.6 | 13 015.6 | 14 169.9 | 15 676.7 | 17 606.1 |
| 基础研究 | 324.5 | 411.8 | 498.8 | 555.0 | 613.5 | 716.1 | 822.9 | 975.5 |
| 应用研究 | 893.8 | 1 028.4 | 1 162.0 | 1 269.1 | 1 398.5 | 1 528.6 | 1 610.5 | 1 849.2 |
| 试验发展 | 5 844.3 | 7 246.8 | 8 637.6 | 10 022.5 | 11 003.6 | 11 925.1 | 13 243.4 | 14 781.4 |
| 基础研究占比 | 4.59% | 4.74% | 4.84% | 4.68% | 4.71% | 5.05% | 5.25% | 5.54% |

数据来源：根据《中国统计年鉴》整理所得。

4. 科研开放创新能力还不足，对国际创新资源利用不充分

随着经济全球化的深入发展，创新资源在全球范围内加速流动，开放创新已经成为世界潮流，但对于中国而言，现行的政策约束着创新要素的跨境流动，严重影响了本国企业利用全球创新资源，无法开展高水平的开放创新。尽管近几年，在政策上我国已经放宽了外籍人才出入境以及在华长期居留政策的要求，但是这些外籍人才在中国的社会生活和工作的保障制度体系还不够完善，在享受国内公共服务政策方面还存在一定体制障碍问题。

### 10.2.3 监管体系需要进一步优化

新经济的发展开辟了以互联网为媒介的新领域，并打破了传统的行业边界，冲破了现实世界的时空限制。在新经济环境下，信息传送迅速便捷，降低了信息传达的时空成本，简化了市场交易过程，降低了交易成本，减少了交易双方信息不对称的程度，提高了社会资源的配置效率。然而，当新经济推动创业与创新，新产品、新业务、新模式层出不穷时，新经济很多领域呈现出网络化、个性化、平台化以及跨界融合化的基本特征，这在客观上要求监管体系和监管制度更加开放与包容。但是，既有的监管制度滞后于新经济的发展，难以做出及时的反应，在市场准入、企业运营和信息披露等方面还存在很多监管漏洞，这加大了新经济监管的难度。

很明显，现有的监管模式和体系变得无法适应新经济的发展，监督体系的不健全，导致监管不足现象严重，比如，网约车刑事案件频发、网络借贷自杀事件高发（图 10-3）、个人信息泄露与侵权问题严重、共享单车产能过剩等。新经济发展过程中出现的这些问题，除了自身发展规律的原因以外，与我国新经济发展监管体制不健全息息相关。我国现行的新经济监管体系是一种传统的自上而下的监管体系，存在较多的缺陷和问题，主要体现在以下四个方面[9]。

图 10-3　网上关于校园贷的漫画

图片来源：http：//www.lzbs.com.cn/cjnews/2016-12/03/content_4541417.htm

1. 现行监管模式无法适应新经济发展

当前，我国现行的经济社会管理制度大多是在工业经济和工业化大生产的基础上建立起来的，具有强调集权、层级、区域与条块分割等特点，比较注重事前的审批与准入。但随着新产业革命的不断推进，一系列新的游戏规则应运而生，新经济模式与传统产业相互渗透、融合，这种适用于传统经济的监管模式，无法适应当下新经济的发展。这主要体现在三个方面：一是现行的监管方式比较传统，仍旧是分行业分区域进行监管，无法适应新经济的网络化、平台化、融合化发展；二是现行的监管模式下的事前审批与准入的标准无法约束新经济背景下新业态的发展，这是因为当前许多的新产业、新业态、新模式基本上是在现有监督体系之外发展起来的；三是传统的线下监管模式（比如人工巡查、定期的年检、专项行动、刑事处罚、消费者维权等），都难以满足当下新经济发展对线上监管的需求，而且，现行的监管体制存在成本高、效率低的问题。

2. 监管创新滞后于技术创新

新经济发展迅速，随着一系列新技术、新产业、新业态、新模式的产生，对政府的监管也提出了很多的新需求。但很明显的是，现行的政府监管体系并不能及时回应出现的新问题新需求，对新经济的技术创新的监管往往比较滞后。例如，近几年兴起的网约车就是一个很好的例子。网约车产生的时点恰好是在“互联网+”战略提出和市场准入监管向事中事后监管的转型期，这一新兴行业便捷、高效，还解决了一部分人的就业问题。但是网约车的出现与现有的法律制度相冲突，比如网约车的存在不符合《城市出租汽车管理办法》。2016 年 7 月 28 日，交通运输部同工业和信息化部、公安部、商务部等多部委联合发布《网络预约出租汽车经营服务管理暂行办法》，这成为全球首部关于管理网约车的办法，也是首部使得网约车合法化的政策文件，为世界其他国家提供了实践和探索。从 2012 年网约车的出现到 2016 年网约车的合法化，围绕网约车的焦点问题不断变化，尤其近几年网约车刑事案件频发，再次将网约车问题推至风口浪尖，引发政府思考该如何整顿监管网约车这一行业。从网约车事件可以看出，政府监管政策必须与时俱进，要具有规范性、科学性和前瞻性，必须对新经济有整体性的认识和系统性应对策略，这样才能避免一管就死一放就乱的怪圈，才不会应接不暇，被动应对。

3. 部分新经济领域存在监管缺失问题

互联网的传播和应用极大地加快了社会的发展，而基于互联网开展的技术、产业的创新和融合，导致社会经济活动发生了巨大变化，新经济也应运而生。然而，由于缺乏对互联网产业发展的监管的完善体制，近几年在以互联网为基础的新经济发展过程中，不正当竞争行为频繁发生，比如，虚假宣传、捆绑销售、混淆行为、侵犯商业秘密行为等。此外，共享经济领域中，不断出现庞氏骗局、商业机密盗取、不正当抽奖等不正当竞争行为。平台经济领域中，不断出现恶意刷单、限制流量、侵犯商标、虚假广告等不正当竞争行为。与普通民众息息相关的例子，近几年兴起的微信支付、支付宝等互联网金融工具，就与现行的金融监管体系不兼容。以支付宝为例，对于支付宝的监管涉及较多的监管部门，包括央行、银保监会、工信部和国家互联网信息办、工商总局等。以上均说明，当前我国实行的金融监管体系制度已经无法适应新型互联网金融工具的快速发展。除此之外，共享经济的发展同样面临着类似的问题，有的试图钻法律的空子，有的在监管的灰色地带边缘徘徊，这些都不可避免地存在“违规”甚至违法的嫌疑。这典型地体现了在部分新经济领域存在明显监管缺失的问题[7]。

4. 监管机构之间的协调有待加强

新经济的发展有两个很明显的特性：数字化和融合化，这两种特性分别对监管部门之间的信息共享和权责划分要求不同，由于这两种特性的存在，现行的监管部门之间协调困难，无法统一步调。在信息共享方面，由于我国尚未建立全国统一、高效运转、标准化的信息系统，监管部门之间的信息网络建设无法满足监管部门之间协调的实际需要，难以实现信息与信息之间的相互交流，信息数据的共享化程度相对较低。目前，多数监管系统还止步于数据信息采集、录入与初步统计的阶段，缺乏对企业数据的深入挖掘、整合分析和平台共享等，在对新经济的监管方面尤为明显。在权责划分这一方面，中央政府与地方政府之间行动不够明确协调。当前对互联网进行监管的部门主要包括互联网管理部门与一般性执法部门，这两者在对新经济进行监管的过程中，很容易产生重复执法或者相互推诿的问题，还可能存在监管缺失或者选择性执法的问题。目前，对于新经济中出现的新业态，我国政府主导的监管部门的权责划分还不够明确。总而言之，无论政府是采取协同监管、协商监管还是统筹监管，对各个监管部门而言，都需要重新学习，容纳新的监管主体，将线上线下监管方式相互融合，提高各部门之间的合作能力，特别是要尽快培养协同监管能力。这些都是发展新经济业态所带来的难题。

### 10.2.4 相关基础设施与公共服务供给不足

作为经济社会发展的重要载体支撑和制度保障，基础设施和公共服务一直是政府工作的重点之一。纵观人类社会发展的历史，旧经济很大程度上是依靠公路、铁路、港口、桥梁这些有形的基础设施发展起来的。对旧经济而言，基础设施与公共服务主要包括交通、邮电、供水供电、商业服务、科研与技术服务、园林绿化、环境保护、文化教育、卫生事业等市政公用工程设施和公共生活服务设施等。现如今，互联网已然成为新经济时代引领人们变革生活方式的不可或缺的基础设施。相比于传统基建，新基建的内涵更加丰富，覆盖范围更加广泛，更能体现新经济的特征，能够更好推进中国经济的快速转型升级。互联网作为新经济的基础设施，重在无形连接，更广意义上说，新经济的基础设施是一个新的技术群，包括大数据、AI（人工智能）、云计算、物联网、智能终端、ICT（信息通信技术）、DT（数字技术）、CPS（信息物理融合系统）、VR（虚拟现实）、AR（增强现实）、识别技术（指纹识别、语音识别、人脸识别）、无人技术（无人驾驶、无人工厂、无人商场、无人银行、无人停车）、3D技术等等，这些突破了物理空间约束。

然而，现阶段我国在发展新经济过程中，基础设施建设相对滞后，社会公共服务供给不足，主要表现在以下几个方面。

1. 新基建供给不足

新基建

新基建本质上是数字化的基础设施，主要包括5G、人工智能、工业互联网、物联网等。随着互联网的快速发展，实现万物互联的进程不断加快，网络连接终端数量在全球范围内的增幅非常大，网络技术与数字技术也在不断地融合，数据以指数级增长速度生成，以AI、大数据、区块链等为代表的新一代信息技术支撑的数字经济得到快速发展。然而，与这一现象形成鲜明对比的是，在发展新经济的过程中，我国新基建的建设仍处于相对滞后的阶段，对于大数据、云计算等各种信息基础设施的投资严重不足，在一些经济不发达地区极度缺乏软硬件设施建设。表10-3为2011—2017年我国互联网主要指标发展情况。

**表10-3 互联网主要指标发展情况** （单位：万人/万户）

| 年份 | 互联网上网人数 | 互联网拨号用户 | 互联网宽带接入用户 | 城市宽带接入用户 | 农村宽带接入用户 |
|---|---|---|---|---|---|
| 2011 | 51 310 | 550.7 | 15 000.1 | 11 691.4 | 3 308.8 |
| 2012 | 56 400 | 569.8 | 17 518.3 | 13 442.4 | 4 075.9 |
| 2013 | 61 758 | 485.1 | 18 890.9 | 14 153.6 | 4 737.3 |
| 2014 | 64 875 | 441.6 | 20 048.3 | 15 174.6 | 4 873.7 |
| 2015 | 68 826 | 331.6 | 25 946.6 | 19 547.2 | 6 398.4 |
| 2016 | 73 125 | 306.3 | 29 720.7 | 22 266.6 | 7 454.0 |
| 2017 | 77 198 | 301.7 | 34 854.0 | 25 476.7 | 9 377.3 |

数据来源：根据《中国统计年鉴》整理所得。

2. 新经济的核算体系和方法不完善

近几年，大量的新技术、新产业、新业态、新模式在我国相继出现，但是我们尚未厘清新经济与旧经济之间的概念边界。目前，我们在国民经济核算体系和方法上还未完全实现与国际标准接轨，关于新经济的核算体系和方法还不完善，现行对国民经济的统计评价指标体系无法科学、全面地反映创新对经济增长的贡献，无法精准衡量新经济发展的成果，进而无法准确地为执政者提供有用信息以制定研发投入、技术变革和创新确定发展等方面的政策。

3. 对新经济的科学研究有待加强

李克强总理在 2016 年《政府工作报告》中首次明确提出“新经济”这一概念，并对我国经济的发展提出了新的要求，引发全国人民的热议。然而，新经济作为一种新的经济形态，关于其内涵和外延包括架构、发展规律、路径等各方面的研究仍处于起步阶段，这些都需要有更多的学者、政府部门结合理论与实践做更深刻的探索。虽然目前政府已经出台了很多的政策措施，能够在一定程度上推进新经济的发展以及新动能的培育，但是仍存在现行政策与新经济发展需求不匹配甚至相冲突的问题[7]。

## 10.3　中国发展新经济的战略对策

互联网、大数据、人工智能、云计算、物联网等产生的许多新产业、新业态、新模式、新技术与经济联系得越来越紧密。然而，旧的思维方式、旧的体制制度和这种新经济之间出现的矛盾也越来越多，在一定情况下，对新时代中国经济发展起到的不是推动而是阻滞作用。想要培育和释放新经济带来的经济增长的新动力和开放经济的新优势，就需要有完善的现代市场经济体制作为制度基础，才能在矛盾中前进并获得最快最大幅度的提升。从这个意义上讲，全面深化改革是中国进入新时代、经济进入“新常态”阶段的根本动力，新经济的发展给全面深化改革指明了新路径。因此，全面深化改革均应紧紧围绕牢牢把握新经济创造的机遇这一关键环节展开，具体可以结合以下几点。

1. 正确处理政府和市场的关系

十八大报告和十八届三中全会通过的《关于全面深化改革若干重大问题的决定》（以下简称《决定》）明确指出，“经济体制改革是全面深化改革的重点，核心问题是处理好政府和市场的关系，使市场在资源配置中起决定性作用和更好发挥政府作用”。适应新经济发展趋势，转换经济增长动力，关键在于真正让市场发挥决定性作用和更好地发挥政府作用，全面深化改革应先正确科学地处理好政府与市场关系（图 10 - 4）。

要想正确科学地处理好政府与市场关系，需要认识到不同的经济发展阶段需要相对应的政府和市场的关系。在中国改革开放前经济起飞和模仿追赶阶段，政府主导国家一切经济社会活动。由于这种政府与市场的关系符合当时的经济社会条件，政府主导的经济发展模式具有特定优势，为国民经济的快速恢复和迅速走上工业化道路做出了巨大贡献。但随着经济发展加快，知识、信息和技术创新在经济发展中起到更大作用，各种经济不确定性增强，市场的作用就会显得更加重要和关键，政府的角色就需要做根本性调整。如改革开放后，我国的政府与市场之间的关系产生了根本性变革，政府开始逐渐撤出一些经济领

图 10-4　网上关于改革的漫画

图片来源：http：//www.ce.cn/cysc/newmain/yc/jsxw/201409/01/t20140901_3462693.shtml

域，市场机制逐渐发挥主导作用。但是，目前中国政府和市场的关系还未十分明确体现出来，需要在进一步的深化改革中调整和完善。

当前，为顺应互联网、大数据、人工智能、云计算等技术特征的新经济发展趋势，科学处理好政府与市场关系需要构建相互契合、共同演进的互融共荣的新型关系，形成政府部门与私人部门相互合作的新型格局。要通过借助现代信息技术改进政府的规制调节方式，加强对于市场上不同企业之间、产业之间的经济活动的协调作用，持续激发市场的创新能力和不断提高政府辅助市场经济的能力。要通过政府与市场之间高效互动关系为市场经济条件下的制度变迁提供活力，获取新时代下更深一层的“潜在收益”。

2. 充分发挥非公有制经济主体的作用

改革开放以来的实践证明，非公有制经济对中国经济的发展至关重要。非公有制经济主体具有追求自身利益的强烈动机，敢于创造和冒风险，从而具有较强的创新意识和创新力。以华为、阿里巴巴、腾讯等为代表的企业在技术创新、商业模式创新等方面走在了最前端。非公有制企业带来的不仅仅是创新力的提高，还有最能适应新经济发展的多样性。埃德蒙·费尔普斯指出，“从历史上看，激发创造力和远见、推动知识和创新增长的体制只能在私营部门爆发，而非公共部分”[10]。在不确定性经济环境下，非公有制经济的多样性为创新奠定了基础，从而激活企业活力。

因此，只有充分发挥非公有制经济主体的作用，提高市场竞争的自由度，真正发挥市场的决定性作用，才能有效利用新经济的发展带来的各种新动能。目前，新时代下中国经济增长要从“要素驱动”“投资驱动”向“创新驱动”转变，从各国经验及中国自身历史经验来看，这一过程中不可缺少非公有制经济的发展。推进非公有制经济发展的深化改革可以从以下几点入手：

第一，深化国有企业改革。十八届三中全会《决定》指出，“国有资本加大对公益性企业的投入，在提供公共服务方面作出更大贡献”。世界银行和国务院发展研究中心的报告也指出，“作为一种公共资源的国有资本应当主要或完全用于提供公共产品”“逐步退出非公共产品提供领域”[11]。国有企业具有独特地位，为适应新经济发展，培育经济增长新动力，应深入国有企业改革，准确定位，将国有企业的功能和经济领域向非公有制经济广泛开放，向市场释放大量资源，从而提高资源的流动性和市场的竞争性，不断激发经济增长新动力。

第二，明确“竞争中性”原则。十八届三中全会《决定》规定，“保证各种所有制经济依法平等使用生产要素、公开公平公正参与市场竞争、同等受到法律保护”。2019 年《政府工作报告》强调，“在要素获取、准入许可、经营运行、政府采购和招投标等方面，对各类所有制企业平等对待”，这说明只有加快市场公平公正竞争的法规制度的制定和落实，才能保证各种所有制经济依法平等使用生产要素，包括银行制度、资本市场制度、土地市场制度等。

第三，降低企业投融资门槛。如今，随着各种新产业、新业态、新模式、新技术层出不穷，企业经济发展主要靠智慧、靠资本。除必须由国有企业垄断经营的领域外，其他领域都应全面开放，特别是向高科技新兴产业的投资融资，优先解决中小企业融资难甚至融不到资的问题。

3. 推进供给侧结构性改革

随着中国新经济的逐渐兴起，互联网、大数据、人工智能、云计算、物联网等信息科技之间的融合产生了大量的新产业、新业态、新模式，新旧动能开始转换，这是对现有经济模式的迭代升级，需要从创新、协调、绿色、开放、共享五大发展理念全面发展。发展之道，改革为先，发展是改革的目标函数。中国“新常态”中出现的诸多突出矛盾和问题都可以追溯到体制机制层面，具有周期性、总量性的特征，但其根源是结构性失衡问题，供给和需求两侧都有，但矛盾的主要方面在于供给侧，必须从供给侧结构性改革上想办法，实现供求关系新的动态均衡。

因此，中国需要推进供给侧结构性改革，释放新一轮“改革红利”，才能推动高质量、高效率、可持续的中国经济发展，才能大力发展新动能，积极应对新技术革命和新产业革命的挑战，这也是新经济为全面深化改革指明的新路径之一。供给侧结构性改革，最终目的是满足需求，主攻方向是提高供给质量，根本途径是深化改革。因此，结合新经济发展趋势，可以从优化产业结构和激发创新两方面入手。

经济结构合理平衡的发展极其重要。一方面，调整产业结构，优化产业内部结构，提高效率与效益。新经济发展下，我们要在保持第一、第二产业优势的基础上，大力发展第三产业，鼓励发展现代服务业，提高第三产业在经济结构中的比重。第三产业结构高级化，能将知识转化为人力资本，加快发展新技术、新产业、新业态，有效抓住新机遇为经济增长培育新动力。并且通过高科技信息新技术扩大有效供给和中高端供给，推动传统产业改造升级和发展新兴产业，有利于减少低附加值、高排放、高污染、高消耗的重化工业供给，化解产能过剩问题，为经济发展留出新空间。另一方面，现阶段调整和优化产业结构并不仅仅是产业向高级化演进，最重要的还是优化产业关联，促进产业融合。地方政府应制定差别性和选择性的产业政策，优化区域产业的整体布局，完善产业关联机制，促进形成强而有效的产业联动效应；通过加强区域与行业间的联系，促进第一产业、第二产业和第三产业的协同发展和融合，充分释放产业发展活力。

**思考题**

1. 有效制度供给的创新不足是中国新经济发展面临的挑战之一，你认为中国要发展新经济的制度必要条件是什么？

2. 深圳建设中国特色社会主义先行示范区对新经济在中国的发展有何作用？

**参考文献**

[1] Goldfarb A，Trefler D. Artificial intelligence and international trade [J]. Chapter in NBER book The Economics of Artificial Intelligence：An Agenda ，Edited by Ajay Agrawal，Joshua Gans，and Avi Goldfarb，Chicago：Chicago Press，2019：463－492.

[2] 任保平，赵通．发展数字经济培育高质量发展新动能 [N]. 光明日报，2019－03－01 (6)．

[3] 彭俞超，韩珣，李建军．经济政策不确定性与企业金融化 [J]. 中国工业经济，2018 (1)：137－155.

[4] 成思危．虚拟经济不可膨胀 [J]. 资本市场，2015 (1)：8.

[5] 马红丽，杨培芳．新经济需要新理论和新制度 [J]. 中国信息界，2016 (4)：16－19.

[6] 王德禄．新经济制度的供给 [J]. 中关村，2017 (12)：90.

[7] 孙飞，张占斌．中国发展新经济面临的主要问题与破解之道 [J]. 经济研究参考，2017 (8)：3－9+51.

[8] 冯俏彬．新经济与旧制度：我国政府监管与财税治理机制创新研究——以跨境电商新政为分析对象 [J]. 扬州大学学报（人文社会科学版），2017，21 (3)：5－10.

[9] 杜传忠，陈维宣，胡俊．中国新经济发展存在的问题及监管思路 [J]. 长白学刊，2018 (4)：92－98.

[10] 埃德蒙·费尔普斯．大繁荣：大众创新如何带来国家繁荣（中译本）[M]. 北京：中信出版社，2013：82－83.

[11] 世界银行和国务院发展研究中心．2030 年的中国：建设现代、和谐、有创造力的社会（中文版）[M]. 北京：中国财政经济出版社，2013：30－31.